lonely planet

PARIS

Jean-Bernard Carillet, Eileen Cho, Fabienne Fong Yan,
Catherine Le Nevez, Jacqueline NGO MPII, Danette St. Onge

Sommaire

PASCALE GUERET/SHUTTERSTOCK ©

PAGES D'OUVERTURE : ALEXKOZLOV/GETTY IMAGE

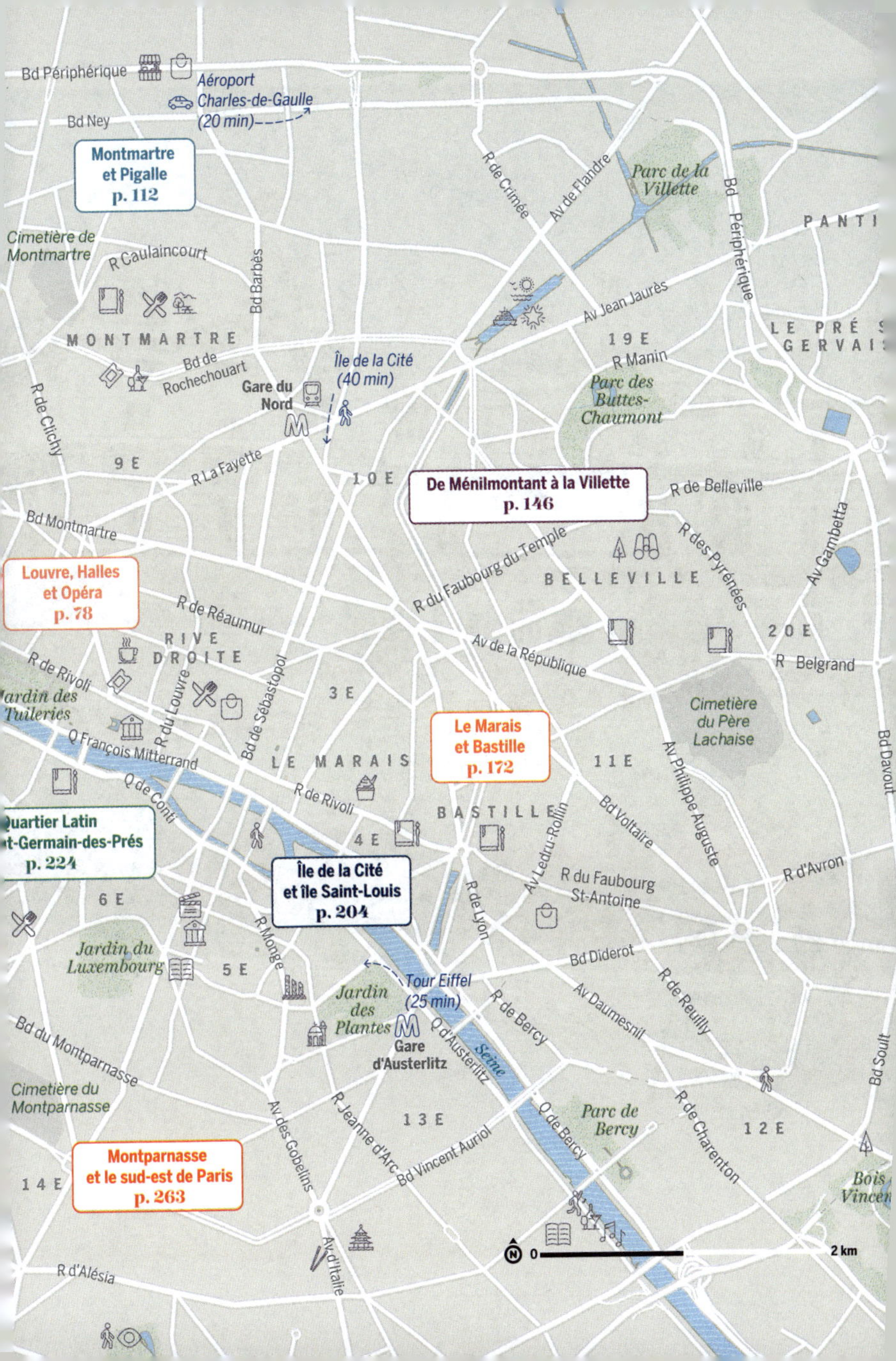

Bd Périphérique
Aéroport Charles-de-Gaulle (20 min)
Bd Ney
Montmartre et Pigalle p. 112
Cimetière de Montmartre
R Caulaincourt
Bd Barbès
MONTMARTRE
Bd de Rochechouart
Gare du Nord
Île de la Cité (40 min)
R de Clichy
9 E
R La Fayette
10 E
De Ménilmontant à la Villette p. 146
R de Crimée
Av de Flandre
Parc de la Villette
Bd Périphérique
PANTI
Av Jean Jaurès
19 E
R Manin
Parc des Buttes-Chaumont
LE PRÉ S GERVAI
R de Belleville
Bd Montmartre
Louvre, Halles et Opéra p. 78
R du Faubourg du Temple
BELLEVILLE
R des Pyrénées
Av Gambetta
R de Réaumur
RIVE DROITE
Av de la République
20 E
R Belgrand
R de Rivoli
Jardin des Tuileries
R du Louvre
Bd de Sébastopol
3 E
Cimetière du Père Lachaise
Q François Mitterrand
LE MARAIS
Le Marais et Bastille p. 172
11 E
Av Philippe Auguste
Bd Davout
Q de Conti
R de Rivoli
BASTILLE
Bd Voltaire
Quartier Latin St-Germain-des-Prés p. 224
4 E
Av Ledru-Rollin
Île de la Cité et île Saint-Louis p. 204
R du Faubourg St-Antoine
R d'Avron
6 E
R de Lyon
R Monge
Bd Diderot
Jardin du Luxembourg
5 E
Tour Eiffel (25 min)
R de Bercy
Av Daumesnil
R de Reuilly
Jardin des Plantes
Gare d'Austerlitz
Q d'Austerlitz
Seine
Bd du Montparnasse
Bd Soult
Cimetière du Montparnasse
Av des Gobelins
R Jeanne d'Arc
13 E
Q de Bercy
Parc de Bercy
R de Charenton
12 E
Montparnasse et le sud-est de Paris p. 263
14 E
Bd Vincent Auriol
Bois Vincen
Av d'Italie
N
0
2 km
R d'Alésia

Que l'on s'y rende pour la première ou la centième fois, Paris possède l'aura séduisante qu'elle doit à ses monuments – la célébrissime tour Eiffel, l'Arc de Triomphe gardien de l'avenue des Champs-Élysées, Notre-Dame et ses gargouilles, le chapelet de ponts enjambant la Seine... Mais au-delà de cette toile de fond, la vraie magie de la capitale réside dans les plaisirs inattendus qu'elle offre, dévoilés à qui sait les ressentir : squares cachés, musées méconnus, boutiques originales, cinémas de quartier et clubs tendance, vieux zinc et néo-bistrots...

Et ça, c'est vraiment Paris.

TOURNEZ LA PAGE ET PRÉPAREZ VOTRE PROCHAIN VOYAGE →

Excursions autour de Paris p. 290
Saint-Denis
Disneyland Paris
Versailles
Paris
Fontainebleau
0
100 km
Cimetière des Batignolles
Bd Périphérique
Bd Berthier
17E
R de Rome
Av de Villiers
Av des Ternes
Bd de Courcelles
Parc Monceau
Bd Maillot
Jardin d'Acclimatation
Champs-Élysées, parc Monceau et Concorde p. 56
Av Foch
Av des Champs-Élysées
8E
Parc de Bagatelle
Allée de Longchamp
Lac Inférieur
Bd Lannes
Av Victor Hugo
Av Kléber
Av Marceau
Bois de Boulogne
16E
Q d'Orsay
Bd St-Germain
Jardin du Ranelagh
Av Paul Doumer
Jardins du Trocadéro
Q Branly
INVALIDES
Lac Supérieur
Parc du Champ de Mars
7E
Tour Eiffel, Trocadéro et Invalides p. 30
Bd Suchet
R Jean de la Fontaine
Île aux Cygnes
RIVE GAUCHE
Porte Molitor
Seine
Av de Suffren
Av de Saxe
Javel
Av Émile Zola
Versailles (25 min)
Bd Périphérique
R de la Convention
R Lecourbe
15E
R de Vaugirard
Av de Versailles
Parc André Citroën
BOULOGNE-BILLANCOURT
Bd Victor
R de Vouillé
Bd Périphérique
Bd Lefebvre
R d'Alésia

Ci-dessus Pont-Neuf et île de la Cité

ATELIERS CULINAIRES

La cuisine est tendance et les Parisiens adorent mettre la main à la pâte. Pour faire comme eux, contactez L'Atelier des chefs (www.atelierdeschefs.fr), Chefsquare (chefssquare.fr) ou l'école Le Cordon bleu (cordonbleu.edu/paris).

CÔTÉ PAPILLES

Puisant dans les ressources de la France entière, mais aussi cosmopolite et largement ouverte aux apports étrangers, Paris diffuse depuis des siècles la nouveauté culinaire dans le monde entier. Des restaurants modestes aux adresses étoilées, faites le tour des bonnes tables de la capitale mais aussi des dernières tendances en matière de tours de main, de couleurs et de saveurs.

Page de gauche Bon appétit !
À droite Risotto et fruits de mer
Ci-dessous Terrasse de bistrot parisien

→ BISTRONOMIE

Moins intimidante et moins formaliste que la gastronomie, la bistronomie continue à faire fureur à Paris, associant la décontraction des bistrots classiques à l'exigence d'un chef et à beaucoup d'audace ! Pour avoir un aperçu des dernières tendances, consultez le **Fooding** (www.lefooding.com).

LA VAGUE VÉGÉ

Libérés des codes traditionnels et portés par le souhait de manger sain, avec des produits en circuit court, les établissements végétariens, végans ou proposant des plats sans gluten sont également très nombreux.

↑ BISTROTS, BRASSERIES ET BOUILLONS

Le bistrot est né dans les quartiers populaires – Ménilmontant, Belleville et les Halles. Autre lieu très parisien, les brasseries, dont certaines (notamment à Montparnasse) ont conservé leur décoration Art déco, restent très prisées. Traditionnellement dévolues aux fruits de mer ou aux plats du Nord et de l'Est, elles diversifient désormais leur carte. Il existe encore quelques "bouillons" comme l'emblématique Chartier (p. 108).

▶ Pour l'histoire des brasseries de Montparnasse, voir p. 272.

Notre sélection

▶ **Dégustez des huîtres dans le quartier de l'ancien marché au gros de Paris, rue Montorgueil.** (p. 102)

▶ **Découvrez les plats épicés et les nouilles dans les boutiques et dans les cantines du quartier asiatique.** (p. 280)

▶ **Réservez une table au Servan, l'une des adresses phares de la bistronomie parisienne.** (p. 169)

▶ **Dînez chez Origines, une table gastronomique moderne – et encore accessible.** (p. 76)

INFORMATIONS

LYLO (lylo.fr). Les Yeux, Les Oreilles sont au courant de tous les concerts.

Sortir à Paris (sortiraparis.com). Agenda, restaurants, cafés, clubs, etc.

L'Officiel des Spectacles (offi.fr). Théâtre, cinéma, concerts, événements.

LES SOIRÉES **PARISIENNES**

Même si elle n'a jamais été la reine du clubbing, la Ville Lumière se révèle à la nuit tombée. Qu'il s'agisse de siroter un cocktail, de pousser la porte de la Comédie-Française ou de l'Opéra Garnier, d'écouter des musiciens dans un club de jazz ou d'assister à un one-man-show, les soirées vous laisseront en tête le vrai "goût de Paris" !

Page de gauche Cocktail et macarons **À droite** Chanteuse de jazz, Quartier latin **Ci-dessous** Sièges du Grand Rex

→ JAZZ DANS LA VILLE

Paris est depuis plus d'un siècle un grand centre du jazz. Retrouvez les jam-sessions, les concerts et les festivals sur parisjazzclub.net et la station de radio tsfjazz.com.

CONCERTS ET CLUBBING

Pour les concerts, suivez les grandes salles (AccorHotels Arena, Zénith, Olympia...) ou les clubs (New Morning, Garage, Divan du monde...). Côté clubbing, l'électro, le funk et le groove restent les points forts de la capitale.

▶ Les bars des quartiers qui bougent (Belleville, Ménilmontant, Bastille, Pigalle...) ont une programmation à suivre.

↑ LE PARIS DES CINÉPHILES

Au XIXe siècle, la première séance de cinéma payant eut lieu à Paris. Aujourd'hui, la ville compte plus de 400 écrans, pour certains mythiques, d'autres à la pointe de la modernité où sont projetés classiques et nouveautés.

▶ Découvrez quelques-uns des cinémas préférés des Parisiens : Studio 28, p. 141, Grand Rex, p. 111, Le Champo ou le Reflet Médicis p. 237, le Forum aux Halles p. 110...

Notre sélection

▶ **Osez Pigalle la nuit : cafés, cabaret du Moulin-Rouge, scène des Trois Baudets ou de l'Élysée-Montmartre...** (p. 126)

▶ **Faites-vous une toile dans l'un des lieux sacrés du 7e art en plein Quartier latin.** (p. 236)

▶ **Offrez-vous un show glamour, avec costumes et danses éblouissantes, au Lido ou au Crazy Horse, près des Champs-Élysées.** (p. 67)

▶ **Écoutez du jazz dans un club authentique et intimiste : le Bab-Ilo.** (p. 131)

Les musées de la Ville de Paris (parismusees.paris.fr) sont gratuits, mais leurs expositions temporaires sont payantes.

Les musées nationaux (culture.gouv.fr) sont gratuits pour les moins de 18 ans et les ressortissants de l'UE de moins de 26 ans.

EXCEPTIONNELS **MUSÉES D'ART**

Les plus exigeants des visiteurs trouveront une exposition ou un musée à leur goût, qu'il s'agisse des institutions, à l'instar du Louvre avec ses collections de l'Antiquité au XIXe siècle, du musée d'Orsay, vitrine de l'impressionnisme, ou du Centre Pompidou dédié à l'art moderne, ou d'adresses plus secrètes, comme les anciens ateliers d'artistes (Zadkine, Bourdelle, Moreau…). Et l'art devient désormais numérique à l'exemple de l'Atelier des Lumières.

→ PARIS MUSEUM PASS

Le Paris Museum Pass (parismuseumpass.com ; 2/4/6 jours 52/66/78 €) donne accès à plus de 50 sites et musées à Paris et en région parisienne (mais pas à leurs expositions temporaires).

PHAS/UNIVERSAL IMAGES GROUP VIA GETTY IMAGES ©

Page de gauche Appartements Napoléon III, Louvre **À droite** *L'Âge d'airain* d'Auguste Rodin, ici au musée d'Orsay **Ci-dessous** Musée d'Orsay

RÉSERVATIONS

Il faut réserver un créneau de visite dans la plupart des musées, notamment au Louvre, même si vous bénéficiez de la gratuité.

CI-CONTRE : GONCHAROVAIA/SHUTTERSTOCK ©
PAGE DE GAUCHE : TAKASHI IMAGES/SHUTTERSTOCK ©

↑ HORAIRES

La plupart des musées ferment le lundi ou le mardi. Ils sont généralement ouverts de 10h à 18h. Le dernier accès se fait une heure avant la fermeture.

▶ Plus d'informations sur les heures d'ouverture à Paris p. 319.

Notre sélection

- **Laissez-vous séduire par les représentations de l'amour au Louvre.** (p. 86)
- **Flânez au milieu des sculptures dans le jardin (et les salles) du musée Rodin.** (p. 50)
- **Découvrez les arts premiers au musée du Quai-Branly-Jacques Chirac.** (p. 46)
- **Admirez les installations et les expositions d'art contemporain au Palais de Tokyo.** (p. 42)

POUR EN SAVOIR PLUS

Cité de l'architecture et du patrimoine (citedelarchitecture.fr)

Pavillon de l'Arsenal (pavillon-arsenal.com)

Musée des Plans-Reliefs, hôtel des Invalides (musee-armee.fr)

L'ARCHITECTURE **AU FIL DU TEMPS**

Paris garde la mémoire des siècles et des hommes qui les ont traversés ! Les arènes de Lutèce évoquent l'époque gallo-romaine, alors que les vitraux de la Sainte-Chapelle nous renvoient au XIIIe siècle et la Conciergerie, à la Révolution. Des architectes visionnaires continuent de laisser leur empreinte sur la ville, aidés notamment par les grands projets présidentiels (Centre Pompidou, Orsay, pyramide du Louvre, Bercy, BNF, musée du Quai-Branly...).

Page de gauche Vue du bd Haussmann depuis le Printemps **À droite** Édifice haussmannien, rue Tolbiac **Ci-dessous** Verrière des Galeries Lafayette

→ LE PARIS D'HAUSSMANN

Les boulevards bordés d'immeubles couleur crème aux balcons en fer forgé et aux toits en zinc sont dus au baron Haussmann et à la modernisation de Paris sous Napoléon III. Cet urbanisme visait à assainir la capitale et à faciliter les déplacements, des hommes comme des marchandises.

BIENTÔT 2024

Le compte à rebours a commencé : les projets de rénovation, de réaménagement et de construction d'infrastructures sportives vont bon train avant la tenue des Jeux olympiques et paralympiques d'été en 2024.

↑ ART NOUVEAU

Caractérisé par ses courbes et ses lignes fluides inspirées de la nature, l'Art nouveau fut florissant à la Belle Époque, avec en point d'orgue l'Exposition universelle de 1900. Parmi les réalisations les plus visibles figurent les entrées de métro signées Hector Guimard, le Grand et le Petit Palais, le musée d'Orsay installé dans une ancienne gare, le pont Alexandre-III ou les verrières des grands magasins.

Notre sélection

- **Contemplez la splendeur Art nouveau des Galeries Lafayette et du Printemps sur les Grands Boulevards.** (p. 107)
- **Découvrez le Paris du XXIe siècle dans le XIIIe arrondissement, riche en réalisations contemporaines (Les Docks, la BnF...).** (p. 270)
- **Glissez-vous dans les coulisses du Palais Garnier, l'opéra emblématique du style Napoléon III.** (p. 94)
- **Admirez certains des plus vieux édifices de Paris dans le Marais.** (p. 178)

Les grands magasins sont parfaits pour découvrir les dernières tendances.

Galeries Lafayette (Champs-Élysées et Grands-Boulevards)

Printemps (Champs-Élysées et Grands-Boulevards)

La Samaritaine (Louvre et Halles)

Le Bon Marché (Saint-Germain et Invalides)

CREATIVE LAB/SHUTTERSTOCK ©

MODE EN VOGUE

Temple du shopping, Paris compte un nombre croissant d'enseignes de mode soucieuses d'écologie, qu'il s'agisse des ateliers de nouveaux créateurs, des maisons iconiques de la haute couture ou de marques tendance, mais aussi des fameux grands magasins aujourd'hui concurrencés par les concept stores.

Notre sélection

- **Impossible de faire l'impasse sur les concept stores : rendez-vous chez Merci ou Empreintes, les enseignes phares du genre.** (p. 199-200)
- **Écoutez les rédacteurs de mode et recherchez leurs adresses préférées.** (p. 41)
- **Découvrez le chic de la rive gauche en renouvelant votre garde-robe à Saint-Germain.** (p. 240)
- **Créez votre style avec des pièces vintage dénichées aux marchés aux puces.** (p. 130)

PARIS SECRET

Pour souffler un peu, et vous éloigner des monuments phares et de la foule, mettez le cap vers des quartiers plus discrets, sillonnés de rues pavées, d'allées paisibles et de lieux fréquentés par les seuls habitants – des sites qui font tout le charme de la ville et vous feront réellement tomber amoureux de Paris !

ADISA/SHUTTERSTOCK ©

CENTRES CULTURELS →

Les lieux les plus dynamiques de Paris sont des centres culturels alternatifs, souvent situés dans des espaces industriels désaffectés, programmant concerts, expositions artistiques ou encore marchés gourmands.

BILD MEDIA/LE HASARD LUDIQUE ©

Notre sélection

- **Découvrez les cités cachées autour des Buttes-Chaumont.** (p. 160)
- **Ressourcez-vous au musée de la Vie romantique.** (p. 122)
- **Explorez les quartiers discrets du sud-est de Paris.** (p. 270)
- **Faites la fête dans une gare désaffectée de la Petite Ceinture.** (p. 134)
- **Découvrez la programmation réfléchie de Ground Control.** (p. 189)

← FLÂNERIE

Chère à Charles Baudelaire, la flânerie est le moyen idéal de faire de magnifiques découvertes et de percer les mystères de la ville.

Page de gauche Style urbain, Paris **Ci-dessus** Montmartre **Ci-contre** Chanteur au Hasard Ludique

BENJAMINCARVER/SHUTTERSTOCK ©

NOS PARCS PRÉFÉRÉS

Jardin du Luxembourg (p. 238)

Parc Monceau (p. 72)

Parc Montsouris (p. 284)

Parc des Buttes-Chaumont (p. 151)

La Villette (p. 164)

L'île aux Cygnes (p. 44)

OASIS URBAINES

Les parcs et jardins de Paris sont un espace de vie commun investi par les citadins. Outre les squares, les jardins sur les toits et les autres îlots de végétation, la capitale recèle de grands espaces verts avec théâtre de marionnettes à l'ancienne, installations de sport modernes ou lieux pluriculturels. Deux forêts s'étendent à l'est et à l'ouest du centre-ville : le bois de Boulogne et le bois de Vincennes.

Notre sélection

- **Flânez à l'ombre des marronniers dans les allées du parc le plus agréable de Paris, le Luxembourg.** (p. 238)
- **Regardez le cours de la Seine depuis le square du Vert-Galant.** (p. 219)
- **Contemplez le coucher du soleil sur Paris depuis le parc de Belleville.** (p. 154)
- **Parcourez la coulée verte sur un viaduc du XIXe siècle.** (p. 188)

MARCHÉS PARISIENS

Les marchés constituent la pierre angulaire de la vie des quartiers, même à Paris. Outre les marchés de rue qui se tiennent au moins une fois par semaine (mais jamais le lundi) et les rues commerçantes, il existe des marchés couverts, des marchés aux fleurs, aux livres ou aux puces recelant des merveilles aux portes de la capitale.

GOLERO/GETTY IMAGES ©

MARCHÉS AUX PUCES →

Venez pour le plaisir des yeux ou pour chiner (vêtements, décoration et antiquités) à Saint-Ouen (p. 130) ou à la porte de Vanves (pucesdevanves.com). Informez-vous sur les brocantes et les vide-greniers sur le site sortiraparis.com.

ELENA DIJOUR/SHUTTERSTOCK ©

Notre sélection

- **Captez l'ambiance populaire du marché d'Aligre.** (p. 194)
- **Achetez fruits, légumes et fromages au marché Saint-Eustache, aux Halles.** (p. 103)
- **Déjeunez à l'exotique marché couvert des Enfants-Rouges, le plus ancien de Paris.** (p. 199)
- **Oubliez l'odeur du bitume au marché aux fleurs – Reine-Elizabeth-II, qui existe depuis 1808.** (p. 218)

← MARCHÉS ALIMENTAIRES

Les marchés de bouche, y compris ceux de produits bio, sont indiqués sur le site paris.fr/equipements/marches-alimentaires/tous-les-horaires.

Page de gauche Parc Monceau
Ci-contre, en haut Au marché
Ci-contre en bas Broches, marché aux puces

La demande d'hébergements augmente pendant les mois plus chauds.

↖ Fête de la musique

Le 21 juin, l'arrivée de l'été est fêtée en fanfare avec des concerts en plein air dans toute la ville.

↓ Fête nationale

Le 14 juillet est célébré par un défilé militaire sur les Champs-Élysées dans la matinée et par un feu d'artifice sur le Champ-de-Mars le soir. Bal des pompiers le 13 ou le 14.

JUIN

Température maximale moyenne en journée : 22°C
Nombre de jours de pluie : 8

JUILLET

Paris en ÉTÉ

Les Parisiens prennent leurs vacances d'été en juillet et/ou en août. De nombreux restaurants et petits commerces ferment plusieurs semaines.

↓ Tour de France

La Grande Boucle prend fin sur l'avenue des Champs-Élysées le 3e ou le 4e dimanche de juillet.

▶ letour.com

↘ Cinéma en plein air

De mi-juillet à mi-août, des films français et étrangers, classiques ou récents, sont projetés gratuitement au parc de la Villette.

La Villette, p. 164

▶ lavillette.com ou parisinfo.com

Température maximale moyenne en journée : 25°C
Nombre de jours de pluie : 8

AOÛT

Température maximale moyenne en journée : 27°C
Nombre de jours de pluie : 7

← Paris Plages

De mi-juillet à fin août, Paris Plages prend ses quartiers sur les bords de Seine et du bassin de la Villette.

Un jour sur l'eau, p. 214

▶ parisinfo.com

Dans la valise

Des chaussures plates à semelle épaisse et un pull léger pour les soirées plus fraîches.

↓ Journées européennes du patrimoine

Le 3e week-end de septembre, ces journées sont l'occasion de visiter des édifices et des monuments généralement fermés au public.

▶ journeesdupatrimoine.culturecommunication.gouv.fr

← Fête des vendanges de Montmartre

Début octobre, cette fête qui dure cinq jours allie concerts, stands gastronomiques et défilé costumé.

▶ fetedesvendangesdemontmartre.com

← Nuit blanche

Le premier samedi d'octobre, du crépuscule à l'aube, accès gratuit aux musées qui restent ouverts, aux installations artistiques et aux concerts.

▶ parisinfo.com

SEPTEMBRE

Température maximale moyenne en journée : 22°C
Nombre de jours de pluie : 6

OCTOBRE

Paris en AUTOMNE

↓ Salon du chocolat

Pendant cinq jours, dégustations, ateliers, démonstrations et activités pour les enfants sur le thème du chocolat à Paris Expo Porte de Versailles.

▸ salon-du-chocolat.com

→ Festival d'automne

Ce festival artistique déjà ancien met à l'honneur la peinture, la musique, la danse et le théâtre dans plusieurs lieux de la ville.

▸ festival-automne.com

Température maximale moyenne en journée : 17°C
Nombre de jours de pluie : 8

NOVEMBRE

Température maximale moyenne en journée : 11°C
Nombre de jours de pluie : 8

En septembre, c'est la fin des vacances et la rentrée scolaire. La vie culturelle passe à la vitesse supérieure.

← Beaujolais nouveau

Le 3e jeudi de novembre (à partir de mercredi minuit), ouverture des premières bouteilles de beaujolais nouveau dans les bars à vin de Paris.

Dans la valise

À la fin de l'automne, il fait frais : apportez des vêtements chauds et un blouson.

← Jour de l'An

La tour Eiffel, dans le VIIe arrondissement, et l'avenue des Champs-Élysées, dans le VIIIe arrondissement, sont des lieux prisés pour fêter le Nouvel An.

↖ Africolor

De mi-novembre à fin décembre, ce festival de musique africaine se déroule pendant cinq semaines essentiellement dans la banlieue de Paris.

▸ africolor.com

DÉCEMBRE

Température maximale moyenne en journée : 7°C
Nombre de jours de pluie : 10

JANVIER

Paris en HIVER

← Paris Cocktail Week

Fin janvier, des bars à cocktails et des bars éphémères créent leurs cocktails. Parmi les autres événements, citons des ateliers et des master class.

▶ pariscocktailweek.fr

← Épiphanie

Dès le début du mois, les boulangers et les pâtissiers préparent la galette des Rois à la frangipane , qui sera partagée le 6 janvier pour l'Épiphanie.

← Le Festival du merveilleux

Les Pavillons de Bercy – Musée des Arts forains célèbrent la saison des fêtes avec des attractions anciennes et des spectacles.

▶ arts-forains.com

Température maximale moyenne en journée : 6°C
Nombre de jours de pluie : 9

FÉVRIER

Température maximale moyenne en journée : 8°C
Nombre de jours de pluie : 8

↖ Nouvel An chinois

Défilés de lanternes et parades du dragon envahissent les rues du Chinatown du XIIIe arrondissement.

← Patinoires en plein air

Des patinoires sont installées à Paris dans des lieux surprenants, comme la terrasse panoramique des Galeries Lafayette (les lieux changent chaque année).

▶ parisinfo.com

Dans la valise

Une veste chaude, une écharpe, des gants et des bottes vous aideront à affronter la chute des températures.

Visionnez des dizaines de films documentaires français et étrangers, durant le prestigieux festival du **Cinéma du réel** (www.cinemadureel.org), qui s'étend sur 10 jours vers la fin du mois de mars. Il se déroule au Centre Pompidou et dans d'autres lieux.

→ Foire du Trône

Cette immense fête foraine et ses manèges investissent la pelouse de Reuilly dans le bois de Vincennes en avril et en mai.

▶ foiredutrone.com

→ Marathon international de Paris

Commençant sur les Champs-Élysées et traversant la ville, le marathon de Paris se tient début avril un dimanche.

▶ schneiderelectricparismarathon.com

Le jour de Pâques, fin mars/avril, annonce l'arrivée du printemps.

MARS

Température maximale moyenne en journée : 12°C
Nombre de jours de pluie : 8

AVRIL

Paris au PRINTEMPS

↓ Banlieues bleues

Pendant quatre semaines au printemps, ce festival de jazz, de blues et de R&B se déroule sur plusieurs scènes de banlieue.

▶ banlieuesbleues.org

← Nuit européenne des musées

Un samedi, généralement à la mi-mai, les grands musées de Paris restent ouverts jusqu'à minuit et sont gratuits pour l'occasion.

▶ nuitdesmusees.culture.gouv.fr

← Portes ouvertes des ateliers d'artistes de Belleville

Des centaines d'artistes ouvrent les portes de leurs ateliers à Belleville pendant quatre jours à la mi-mai.

Belleville, p. 154, p. 156-157

▶ ateliers-artistes-belleville.fr

MAI

Température maximale moyenne en journée : 16°C
Nombre de jours de pluie : 8

Température maximale moyenne en journée : 19°C
Nombre de jours de pluie : 9

← Roland-Garros

Ce tournoi de tennis du grand chelem a lieu de mai à début juin au stade Roland-Garros, près du bois de Boulogne.

▶ rolandgarros.com

Dans la valise

Prévoyez des lainages et un parapluie pour les ondées car le temps peut être capricieux.

UNE JOURNÉE À **PARIS**

Par Eileen Cho
@yo_cho
@eileenwcho

PEOPLE, STRASS, MUSÉES, SHOPPING, SOIRÉES

Commencez par déguster des viennoiseries au comptoir du Ritz, place Vendôme (p. 105), avant de gagner le musée de l'Orangerie (p. 85) pour passer la matinée en compagnie de Monet, Renoir et Cézanne. Puis traversez le jardin des Tuileries (p. 84) et empruntez la rue de Rivoli. Foulez le pavement de mosaïque sous ses arcades et continuez jusqu'à la Samaritaine (p. 107), dont la restauration a duré 16 ans. Allez découvrir la "Petite Tokyo" de la rue Sainte-Anne (p. 98), puis rejoignez la rue des Abbesses en métro pour flâner à Montmartre (p. 117). Consacrez ensuite toute votre soirée à l'électrique Pigalle (p. 126).

POURQUOI J'AIME PARIS

Je ne m'ennuie jamais ici. C'est une ville ancienne qui se réinvente constamment. Dès qu'on arrive à Paris, les flâneries sont propices aux découvertes. Et pourtant il faut se mettre au diapason de la ville pour ne pas perdre une miette de son renouvellement perpétuel.

↘ OÙ ÉCOUTER DU JAZZ ?

Banlieues bleues (p. 23). un rendez-vous incontournable.

Près des Halles (p. 111). Plusieurs clubs réputés.

Bab-Ilo (p. 131). La crème des jazzmen.

New Morning (p. 171). Au top.

Par Catherine Le Nevez

MARCHÉS, ART, BALADES SUR LES QUAIS ET JAZZ

Dégustez un café-croissant en terrasse, puis déambulez sur un marché populaire (celui de Bastille ou d'Aligre). Flânez devant les étals des bouquinistes (p. 231) puis dans le parc Rives de Seine (p. 51), d'anciennes voies express transformées en promenade au bord de l'eau. Découvrez l'art contemporain exposé à la Bourse de commerce (p. 101), dégustez la meilleure soupe à l'oignon de Paris au Pied de Cochon (p. 103), puis allez écouter du jazz au Duc des Lombards, au Baiser salé ou au Sunset-Sunside Jazz Club (tous p. 111).

JARRY/TRIPELON/GAMMA-RAPHO VIA GETTY IMAGES ©

BROCANTE, PARCS, BALADE SUR L'EAU, CONCERTS

Passez la matinée à chiner des perles rares dans une brocante ou un vide-greniers, puis allez pique-niquer au parc des Buttes-Chaumont (p. 151). L'après-midi, louez un bateau pour une balade sur le canal de l'Ourcq (p. 214) à la Villette. Après un apéro sur la terrasse du Perchoir Ménilmontant (p. 171) ou un dîner au Verre volé (p. 169), près du canal Saint-Martin, revêtez vos plus beaux atours pour aller danser à La Java (p. 170) ou écouter les musiciens talentueux du New Morning (p. 171).

Par Danette St. Onge
@global gastronomiste

TABLES ASIATIQUES

Han Lim (p. 261). Petit restaurant coréen du Quartier latin.

Cam Ly – Bo Bun 2 Go (p. 288). Délicieuse cuisine vietnamienne.

Chez Alex Wenzhou (p. 168). Un cantine chinoise de renom !

Kodawari Tsukiji Ramen (p. 107). Toute la gamme des *ramen* japonaises.

KIEV VICTOR/SHUTTERSTOCK ©

JARDINS SECRETS

Jardin alpin du Jardin des Plantes (p. 234).

Musée Bourdelle Un jardin habité par des sculptures (p. 283).

Jardin du musée Albert-Kahn Sous influence japonaise (p. 99).

Square Suzanne-Buisson Un jardin de quartier (p. 133).

JARDINS, BONNES TABLES, CRÉATION, DISCUSSIONS

Prenez un café rue Mouffetard (p. 232), puis parcourez le Jardin des Plantes (p. 234) et visitez les serres et le Muséum d'histoire naturelle (au moins la Grande Galerie de l'Évolution). Allez déjeuner au Mokonuts (p. 201), près de la Bastille. Achetez quelques cookies au Moko avant d'aller faire des emplettes dans les boutiques de mode et d'artisanat de Charonne et du Marais. N'oubliez pas de déguster une glace en chemin. Retrouvez vos amis au Ground Control (p. 189), et profitez de la soirée. La nuit sera longue...

Par Fabienne Fong Yan
@a.fab. journey

Page de gauche Musicien, Le Baiser Salé **Ci-dessus** Jardin du musée Albert-Kahn

7 Choses à savoir sur PARIS

CONSEILS D'INITIÉS POUR PARTIR DU BON PIED

1 L'humeur parisienne

Les Parisiens ont la réputation d'être peu aimables avec les visiteurs. Un cliché ! Beaucoup de progrès ont été faits pour gommer cette mauvaise image. Certes, l'humeur des Parisiens est parfois changeante, mais ne vous en effrayez pas et dites-vous, comme François Mauriac, que "peut-être Paris ne vaut-il que par ses provinciaux".

2 Comment se déplacer

En dépit des croyances, Paris est une ville qui se visite très bien à pied. Si vous préférez le vélo, la municipalité actuelle a procédé à d'importants aménagements pour encourager le cyclisme. On peut louer un Vélib' ou un vélo d'un autre prestataire en libre service. Les transports en commun sont bon marché et efficaces. Les taxis et le covoiturage fonctionnent bien.

▶ Voir les conseils pour circuler p. 310.

3 Veillez à vos affaires

Statistiquement parlant, Paris est une ville sûre, mais les pickpockets sont nombreux. À l'instar d'un Parisien chevronné, n'exhibez pas de signes extérieurs de richesse.

▶ Voir la rubrique p. 314.

4 Vérifiez deux fois les heures d'ouverture

En raison de la COVID-19, les horaires des commerces changent souvent. Ne vous fiez pas à Internet, appelez pour vérifier. La plupart des restaurants ferment entre le déjeuner et le dîner, hormis ceux offrant un service continu.

▶ Voir les heures d'ouverture p. 319.

5 Faire une réservation

Pour aller au musée ou au restaurant, il est important de réserver. La plupart des musées proposent d'acheter ses billets en ligne. Il est facile de réserver une table sur Internet ou en téléphonant. N'oubliez pas qu'il faut s'y prendre des mois à l'avance pour réserver une table dans un restaurant prestigieux.

6 Considérations sur la Covid-19

À l'époque de la rédaction de ce guide, aucune restriction ne s'appliquait aux voyageurs ayant un schéma vaccinal complet à l'entrée en France. Il est recommandé de télécharger et d'activer l'application #TousAntiCovid (gouvernement.fr/info-coronavirus/tousanticovid), disponible en français (et en anglais) sur Android ou iOS.

Si vous arrivez de l'étranger, il est possible de convertir votre certificat de vaccination en passe-sanitaire avec un QR Code français (imprimé ou téléchargé sur l'application #TousAntiCovid app). Il est possible de le faire uniquement dans une pharmacie enregistrée. La pharmacie Les Filles du Calvaire (2 bd des Filles-du-Calvaire, XIe) le fait pour 20 € sur présentation d'un certificat et d'une photo d'identité.

▶ Voir aussi p. 314

7 S'informer sur l'agenda festif

Paris multiplie les manifestations culturelles accessibles à tous et gratuites. Fête de la musique, Fête du cinéma, Nuit blanche, Cinéma en plein air de la Villette, spectacles de Paris Quartier d'été, Paris Plages… Soyez là au bon moment pour en profiter.

▶ Voir aussi le chapitre p. 16.

Lire, écouter, voir et s'informer

À LIRE

Du côté de chez Swann (*À la recherche du temps perdu*, tome 1, 1913 ; Marcel Proust). Le narrateur évoque sa jeunesse et nous emmène dans le Paris de l'aristocratie et des salons, du Faubourg-Saint-Germain à l'île Saint-Louis, du Chalet des îles au Pré-Catelan.

Zazie dans le métro (Raymond Queneau, 1959). Zazie découvre les quartiers de Paris bien plus que les stations du métro. Avec un langage truculent.

Paris est une fête (Ernest Hemingway, 1964). Mémoires d'Hemingway portant sur sa vie tumultueuse dans le Paris de 1920.

La saga Malaussène (Daniel Pennac, à partir de 1985). *Au bonheur des Ogres*, *La Fée Carabine* et *La Petite Marchande de prose*, notamment, se passent dans le quartier de Belleville.

Les Gardiens du Louvre (Jirō Taniguchi, 2014). Une visite surprenante du musée, format BD.

Eugène Atget, Paris (Jean Claude Gautrand, 2016). 500 photographies de celui qui a porté un œil quasi documentaire sur le Paris au début du XXe siècle.

Dictionnaire amoureux de Paris (Nicolas d'Estienne d'Orves, 2021). Des articles à foison qui invitent à parcourir la ville.

À ÉCOUTER

L'essentiel des albums studio (Serge Gainsbourg, 2011). La carrière du chanteur en 14 albums. À réécouter avant d'aller visiter sa demeure transformée en musée, rue de Verneuil, VIIe.

Disconova (Margaux de Fouchier, 2022). Deuxième album de Margaux de Fouchier alliant une voix sensuelle et mélancolique et des reprises disco.

Feeling Dancing Tempo (Jabberwocky, 2021). Dernier album du trio français de musique électronique témoignant de son passage à la disco italienne.

DAVID WOLFF - PATRICK/REDFERNS VIA GETTY IMAGES ©

Héra (Georgio, 2016). Excellent rappeur parisien tirant son inspiration lyrique de son enfance dans le XVIIIe arrondissement.

À VOIR

Ratatouille (Brad Bird, Pixar, 2007, ci-contre en haut). Rémy le rat rêve de devenir un grand chef parisien.

Le Fabuleux Destin d'Amélie Poulain (Jean-Pierre Jeunet, 2001, ci-contre en bas). Description fantaisiste de la vie à Montmartre.

Cléo de 5 à 7 (Agnès Varda, 1962). Le temps d'une journée d'attente, une jeune femme se promène dans Paris.

Chacun cherche son chat (Cédric Klapisch, 1996). Dans le quartier populaire de Bastille, alors en pleine restructuration.

Dilili à Paris (Michel Ocelot, 2018). Le Paris de 1900, ses monuments et ses grandes figures.

Les Enfants du paradis (Marcel Carné, 1945). Sur le boulevard du Temple, un film mythique sur le théâtre, l'amour, la liberté.

ALBUM/ALAMY STOCK PHOTO ©

AA FILM ARCHIVE/ ALAMY STOCK PHOTO ©

S'INFORMER

@m_magazine
Coups de cœur sur Instagram du magazine du *Monde*.

Paris Info
(www.parisinfo.com). L'office du tourisme.

Blog d'une Parisienne
(www.leblogduneparisienne.fr). Bottes secrètes et ultra féminines

Mairie de Paris
(www.paris.fr). Infos concrètes et pratique et site très complet.

Le Fooding
(lefooding.com/fr/). Adresses, novatrices et tendances.

TOUR EIFFEL, TROCADÉRO ET INVALIDES

MONUMENTS | ÉLÉGANCE | ARTS

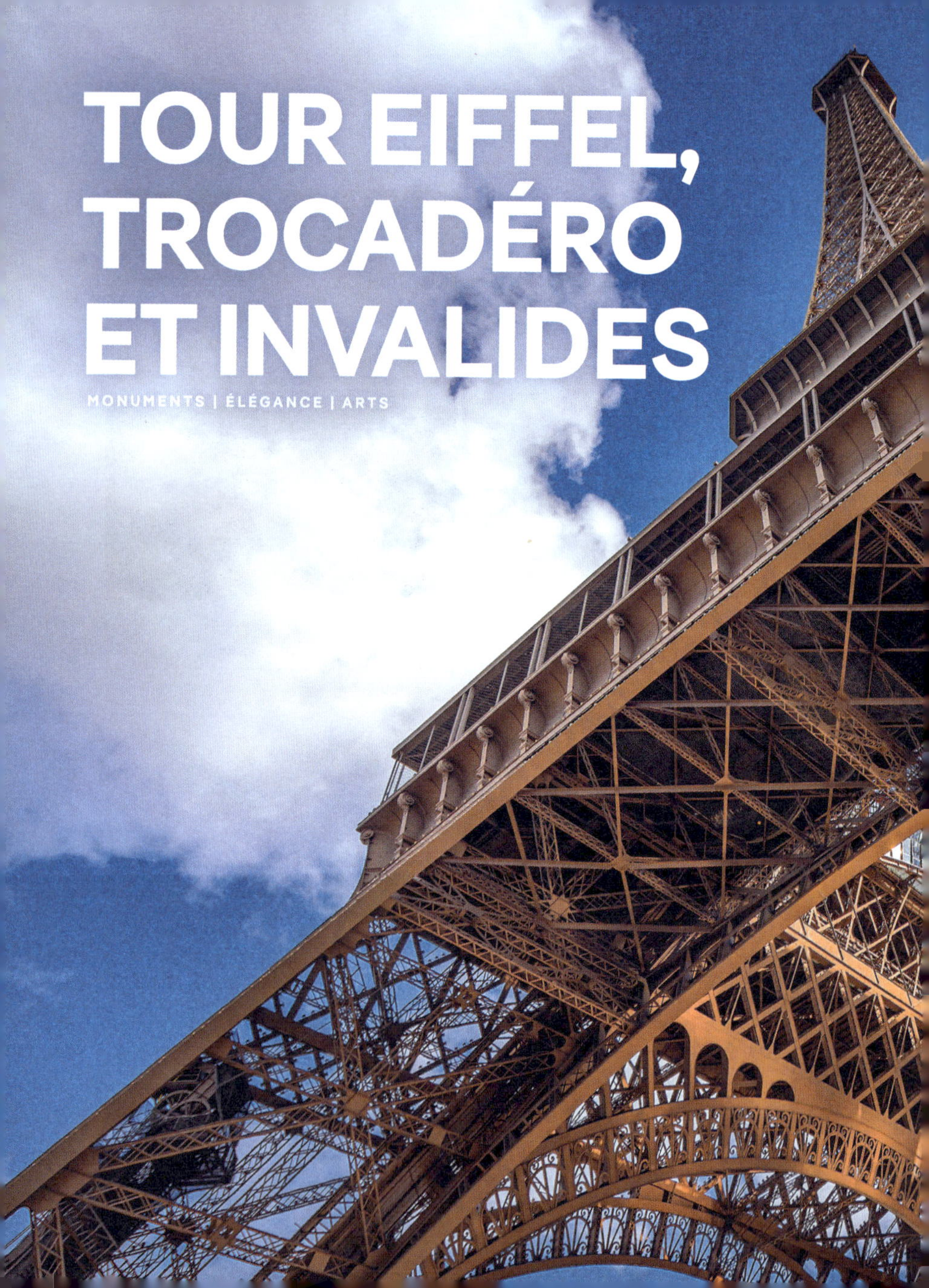

TOUR EIFFEL, TROCADÉRO ET INVALIDES
à la carte

INCONTOURNABLES ET TRÉSORS CACHÉS

L'ouest de Paris abrite quelques-uns des parcs les plus luxuriants, la plus forte concentration de musées et de sites emblématiques à l'instar de la tour Eiffel. Les édifices haussmanniens de l'élégant XVIe arrondissement composent une ravissante toile de fond. On s'y rend aussi pour les vues de carte postale, les excellents restaurants et les luxueux magasins.

Le quartier en bref

Points forts Monuments emblématiques, musées et parcs.

Transport M Alma-Marceau, Iéna, Trocadéro, Bir-Hakeim ou Passy ; RER C Champ-de-Mars ou Pont-de-l'Alma.

Circuler À pied, à vélo ou en bus.

À savoir Allez dans la rue de la Manutention, dans le quartier Chaillot, pour prendre les plus belles photos de la tour Eiffel, loin de la foule.

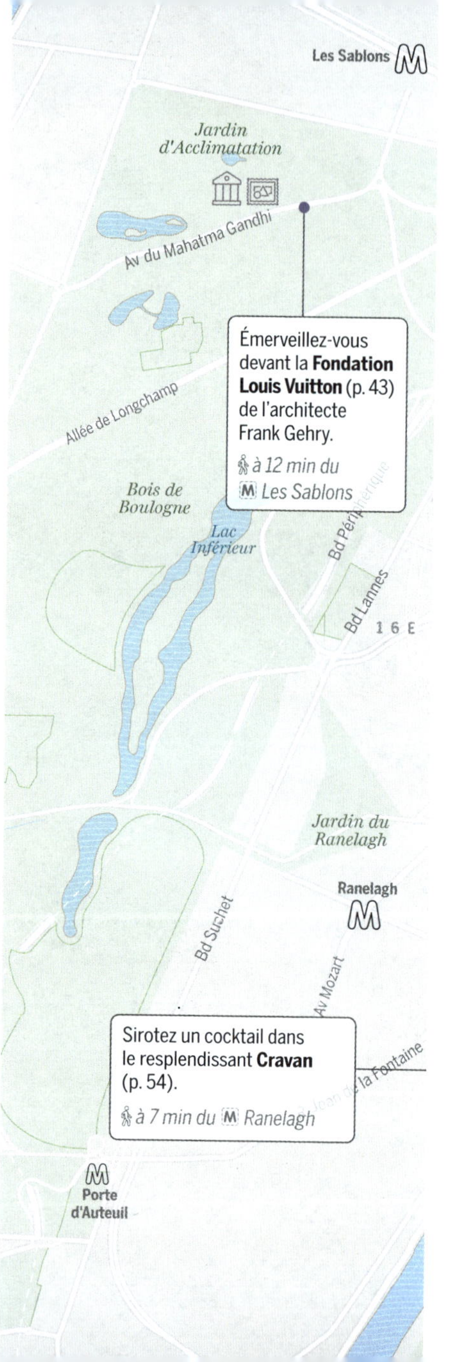

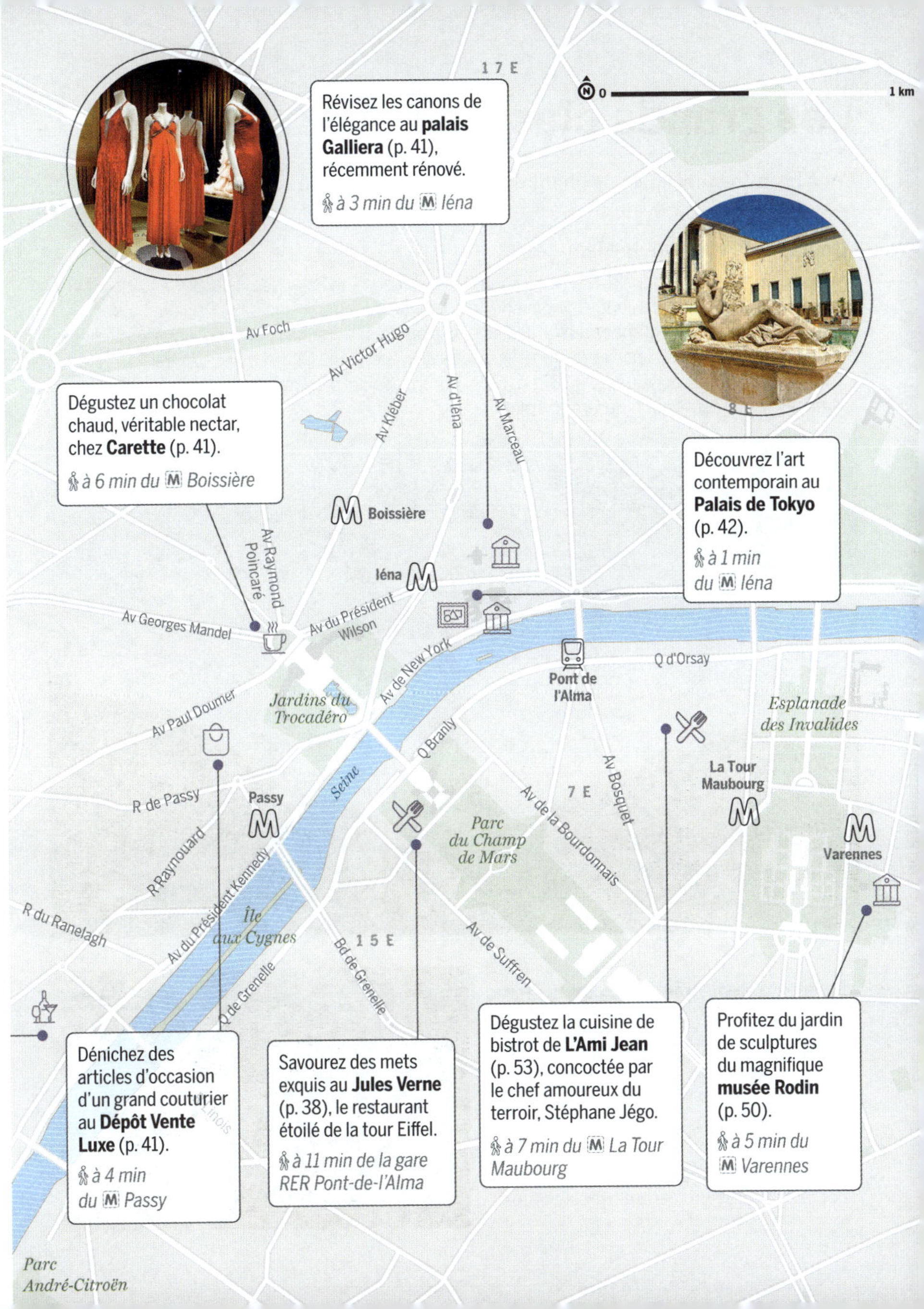
17E
0
1 km
Révisez les canons de l'élégance au palais Galliera (p. 41), récemment rénové.
à 3 min du M Iéna
Av Foch
Av Victor Hugo
Av Kléber
Av d'Iéna
Av Marceau
Dégustez un chocolat chaud, véritable nectar, chez Carette (p. 41).
à 6 min du M Boissière
Boissière
8E
Découvrez l'art contemporain au Palais de Tokyo (p. 42).
à 1 min du M Iéna
Av Raymond Poincaré
Iéna
Av Georges Mandel
Av du Président Wilson
Av de New York
Q d'Orsay
Pont de l'Alma
Jardins du Trocadéro
Av Paul Doumer
Esplanade des Invalides
Q Branly
Seine
R de Passy
Passy
Av Bosquet
La Tour Maubourg
7E
Av de la Bourdonnais
Parc du Champ de Mars
Varennes
R Raynouard
Av du Président Kennedy
R du Ranelagh
Île aux Cygnes
15E
Bd de Grenelle
Av de Suffren
Q de Grenelle
Dénichez des articles d'occasion d'un grand couturier au Dépôt Vente Luxe (p. 41).
à 4 min du M Passy
Savourez des mets exquis au Jules Verne (p. 38), le restaurant étoilé de la tour Eiffel.
à 11 min de la gare RER Pont-de-l'Alma
Dégustez la cuisine de bistrot de L'Ami Jean (p. 53), concoctée par le chef amoureux du terroir, Stéphane Jégo.
à 7 min du M La Tour Maubourg
Profitez du jardin de sculptures du magnifique musée Rodin (p. 50).
à 5 min du M Varennes
Parc André-Citroën

Les grands classiques

Pour les infos pratiques de chaque site, reportez-vous au carnet d'adresses p. 48.

Tour Eiffel et Champ-de-Mars

Au pied de la tour Eiffel (p. 36), cette grande Dame qui domine Paris depuis 1889, les pelouses du Champ-de-Mars servaient à l'origine de lieu de défilé pour les cadets de l'École militaire voisine, un imposant bâtiment du XVIIIe siècle où Napoléon Bonaparte fit ses premières armes. Le mur pour la Paix, aux parois de verre et d'acier gravées, signé Clara Halter, délivre, lui, un message des plus pacifiques. De 2021 à 2024, le parc accueille un musée éphémère, le temps des travaux de rénovation du Grand Palais.

GIVAGA/SHUTTERSTOCK ©

Musée du Quai-Branly – Jacques Chirac

Ce musée (p. 46) a pour vocation de montrer et d'étudier l'art et les cultures des peuples autochtones du monde entier. Il a été construit sous la présidence de Jacques Chirac et inauguré en 2006. C'est une oasis de végétation non loin de la tour Eiffel grâce à son mur végétal et à son jardin d'un hectare regorgeant d'arbres et de plantes.

KIEV VICTOR/SHUTTERSTOCK ©

Palais de Chaillot et jardin du Trocadéro

Construit en 1937, le palais de Chaillot déploie deux grandes ailes courbes, occupées par plusieurs musées (p. 48). Au centre, une terrasse d'où l'on a une vue splendide sur la tour Eiffel, la Seine et les jardins du Trocadéro autour de la fontaine de Varsovie, en contrebas.

KIEV.VICTOR/SHUTTERSTOCK ©

CHRISDORNEY/SHUTTERSTOCK ©

Palais de Tokyo

Ultracontemporain, ce laboratoire de l'innovation et de la création artistique (p. 42) occupe un espace délibérément en friche. La librairie art et design est unique en son genre. Pour une immersion au cœur des collections, des "visites éclairs" de 30 minutes ont lieu à chaque heure, de 13h à 21h.

Musée national des Arts asiatiques – Guimet

De magnifiques collections venant d'Afghanistan, d'Inde, du Népal, du Pakistan, du Tibet, du Cambodge, de Chine, du Japon et de Corée ont été rassemblées dans ce musée (p. 48) né de la prodigalité de l'industriel lyonnais Émile Guimet (1836-1918).

BRUNO BLEU/SHUTTERSTOCK ©

MISTERVLAD/SHUTTERSTOCK ©

Hôtel des Invalides

Construit entre 1671 et 1676 sur l'ordre de Louis XIV pour loger 4 000 soldats blessés, l'hôtel des Invalides (p. 48), véritable "ville dans la ville", comprend plusieurs musées (armée, plans-reliefs, ordre de la Libération), un panthéon militaire et une église, et donne sur l'esplanade des Invalides, vaste pelouse longue de 500 m.

01

La tour EIFFEL

ARCHITECTURE | VUES | RESTAURANTS

Il existe maintes façons de découvrir la tour Eiffel, la meilleure consistant à la gravir. Allez dîner dans l'un de ses deux restaurants, le célèbre Jules Vernes étoilé au Michelin ou Madame Brasserie (ex-58 Tour Eiffel) du chef Thierry Marx, puis trinquez au bar à champagne. Sinon, admirez-la depuis le Champ-de-Mars (p. 34).

CATARINA BELOVA/SHUTTERSTOCK ©

En pratique

Circuler Ⓜ Bir-Hakeim ou RER C Champ-de-Mars–Tour-Eiffel.

Quand La tour Eiffel est ouverte toute l'année, même les jours fériés, de 9h30 à 23h45 (dernière ascension à 22h30).

Billets Ils sont disponibles deux mois à l'avance sur le site officiel de la tour (toureiffel.paris). Réservez dès que vous connaissez vos dates de voyage car ils se vendent très vite. Il faut réserver et payer à l'avance pour dîner dans l'un des restaurants. Là encore, les tables sont prises d'assaut.

ZHUZHU/GETTY IMAGES ©

La Dame de fer

La tour Eiffel est le monument le plus emblématique de la Ville Lumière. Elle comprend quatre sections : le parvis, le 1er étage, le 2e étage et le sommet. Les visiteurs peuvent, selon leur billet, gravir 647 marches ou prendre l'ascenseur jusqu'au 2e étage, ou, pour des coûts plus élevés, accéder au sommet en empruntant les escaliers et l'ascenseur, ou uniquement l'ascenseur. Il faut absolument respecter le créneau indiqué sur votre billet. Arrivez de préférence avec 15 à 20 minutes d'avance pour explorer le parvis et prendre la bonne queue.

N VIVIENNE SHEN PHOTOGRAPHY/GETTY IMAGES ©

Le 1er étage

Doté d'un plancher en verre, il mérite une visite pour son parcours découverte

Une photo parfaite

Si vous souhaitez juste une vue de près, allez au carrousel de la tour Eiffel, le seul manège tournant dans le sens des aiguilles d'une montre de la ville. Vous pourrez photographier la tour seule ou avec le charmant carrousel.

En haut, à gauche Les toits de Paris **En bas** Tour Eiffel, détail **Ci-dessus** Carrousel de la tour Eiffel (expositions interactives), la plus grande boutique de souvenirs et la vue de Paris à vos pieds. Si vous avez faim, allez au Buffet, une cafétéria proposant des plats à emporter, ou chez Madame Brasserie (anciennement 58 Tour Eiffel ; p. 54), la brasserie du chef Thierry Marx récemment rouverte, qui sert une cuisine de bistrot à midi et des plats plus raffinés le soir. Une réservation chez Madame Brasserie inclut l'accès au 1er étage.

Le 2e étage

Le 2e étage abrite La Verrière, boutique vendant des reproductions de la tour, et deux espaces de restauration : le Buffet (comme au 1er étage) et le Jules Verne, étoilé au Michelin. Avec le chef Frédéric Anton aux commandes, le Jules Verne (p. 53) promet une expérience unique. Un ascenseur privé vous conduit dans cet espace chic conçu par l'architecte de renom Aline Asmar d'Amman, qui réalise des

La tour Eiffel de Ducasse

Le chef Alain Ducasse a cédé les commandes du Jules Verne après dix ans de bons et loyaux services, mais vous pouvez profiter de son expérience dans son restaurant sur l'eau, Ducasse sur Seine. Embarquez sur ce luxueux bateau électrique près du pont d'Iéna pour une croisière de 90 à 120 minutes et un dîner raffiné. Vous passerez devant les plus beaux monuments de Paris entre les jardins du Trocadéro et la tour Eiffel. La cuisine française contemporaine est préparée par la brigade de cuisine sur le pont inférieur. Au déjeuner, le menu de trois plats du chef légendaire est l'un des plus abordables !

GILMANSHIN/SHUTTERSTOCK ©

Page de gauche Alain Ducasse et sa brigade, Ducasse sur Seine **Ci-contre** Télescope, tour Eiffel **Ci-dessous** Pique-nique, Champ-de-Mars

décors somptueux et contemporains. Les plats sont délicieux, bien que les cuisines n'utilisent ni feu ni gaz, interdits dans la tour. Il est conseillé de réserver des mois à l'avance sur le site, par téléphone ou par mail.

Le sommet

Le sommet est divisé en deux étages plus petits, dont l'un est en plein air. Vous bénéficierez d'une vue époustouflante et découvrirez l'histoire de la tour grâce à des cartes panoramiques et à une reconstitution du bureau de Gustave Eiffel. Le bar à champagne sert des coupes de champagne (15-23 €) et des jus de fruits.

La tour gratuite

Il existe d'autres façons de voir la tour de près sans débourser un sou. Préparez un pique-nique avec des produits du marché – comme ceux du marché Président Wilson – et rendez-vous au Champ-de-Mars, un superbe espace vert au pied de la tour Eiffel, autrefois occupé par des cultures maraîchères.à moins de préférer vous éloigner un peu et parcourir la belle île aux Cygnes (p. 44).

FAR LEFT: LIONEL BONAVENTURE/AFP VIA GETTY IMAGES © LEFT: ENCRIER/GETTY IMAGES ©

02 Hauts lieux DE LA MODE

STYLE | MUSÉES | SHOPPING

Rédactrice de mode et écrivain, Lily Templeton qui a vécu dans le XVIe arrondissement dévoile ses adresses préférées du quartier. Vous pourrez en faire le tour en une journée, en accordant aussi du temps à la visite de deux musées dédiés à l'élégance.

LUC CASTEL/GETTY IMAGES ©

En pratique

S'y rendre Ⓜ Trocadéro et Ⓜ Iéna.

Quand Profitez des périodes de soldes officielles.

Agenda Évitez le lundi : le palais Galliera-musée de la Mode et le musée Yves Saint Laurent Paris sont fermés. Pour voir de belles créations, profitez de la Paris Fashion Week, qui réunit rédacteurs de mode et célébrités (dates sur le site parisfashionweek.fhcm.paris/fr/).

Notre conseil Mettez des chaussures de marche confortables pour votre journée de shopping, de promenade et de visite.

DKSSTYLE/SHUTTERSTOCK ©

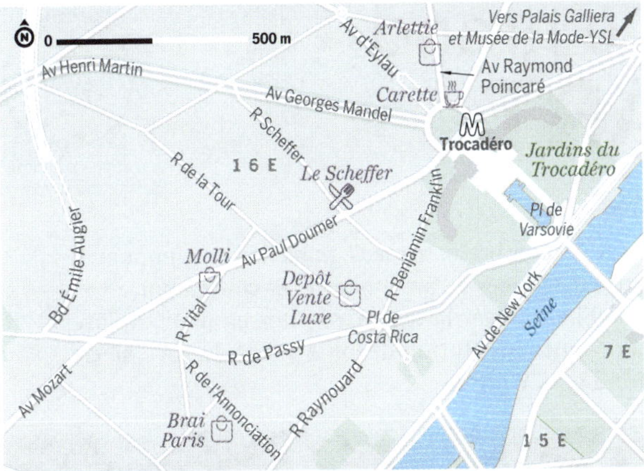

Observer les gens chez Carette, place du Trocadéro Cela ressemble à un salon de thé très touristique (p. 53), mais c'est aussi l'endroit idéal pour observer une clientèle stylée : cadres de la mode en tailleur Chanel, militaires en habit de cérémonie, personnalités de haut vol assises dans l'arrière-salle…

Des occasions en or Tentez votre chance dans les boutiques d'occasion de cet élégant quartier. Le **Dépôt Vente Luxe**, au 14 rue de la Tour, est quasi inexistant sur Internet, mais il est incontournable pour les amoureux du style vintage. Des Parisiennes nanties ont l'habitude d'y laisser des articles.

Déjeunez dans un bistrot au décor kitsch Si vous souhaitez un bistrot à l'ancienne sans touristes et servant une excellente cuisine, le **Scheffer** (p. 54) vous attend.

Haute couture à prix réduits Les mordus de la mode ont un péché mignon : ils font des achats chez **Arlettie** (p. 52) au Trocadéro mais se gardent de l'avouer. Le magasin pratique le déstockage et s'occupe à présent de ventes privées de nombreuses marques de luxe. Les réductions ne sont plus ce qu'elles étaient, mais l'endroit mérite encore une visite !

Palais Galliera-musée de la Mode Rouvert en 2021 après rénovation, ce **musée** (p. 50) est l'un des rares au monde dédié uniquement à la mode et à son histoire. Sa collection comprend plus de 200 000 pièces du XVIIIe siècle à nos jours !

Musée Yves Saint Laurent Paris Aménagé dans les ateliers où le couturier et son équipe travaillèrent pendant 30 ans, ce **musée** (p. 50) dévoile archives, croquis, photographies et films. Parmi les joyaux à voir figurent l'atelier du couturier et un Picasso.

Page de gauche, en haut Musée Yves Saint Laurent Paris **En bas** Mode urbaine, Paris Fashion Week

Le luxe au quotidien

Molli (p. 52) était la marque de tricots de luxe avant que Barrie et la maison Éric Bompard ne s'imposent comme principaux fournisseurs de cachemire. La maison est aujourd'hui gérée par Charlotte, une entrepreneuse efficace et décontractée. Une des boutiques d'origine se trouve toujours sur l'avenue Paul-Doumer.

J'aime les pyjamas et les robes de chambre de **Brai** (p. 52), la marque de deux sœurs parisiennes qui créent sur place leurs imprimés, toujours adorables. Soucieuses d'écologie, elles n'utilisent que du coton bio, de l'encre non toxique et recyclent les chutes de tissu. Les prix sont abordables et les tailles inclusives.

Avec nos remerciements à Lily Templeton, *rédactrice de mode, qui est née et a grandi à Paris. @lilytempleton*

03 Du grand ART

ART | CULTURE | BONNES ADRESSES

Ces quartiers comptent de nombreux musées, mais deux retiennent l'attention pour leurs collections dédiées à l'art moderne et contemporain : le Palais de Tokyo et le MAM. Si vous avez le temps, profitez-en pour explorer les alentours ou allez voir une autre institution dévolue à l'art du XXIe siècle, plus excentrée : la Fondation Louis Vuitton.

EQROY/SHUTTERSTOCK ©

En pratique

S'y rendre M Iéna.

Quand Le musée d'Art moderne de Paris est fermé le lundi. Le Palais de Tokyo, ouvert jusqu'à minuit, ferme en revanche le mardi, tout comme la Fondation Louis Vuitton.

Notre conseil Pour reposer vos yeux et vos jambes entre deux musées au palais de Chaillot, gagnez la vaste esplanade à l'arrière du Palais de Tokyo. Et délassez-vous sur les marches du parvis au milieu d'un décor Art déco monumental, en regardant les skateurs évoluer.

TK KURIKAWA/SHUTTERSTOCK ©

Palais de Tokyo Créé pour l'Exposition internationale des arts et des techniques appliqués à la vie moderne de 1937, le Palais de Tokyo est devenu un espace d'art contemporain en 2002. Ici, pas de collection permanente : cet écrin de béton et d'acier offre un cadre percutant à des expositions et installations interactives temporaires. La librairie est gérée par Walther König et Cahiers d'Art, deux références dans le monde de l'art, et offre un large choix de livres, de revues et de bibelots. Pour rallier le Palais de Tokyo depuis la rive gauche (il fait face au musée du Quai-Branly, p. 46), traversez la Seine par la passerelle Debilly.

Musée d'Art moderne de Paris (MAM) Ce musée se trouve dans le même édifice que le Palais de Tokyo, mais occupe le pavillon de l'Électricité de l'Exposition universelle de 1937, dans l'aile est. Il couvre les mouvements artistiques majeurs du XXe siècle – fauvisme, cubisme, dadaïsme, surréalisme et abstraction –, représentés par des artistes tels que Bonnard, Picasso, Braque, Soutine, Modigliani ou Chagall. Les salles Matisse et Dufy accueillent respectivement *La Danse* et *La Fée Électricité*. Détenu par la Ville de Paris, le musée est gratuit, mais les audacieuses expositions temporaires sont payantes (elles valent en général le détour !).

Fondation Louis Vuitton Logé dans l'éblouissant édifice conçu par Frank Gehry, évoquant un nuage de verre, ce musée du bois de Boulogne (p. 44) est un peu excentré. Ses prestigieuses expositions d'art contemporain vous convaincront en revanche de lui accorder du temps. Bon à savoir : une navette circule entre l'Arc de triomphe et le musée durant les heures d'ouverture.

Page de gauche, en haut Fondation Louis Vuitton **En bas** Palais de Tokyo

Restaurants

Les restaurants du Palais de Tokyo sont ouverts à tous, visiteurs ou non des expositions.

L'élégant **Monsieur Bleu** (p. 54), où le président Emmanuel Macron et d'autres personnalités publiques ont été surpris maintes fois, possède l'une des plus belles terrasses de la ville, avec vue sur la tour Eiffel. Sa salle est dotée d'un superbe intérieur Art déco. La carte est simplissime. **Le Jardin de Monsieur Bleu** (juin-sept mar-sam 19h-2h) sert des cocktails les soirs d'été.

Bambini (p. 52), trattoria du groupe Paris Society (qui gère des lieux d'exception), sert des cocktails et de bons petits plats italiens, ainsi que des pâtes et des pizzas.

Dans le MAM (aile est), **Forest** (p. 53), le tout nouveau restaurant du chef Julien Sebbag, laisse une grande place au végétal, dans le décor comme dans l'assiette. Certes, les légumes sont ici sublimés mais ils accompagnent aussi poissons et viandes.

04 Se mettre AU VERT

PARCS ET JARDINS | BALADES | CANOTAGE

Pour respirer et profiter d'une vue nouvelle sur la tour Eiffel, partez à la découverte de l'île aux Cygnes, aisément accessible, ou du bois de Boulogne. Fort de ses 846 ha de végétation, ce parc multiplie les attraits : lacs, pistes cyclables, théâtre de verdure, parc d'attractions, sans parler de Roland-Garros et de la Fondation Louis Vuitton (p. 43) dédiée à l'art contemporain et à la photographie !

ULYSSEPIXEL/SHUTTERSTOCK ©

En pratique

S'y rendre Ⓜ Bir-Hakeim ou Passy pour l'île aux Cygnes ; Ⓜ Porte-Maillot ou Les Sablons pour le bois de Boulogne.

Quand Bagatelle revêt ses plus beaux atours du printemps à l'automne : les rosiers fleurissent de juin à octobre, les nénuphars en août-septembre.

À savoir Circuits de randonnées, pistes cyclables ou de jogging attirent les sportifs au bois de Boulogne, qui accueille aussi les Internationaux de France de tennis à Roland-Garros. L'île aux Cygnes compte, elle, des installations sportives (agrès, murs d'escalade, vélos fixes...) en extérieur.

OBS70/SHUTTERSTOCK ©

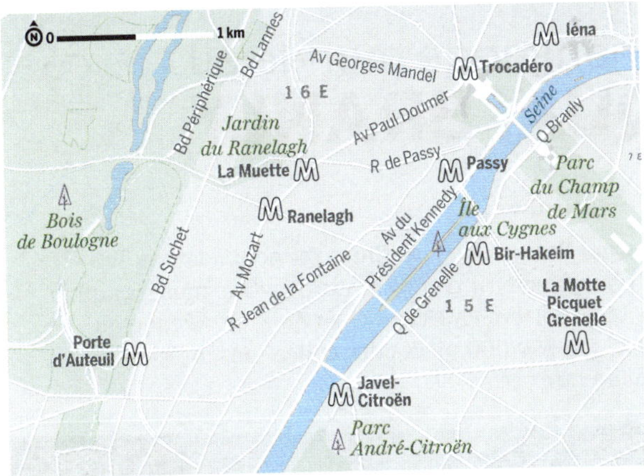

Page de gauche, en haut
Lac du bois de Boulogne
En bas Dans le parc de Bagatelle

Île aux Cygnes Méconnue, l'île aux Cygnes est la troisième île de Paris. Créée en 1827 afin de protéger le port fluvial, elle s'étire sur 850 m de long entre le pont de Bir-Hakeim et le pont de Grenelle. À l'ouest de ce dernier se dresse une réplique au quart de la statue de la Liberté (voir p. 71), inaugurée en 1889. En longeant la rive est plantée d'arbres, depuis Bir-Hakeim, une agréable promenade permet de profiter, sans la foule, d'une vue splendide sur la tour Eiffel.

Bois de Boulogne Ancien terrain de chasse royal, ce parc fut remodelé sous Napoléon III dans l'esprit des jardins anglais. L'été, c'est un plaisir de canoter sur le **lac Inférieur** (Grand Lac), dont l'île possède un chalet-restaurant (p. 53) accessible en bac. Les pelouses et les arbres qui entoure le **Pré-Catelan**, une folie Second Empire abritant un restaurant étoilé, se prolongent par le **jardin Shakespeare** (p. 51) et son théâtre de verdure, où se jouent des pièces en été. Le romantique **parc de Bagatelle** (p. 51) fut dessiné au XVIIIe siècle dans le style anglo-chinois autour d'un petit château. Il est agrémenté d'une roseraie au sud et d'une pièce d'eau au nord. On y donne des concerts de musique classique en été. Ancien parc zoologique créé en 1860, le **jardin d'Acclimatation** (p. 52), au nord, proche de la Fondation Louis Vuitton (p. 43), a conservé un charme suranné, tout en développant son parc d'attractions. À l'extrémité sud-est du bois de Boulogne, le **jardin des Serres d'Auteuil** (p. 51) accueille depuis 1898 d'impressionnantes serres de plantes tropicales. Au sud, vous découvrirez enfin l'hippodrome de Longchamp pour les courses de plat et celui d'Auteuil pour le steeple-chase.

Cap au sud, vers le parc André-Citroën

Ce parc du "bout du monde" est installé sur le site des anciennes usines Citroën depuis le début des années 1990. Son aménagement ultracontemporain est l'œuvre de cinq architectes et paysagistes, dont Gilles Clément : mises en scène aquatiques, végétation luxuriante, bambouseraie, escaliers… Au centre, une immense pelouse idéale pour le pique-nique et un ballon (p. 316) pour s'élever jusqu'à 150 m d'altitude ! Indicateur de la qualité de l'air, il change de couleur selon le niveau de pollution – du vert au rouge. Surprenant : une fontaine d'eau gazeuse est installée à l'entrée : venez avec votre gourde ! L'un des jardins du parc accueille une structure éphémère hébergeant des expositions du palais de la Découverte, en travaux jusqu'en 2024.

05 Changer de monde au QUAI BRANLY

ARCHITECTURE | ARTS PREMIERS | JARDIN

Visiter le musée du Quai Branly–Jacques Chirac revient à laisser la Ville Lumière derrière soi pour découvrir d'autres cultures. Une muséographie immersive étonnante vous transportera en Océanie, en Asie, en Afrique ou en Amérique… au fil des quelque 450 000 pièces des collections, présentées par rotation, sous une lumière tamisée !

PACK-SHOT/SHUTTERSTOCK ©

En pratique

S'y rendre 37 quai Branly, VIIe ; M Alma-Marceau, RER Pont-de-l'Alma.

Information www.quaibranly.fr

Combien tarif plein/réduit 10 €/gratuit

Quand 10h30-19h mar, mer et ven-dim, 10h30-22h jeu, plus 10h30-19h lun vacances scolaires

Notre conseil Pour une visite réellement immersive, prévoyez du temps et accordez-vous une pause déjeuner au sein du musée (il compte un restaurant et un café cotés, voir p. 54) ou un pique-nique dans le jardin.

HERACLES KRITIKOS/SHUTTERSTOCK ©

KIEV VICTOR/SHUTTERSTOCK ©

Page de gauche, en haut Le musée vu de la rue
En bas Masques thaïlandais
Ci-contre Collection d'arts premiers

Là où dialoguent les civilisations Inauguré en 2006, le musée du Quai-Branly se veut un lieu "où dialoguent les cultures", dialogue qu'annonce, de façon sensible, son architecture de métal et de verre, très XXIe siècle, d'où émergent 30 "boîtes" colorées évoquant des cabanes suspendues dans les bois. Dans ce même esprit, l'architecte Jean Nouvel a commandé des fresques à des artistes aborigènes australiens pour orner la façade et les platonds du bâtiment situé rue de l'Université. Côté quai Branly, un mur végétal assure le passage entre le monde urbain des immeubles haussmanniens et le monde poétique du musée et son jardin ensauvagé de 18 000 m².

Une collection exceptionnelle À l'intérieur, une tour de verre attire d'emblée le regard : elle abrite 10 000 instruments de musique du monde entier ! Une longue rampe d'accès en spirale donne accès aux collections où règne la pénombre qui protège les œuvres et renforce leur mystère. Vous y verrez, venus d'Océanie, des masques de façade de Mélanésie, des peintures aborigènes d'Australie et des parures de guerre d'Insulinde. Passez sur le continent africain pour admirer broderies, poteries et bijoux, tablettes coraniques et hébraïques, statues royales, instruments de musique ou fresques qui présentent les multiples facettes de ce continent. Cap ensuite vers Teotihuacán, au Mexique, pour voir un vase funéraire orné de papillons ou un collier en griffes de grizzli. Avant de plonger dans les secrets du théâtre d'ombres asiatiques ou le savoir-faire des textiles ikatés. Aucun doute : Paris contient bien des mondes !

Une cathédrale orthodoxe

On ne fait plus la pluie et le beau temps quai Branly : l'emplacement de l'ancien siège de Météo France, au 1 quai Branly, a été vendu à la Russie, qui y a construit la spectaculaire – et controversée – cathédrale orthodoxe de la Sainte-Trinité, surmontée de cinq dômes dorés. À côté se trouve un centre culturel russe (expositions en accès libre), également conçu par l'architecte Jean-Michel Wilmotte. Le site est ouvert au public de 14h à 19h.

Carnet d'adresses

Les grands classiques

Hôtel des Invalides

Voir aussi p. 35. Dans la cour d'honneur, le musée de l'Armée renferme la plus vaste collection du pays sur l'histoire militaire française. La grande église doit son nom à son dôme doré visible dans tout Paris. Elle renferme le tombeau de Napoléon Ier et d'autres chefs d'armée. Devenue panthéon militaire, elle n'est plus vouée au culte et se double de la cathédrale Saint-Louis-des-Invalides. C'est dans la cour d'honneur qu'ont lieu les cérémonies d'hommage national à ceux qui sont morts pour la patrie ou à certaines personnalités. Certaines salles de l'hôtel des Invalides sont fermées chaque 1er lundi du mois. L'entrée au musée de l'Armée, à celui de l'Ordre de la Libération, au Dôme et au tombeau de Napoléon est comprise dans le billet pour l'hôtel des Invalides. (www.musee-armee.fr ; 129 rue de Grenelle, VIIe ; tarif plein/réduit 14/11 € ; tlj 10h-18h, jusqu'à 21h mar ; M Varenne ou La Tour-Maubourg)

Musée du Quai-Branly – Jacques Chirac

Voir p. 34. (01 56 61 70 00 ; www.quaibranly.fr ; 37 quai Branly, VIIe ; tarif plein/réduit 10 €/gratuit ; 10h30-19h mar, mer et ven-dim, 10h30-22h jeu, plus 10h30-19h lun pendant les vacances ; M Alma-Marceau, RER Pont-de-l'Alma)

Musée national des Arts asiatiques – Guimet

Voir p. 35. Audioguides gratuits. Accès libre au restaurant-cafétéria du rez-de-jardin, ainsi que, depuis l'été 2020, à la terrasse panoramique. L'hôtel de Heidelbach est situé près du musée Guimet (19 av. d'Iéna, XVIe ; inclus dans l'entrée du musée Guimet ; 10h-18h mer-lun ; M Iéna). (01 56 52 54 33 ; www.guimet.fr ; 6 pl. d'Iéna, XVIe ; tarif plein/réduit 7,50 €/gratuit, gratuit le 1er dim du mois ; 10h-18h mer-lun, jeu jusqu'à 21h ; M Iéna)

Palais de Chaillot et jardin du Trocadéro

Voir aussi p. 35. Le lieu, animé, est toujours très fréquenté – faites attention à vos affaires. Dans l'aile de gauche du palais de Chaillot se trouvent le Théâtre national de Chaillot et la Cité de l'architecture et du patrimoine (p. 49). Dans l'aile droite sont installés le musée national de la Marine (actuellement fermé pour travaux) et le musée de l'Homme. (place du Trocadéro-et-du-11-Novembre, XVIe ; M Trocadéro)

Autres sites du Palais de Chaillot :
Théâtre national de Chaillot (01 53 65 30 00 ; www.theatre-chaillot.fr)
Musée national de la Marine (www.musee-marine.fr ; actuellement fermé pour travaux)
Musée de l'Homme (01 44 05 72 72 ; www.museedelhomme.fr ; tarif plein/réduit 10 €/gratuit ; 11h-19h mer-lun ; M Passy, Iéna)

Palais de Tokyo

Voir p. 35. (01 81 97 35 88 ; www.palaisdetokyo.com ; 13 av. du Président-Wilson, XVIe ; tarif plein/réduit 12/9 €, gratuit -18 ans ; midi-minuit mer-lun ; M Iéna)

KVN1777/ADOBESTOCK ©
Théâtre de Chaillot

Tour Eiffel et Champ-de-Mars

Voir p. 34. (Champ-de-Mars, VIIe ; 24h/24 ; M École-Militaire ou RER Champ-de-Mars–Tour-Eiffel)

Musées d'art et de style

Cité de l'architecture et du patrimoine

Ce gigantesque musée de 23 000 m² retrace sur 3 étages, à travers un parcours thématique, l'évolution de l'urbanisme et de l'architecture de 1851 à nos jours. On y voit aussi bien des maquettes de bâtiments, des reproductions grandeur nature de fragments d'abbaye qu'un appartement de Le Corbusier reconstitué. (01 58 51 52 00 ; www.citedelarchitecture.fr ; 1 place du Trocadéro-et-du-11-Novembre, XVIe ; tarif plein/réduit 8 €/gratuit, gratuit le 1er dim du mois ; 11h-19h mer, ven-lun, 11h-21h jeu ; M Trocadéro)

FluctuArt

Inauguré en 2019, ce centre culturel installé sur une péniche près du pont des Invalides fait souffler un vent de fraîcheur sur le quartier. Il affirme être le premier centre d'art urbain flottant au monde, et accueille les œuvres d'artistes émergents en tous genres. On y trouve des expositions, un bar animé et un restaurant. (07 67 02 44 37 ; www.fluctuart.fr ; pont des Invalides, VIIe ; gratuit ; midi-minuit mer-dim en hiver, tlj en été ; M Invalides)

Fondation Louis Vuitton

Une **navette** (44 av. Friedland, VIIIe ; gratuit avec un billet pour le musée ou aller simple 1 € ; M Charles-de-Gaulle–Étoile, sortie n°2) relie la fondation depuis l'Arc de triomphe. Voir aussi p. 43. (01 40 69 96 00 ; www.fondationlouisvuitton.fr ; 8 av. du Mahatma-Gandhi, XVIe ; adulte/enfant 16/5 € ; généralement 10h-18h lun-sam ; M Les Sablons)

Maison de Balzac

L'hôtel particulier d'Honoré de Balzac est maintenant un musée gratuit consacré à l'écrivain et à ses œuvres. Une fois la porte franchie, vous découvrirez un charmant jardin et un salon de thé gourmand. (01 55 74 41 80 ;

IRENA IRIS SZEWCZYK/SHUTTERSTOCK ©

Maison de Balzac

www.maisondebalzac.paris.fr ; 47 rue Raynouard, XVIe ; expos temporaires payantes, collections permanentes gratuites ; 10h-18h mar-dim ; M Passy ou RER Avenue-du-Président-Kennedy)

Musée d'Art moderne de Paris (MAM)

Voir p. 43. Application gratuite à télécharger. (01 53 67 40 00 ; www.mam.paris.fr ; 11 av. du Président-Wilson, XVIe ; collections permanentes gratuites, expos temporaires 5-11 € ; 10h-18h mar-dim, 10h-22h jeu en période d'expos ; M Alma-Marceau ou Iéna)

Musée Baccarat

Occupant une demeure décorée par Philippe Starck, ce musée présente des pièces emblématiques de la cristallerie. Vous y trouverez également une boutique vendant du cristal Baccarat et un restaurant au décor impressionnant avec ses lustres étincelants, baptisé fort à propos Cristal Room. (01 40 22 11 00 ; www.baccarat.fr/fr/musees ; 11 pl. des États-Unis, XVIe ; 10h-18h mar-sam ; M Boissière)

Musée Marmottan Monet

Installé dans un ancien pavillon de chasse près du jardin du Ranelagh, ce musée abrite la plus vaste collection de tableaux de Monet grâce au legs de l'unique descendant du peintre, ainsi qu'une importante collection de peintures impressionnistes, notamment des chefs-d'œuvre de Pissarro, Manet et Renoir. (01 44 96 50 33 ; www.marmottan.fr ; 2 rue Louis-

Boilly, XVIe ; tarif plein/réduit 12/8,50 €, gratuit enfant -7 ans ; 10h-19h mar-dim, jusqu'à 21h mar et jeu ; M La Muette)

Musée Rodin

Véritable havre de paix grâce à ses jardins et à son parc de sculptures, ce musée occupe l'ancien hôtel particulier Biron (XVIIIe siècle), où vécut Auguste Rodin (1840-1917) de 1908 à sa mort. Outre les propres œuvres et croquis de l'artiste, on découvre sa collection de peintures signées Van Gogh ou Monet, ainsi que certaines sculptures de Camille Claudel. (01 44 18 61 10 ; www.musee-rodin.fr ; 79 rue de Varenne, VIIe ; collection et jardin tarif plein/réduit 13 €/ gratuit ; audioguide 6 € ; 10h-18h30 mar-dim ; M Varenne, Invalides)

Musée Yves Saint Laurent Paris

Voir p. 41. (01 44 31 64 00 ; www.museeyslparis.com ; 5 av. Marceau, XVIe ; tarif plein/réduit 10/7 € ; 11h-18h mar-ven et dim, 11h-21h sam ; M Alma-Marceau)

Palais Galliera-musée de la Mode

Grâce au financement de la maison Chanel, ce musée dispose désormais, après une intense rénovation, de plus d'espace pour exposer sa collection de plus de 200 000 pièces du XVIIIe siècle à nos jours, notamment des habits, des accessoires, des photographies, des dessins... Voir aussi p. 41. (01 56 52 86 00 ; www.palaisgalliera.paris.fr ; 10 av. Pierre-Ier-de-Serbie, XVIe ; M Iéna)

Spécial curieux

Musée de la Contrefaçon

Ce petit musée original, fait pour les curieux, est spécialisé dans les articles de contrefaçon. Il en expose plus de 350 saisis par les douanes ou sur décision de justice, à côté des originaux. (01 56 26 14 03 ; musee-contrefacon.com ; 16 rue de la Faisanderie, XVIe ; tarif plein/réduit 6/5 € ; 14h-17h30 lun-ven ; M Porte-Dauphine, RER Avenue-Foch)

Musée des Égouts de Paris

Dans ce musée installé dans les égouts, les eaux usées s'écoulent à vos pieds le long de 480 m de tunnels qui ne sentent pas si mauvais ! Réouvert en 2021 avec une scénographie entièrement revue, le musée revient sur l'histoire du système d'écoulement des eaux de Paris. Les rats qui y résident sont même mentionnés (il y en aurait autant sous la ville qu'il y a de Parisiens à la surface !). L'entrée se fait désormais par un bâtiment flambant neuf, et la visite guidée s'effectue en compagnie d'un égouttier. (01 53 68 27 81 ; pont de l'Alma, esplanade Habib-Bourguiba, VIIe ; adulte/enfant 4,40/3,60 € ; 10h-17h mar-dim ; M Alma-Marceau, RER Pont-de-l'Alma)

Musée du Vin

Le musée du Vin de Paris organise des dégustations instructives dans ses celliers, ainsi que des animations dégustation trois fois par jour (12 €). (01 45 25 63 26 ; www.museeduvinparis.com ; 5 sq. Charles-Dickens, rue des Eaux, XVIe ; 2 heures, 65 € ; 10h30-12h30 et 15h-17h sam ; M Passy)

Un bon bol d'air !

Berges de Seine

Du pont de l'Alma au musée d'Orsay, fini les voitures sur les berges de la Seine ! Depuis 2013, un espace piétonnier récréatif longe le fleuve sur 2,3 km. Et il y a de quoi faire.

Paon, parc de Bagatelle

Se promener à pied, à vélo (trois stations Vélib' sur le parcours) ou à rollers. Paresser – sur les nombreux bancs de la promenade, les hamacs sur l'herbe de "l'île-prairie", les chaises longues de "l'île-aux-brumes" ou les marches devant le musée d'Orsay. Admirer les alentours – la vue sur le pont Alexandre III est parfaite. Jouer avec les enfants (vias ferratas, jeux de raquettes, tables de jeux ; demandez les pions au point infos, c'est gratuit). Et puis se cultiver (expos), faire du sport (cours de yoga, pilates et autres activités gratuites), prendre une curieuse douche sonore... Enfin, bien sûr, se sustenter et se désaltérer dans les restaurants et bars à quai. Avec la section des berges de la rive droite ouverte aux piétons, l'ensemble forme depuis 2017 le **Parc Rives de Seine** (www.parisinfo.com ; M Alma-Marceau, Invalides, Assemblée-Nationale)

Bois de Boulogne

Voir aussi p. 44. (www.paris.fr/equipements/bois-de-boulogne-2779 ; bd Maillot, XVIe ; M Porte-Maillot ou RER Neuilly-Porte-Maillot ; location de barque : 06 95 14 00 01 ; 12 € la 1re heure ; midi-17h lun-ven, 10h-18h sam-dim mi-fév à fin oct)

Jardin Shakespeare

Des plantes mentionnées dans les pièces de Shakespeare s'épanouissent dans ce jardin du bois de Boulogne, proche du Pré-Catelan, fameux restaurant étoilé, situé dans un pavillon de style Napoléon III au cœur du bois de Boulogne. (06 12 39 30 69 ; www.jardinshakespeare.com ; adulte/enfant 14/10 € ; 14h-16h, horaires réduits nov-mars ; M Ranelagh)

Jardin des Serres d'Auteuil

Voir aussi p. 45. (01 40 72 16 16 ; av. de la Porte-d'Auteuil, XVIe ; 8h-20h30 été, horaires réduits le reste de l'année ; M Porte-d'Auteuil) GRATUIT

Parc de Bagatelle

Ce jardin botanique, un des quatre entretenus par la ville, s'étire au centre du bois de Boulogne. Il doit sa naissance, en 1775, à un pari entre Marie-Antoinette et le comte d'Artois, frère cadet de Louis XVI. Il

ERIC ISSELEE/SHUTTERSTOCK ©

Piscine en plein air de l'hôtel Molitor

est célèbre pour ses paons en liberté et ses 1 200 variétés de roses, objet de tous les soins. (route de Sèvres-à-Neuilly, XVIe ; 01 53 64 53 80 ; payant 1er avr-30 sept, tarif plein/réduit 2,50/1,50 € ; 9h30-20h avr-sept, 9h30-17h ou 18h30 oct-mars ; M Porte-Maillot et bus 244)

Parc André-Citroën

Au sein de ce parc (voir aussi p. 45), le jardin Caroline Aigle, du nom d'une aviatrice, accueille une structure éphémère hébergeant des expositions du **palais de la Découverte** (www.palais-decouverte.fr/fr/venir-nous-voir/les-etincelles). Le public y sera accueilli sur réservation les mercredi, vendredi et week-ends. (quai André-Citroën, 2 rue Cauchy, XVe ; 8h-21h30 lun-ven, 9h-21h30 sam-dim mai-août, horaires réduits le reste de l'année ; M Balard ou Javel-André-Citroën, RER Javel)

Piscine de l'Hôtel Molitor

De style Art déco, la piscine Molitor a été ressuscitée grâce à l'ajout de cet hôtel de luxe, bien que cela ait suscité un certain scandale. Devenue un monument historique, cette magnifique piscine est le joyau de l'hôtel. Elle est accessible aux clients et aux membres du club de l'hôtel ou aux personnes ayant les moyens de s'octroyer une heure de spa. (www.molitorparis.com ; 8 av. de la Porte-Molitor, XVIe ; M Michel-Ange-Molitor)

Pour voir des animaux

Aquarium de Paris Cinéaqua

Pour une plongée dans le monde aquatique, rendez-vous à l'Aquarium de Paris Cinéaqua. Il diffuse des films et programme aussi des spectacles. (01 40 69 23 23 ; www.cineaqua.com ; av. des Nations-Unies, XVIe ; adulte/enfant 20,50/16 € ; 10h-19h ; ; Trocadéro)

Jardin d'Acclimatation

Voir aussi p. 45. (01 40 67 90 85 ; www.jardindacclimatation.fr ; petit train depuis la porte Maillot 5,80 € AR, entrée tarif plein/réduit 5,20/2,60 €, gratuit -3 ans, puis 3 €/attraction ; 11h-18h lun-mar et jeu-ven, 10h-18h sam-dim hors vacances scolaires et jours fériés ; Les Sablons)

Shopping et marchés

Arlettie

Voir p. 41. (www.arlettie.com)

Brai

Voir p. 41. (www.brai.fr)

Chocolat Alain Ducasse

Voir p. 259. (www.lechocolat-alainducasse.com)

Marché Président-Wilson

Ce vaste marché en plein air se tient le mercredi et le samedi. Vous y trouverez sur une myriade d'étals de bons produits du terroir. Mieux vaut y aller avant le déjeuner. (11 av. du Président-Wilson, XVIe ; 7h-13h30 mer, 7h-14h30 sam ; Alma-Marceau, Iéna)

Molli

Voir p. 41. (molli.com)

Passy Brocante

Ce magasin rempli d'antiquités est situé en retrait dans une impasse, près de la très chic rue de Passy. Les prix sont évidemement plus élevés que dans les marchés et brocantes de la ville, en raison du quartier, mais vous êtes sûr d'y trouver un article séduisant. (01 42 88 17 73 ; www.passybrocante.com ; 5 impasse des Carrières, XVIe ; 11h-19h mar-sam ; Passy)

Bonnes tables

Arnaud Nicolas €€

Le restaurant-boutique du chef Arnaud Nicolas allie deux grandes passions françaises : gastronomie et charcuterie. Vous pourrez opter pour la couronne de cochon, le divin pâté en croûte de foie gras, une terrine raffinée ou encore une simple assiette de charcuteries, et serez toujours séduit par la présentation. (01 45 55 59 59 ; www.arnaudnicolas.paris ; 46 av. de la Bourdonnais, VIIe ; plats 23-37 € ; restaurant 19h-21h45 lun, 12h-13h45 et 19h-21h45 mar-sam, boutique 17h-21h lun, 10h-15h et 17h-21h mar-sam ; École-Militaire)

Bambini €€

Voir p. 43. (01 40 70 86 08 ; bambini-restaurant.com/paris ; 13 av. du Président-Wilson, XVIe ; plats 19-26€ ; 12h-15h et 19h-2h lun-ven, 12h-15h30 et 19h-2h sam-dim ; Iéna)

Café Lignac €€

Le chef Cyril Lignac a récemment pris les rênes du Café Constant, un lieu apprécié des Parisiens. Fidèle à la cuisine de bistrot parisienne, le café propose, comme tous les établissements de Lignac, des mets délicieux.

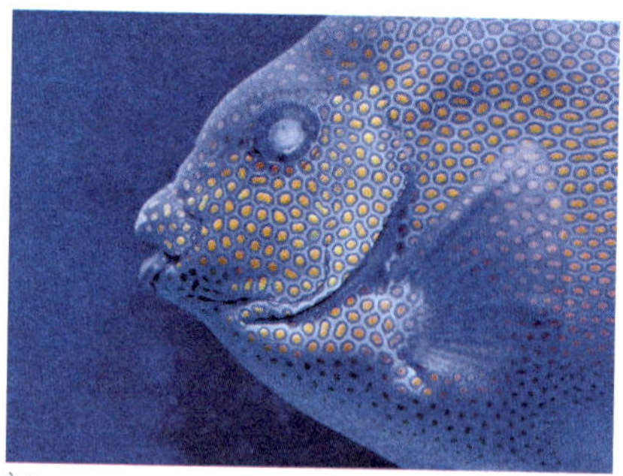

YAL/SHUTTERSTOCK ©

À l'Aquarium de Paris

(☎01 47 53 73 34 ; cafelignac.com ; 139 rue Saint-Dominique, VIIe ; plats 20-38 € ; ⏲7h30-23h lun-sam ; Ⓜ École-Militaire)

Carette €€

Attention, toujours bondé ! Voir p. 41. (☎01 47 27 98 85 ; paris-carette.fr ; 4 pl. du Trocadéro, XVIe ; ⏲7h-23h lun-ven, 7h30-23h30 sam-dim ; Ⓜ Trocadéro)

Ducasse sur Seine €€€€

Voir p. 38. (☎01 58 00 22 08 ; www.ducasse-seine.com ; port Debilly, XVIe ; menu déj 3 plats 100 €, accord mets-vins 150 €, menu dîner 5 plats 190 €, accord mets-vins 290 € ; ⏲12h45-14h30, 16h-17h30 et 20h30-22h30 ; Ⓜ Trocadéro)

Forest €€

Voir p. 43. (☎01 84 25 12 22 ; www.forest-paris.com ; 11 av. du Président-Wilson, XVIe ; ⏲12h-15h et 18h-1h ; Ⓜ Iéna)

L'Ami Jean €€€

Proche de la tour Eiffel, ce bistrot bruyant mais accueillant sert de généreuses portions de classiques bistrotiers revisités par Stéphane Jégo, comme les ris de veau, le paleron confit-grillé, le rôti de pigeon, avec toujours un poisson et un plat veggie, le tout souvent agrémenté d'une touche basque, la région d'adoption du chef. Ne manquez pas son fameux riz au lait. (☎01 47 05 86 89 ; lamijean.fr ; 27 rue Malar, VIIe ; Ⓜ La Tour-Maubourg)

L'Astrance €€€€

Voilà près de vingt ans que Pascal Barbot a ouvert son restaurant L'Astrance, récompensé depuis par deux étoiles au Michelin. Pour autant, sa cuisine n'a rien perdu de son caractère innovant. Derrière les descriptions sophistiquées du menu, d'exquises combinaisons aussi spectaculaires que les œuvres accrochées aux murs des grands musées parisiens. Réservez un à deux mois à l'avance. (☎01 40 50 84 40 ; www.astrancerestaurant.com ; 4 rue Beethoven, XVIe ;

LUDOVIC MARIN/AFP VIA GETTY IMAGES ©

Marché Président-Wilson

menu déj 3/5 plats 95/170 €, menu dîner 7 plats 250 € ; ⏲12h15-13h15 et 20h15-21h15 mar-ven, fermé en août ; Ⓜ Passy)

Le CasseNoix €€

Tout bistrot de quartier qui se respecte devrait ressembler au CasseNoix. Tradition et terroir sont les maîtres mots pour le chef Pierre Olivier Lenormand qui élabore des plats très personnalisés à partir d'ingrédients de haut vol. Les ventilateurs rétro du plafond rehaussent l'atmosphère d'autrefois. Réservation indispensable. (☎01 45 66 09 01 ; www.le-cassenoix.fr ; 56 rue de la Fédération, XVe ; menu 35 € ; ⏲12h-14h et 19h-22h lun-ven ; Ⓜ Bir-Hakeim).

Le Chalet des Îles €€

Ce restaurant calme et douillet se trouve sur une île du lac Inférieur, le plus petit des deux lacs du bois de Boulogne (p. 44). Un bac gratuit fait la navette toute la journée et permet d'y accéder. Les prix sont élevés, mais les mets et les boissons sont délicieux et le cadre unique ! (☎01 42 88 04 69 ; chalet-des-iles.com ; chemin de ceinture du lac Inférieur du bois de Boulogne, porte de la Muette, XVIe ; Ⓜ Rue-de-la-Pompe, RER Avenue-Henri-Martin)

Le Jules Verne €€€€

Voir p. 38. (☎01 83 77 34 34 ; www.restaurants-toureiffel.com ; 2e ét., tour Eiffel, Champ-de-Mars, VIIe ; menu déj semaine 3 plats 135 €, menus

5/7 plats 190/230 € ; 12h-13h30 et 18h-21h30 ; M Bir-Hakeim ou RER Champ-de-Mars–Tour-Eiffel)

Le Scheffer €€

Voir p. 41. (01 47 27 81 11 ; 22 rue Scheffer, XVIe ; 12h-14h et 19h-22h lun-sam ; M Trocadéro)

Les Ombres €€€

Sur le toit-terrasse situé au 5e étage du musée du Quai-Branly, ce restaurant entièrement vitré doit son nom aux ombres que projette sur sa salle la structure métallique de la tour Eiffel. La vue n'est pas tout, vous goûterez des créations telles la rascasse en bouillabaisse ou l'épaule de porc farcie aux abricots et au foie gras. Pensez à réserver… (01 47 53 68 00 ; www.lesombres-restaurant.com ; 27 quai Branly, VIIe ; menus déj/dîner 3 plats 46/74 €, plats 32-46 € ; 12h-14h15 et 19h-22h30 ; M Iéna, RER Pont-de-l'Alma)

Madame Brasserie €€€

Voir p. 38. (www.restaurants-toureiffel.com ; 1er étage de la tour Eiffel, Champ-de-Mars, VIIe ; M Bir-Hakeim ou RER Champ-de-Mars–Tour-Eiffel)

Monsieur Bleu €€€

Voir p. 43. (01 47 20 90 47 ; monsieurbleu-restaurant.com ; Palais de Tokyo, 20 av. de New-York, XVIe ; plats 29-55 € ; 12h-14h30 et 19h-2h lun-ven, 12h-16h et 19h-2h sam-dim ; M Iéna)

Shang Palace €€€

Au rez-de-chaussée de l'hôtel Shangri-La, ce restaurant chinois étoilé par le Michelin offre une cuisine cantonaise raffinée. La salle est ornée de magnifiques panneaux de jade. On y déguste les meilleurs *dim sum* de Paris ! (01 53 67 19 92 ; www.shangpalaceparis.com ; menu découverte 78 €, plat dim sum 15-30 € ; 10 av. d'Iéna, XVIe ; 12h-14h et 19h-22h jeu-lun ; M Iéna)

Substance €€€

Une magnifique salle à manger de style contemporain, dans une palette de bleu pastel, sert de toile de fond à la cuisine très originale du jeune chef Matthias Marc : carpaccio de saint-jacques de Normandie, œufs d'oursin fumés et vinaigrette au foin, tourte de gibier à plumes, foie gras, chou-fleur violet, chou kale et condiment au coing ou encore choux à la crème à la noisette, clémentine corse et sorbet au kalamansi. Réservez bien à l'avance. (01 47 20 08 90 ; www.substance.paris ; 18 rue de Chaillot, XVIe ; plats 24-39 €, menus 5/7 plats 79/95 €, accord mets-vins 124/150 € ; 12h-14h et 19h30-22h30 lun-ven ; M Iéna, Alma-Marceau)

Faire une pause

Café Jacques

Dans le jardin du musée du Quai-Branly, faites une pause au Café Jacques : ambiance décontractée et vue sur la tour Eiffel ! Jus fraîchement pressés, vin, bière, boissons chaudes et bâtonnets de glace Grom y côtoient une bonne cuisine de café servie toute la journée. (01 47 53 68 01 ; www.quaibranly.fr ; 27 quai Branly, VIIe ; 10h-18h30 mar, mer et ven-dim, 10h-21h30 jeu ; M Iéna, RER Pont-de-l'Alma)

Cravan

Situé dans une rue calme, Cravan est un bar américain et un élégant café aux murs tapissés de miroirs. Il sert de petites assiettes idéales pour l'apéro, des en-cas et du café dans la journée,

Carpaccio de saint-jacques

mais aussi des cocktails le soir. Allez-y tôt pour avoir une table. (17 rue Jean-de-la-Fontaine, XVIe ; ⏲18h-23h mer-sam ; Ⓜ Jasmin, Ranelagh)

Love Juice Bar

Ce bar privilégiant une alimentation saine sert les meilleurs smoothie bowls et toasts à l'avocat sans gluten de Paris. C'est un lieu formidable pour reprendre son souffle et des forces entre deux excursions. (www.facebook.com/LoveJuiceBarParis ; 176 rue de Grenelle, VIIe ; ⏲8h-18h lun-ven, 10h-18h sam-dim ; Ⓜ La Tour-Maubourg)

Sortir

La Seine Musicale

Ce lieu pluriculturel, situé sur l'île Seguin, programme ballets, comédies musicales et concerts (du classique au rock), ainsi que des expositions. Tout de verre et d'acier, l'auditorium ovoïde a une capacité de 1 150 spectateurs, et la "Grande Seine" modulaire en béton peut en accueillir 6 000. (☎01 74 34 54 00 ; www.laseinemusicale.com ; île Seguin, Boulogne-Billancourt ; Ⓜ Pont-de-Sèvres)

OLRAT/SHUTTERSTOCK ©

La Seine musicale

Rosa Bonheur sur Seine

Le sympathique Rosa Bonheur du parc des Buttes-Chaumont (p. 151) a débarqué en bord de Seine, sur les berges piétonnes de la rive gauche (voir p. 50). Une petite baraque avec terrasse, pour lézarder toute la journée du printemps à l'automne (boissons, hot dogs, tapas maison...). Mais le must, c'est la barge-guinguette juste en face, ouverte toute l'année (entrée libre). Au programme : bals populaires, DJ, concerts, etc. (www.rosabonheur.fr/rosa-seine ; port des Invalides ; ⏲terrasse midi-minuit tlj, barge 12h-22h30 lun-mar, 12h-0h30 mer, 12h-1h30 jeu-sam, 11h30-22h30 dim ; Ⓜ Invalides)

CHAMPS-ÉLYSÉES, PARC MONCEAU ET CONCORDE

SITES EMBLÉMATIQUES | SHOPPING | GLAMOUR

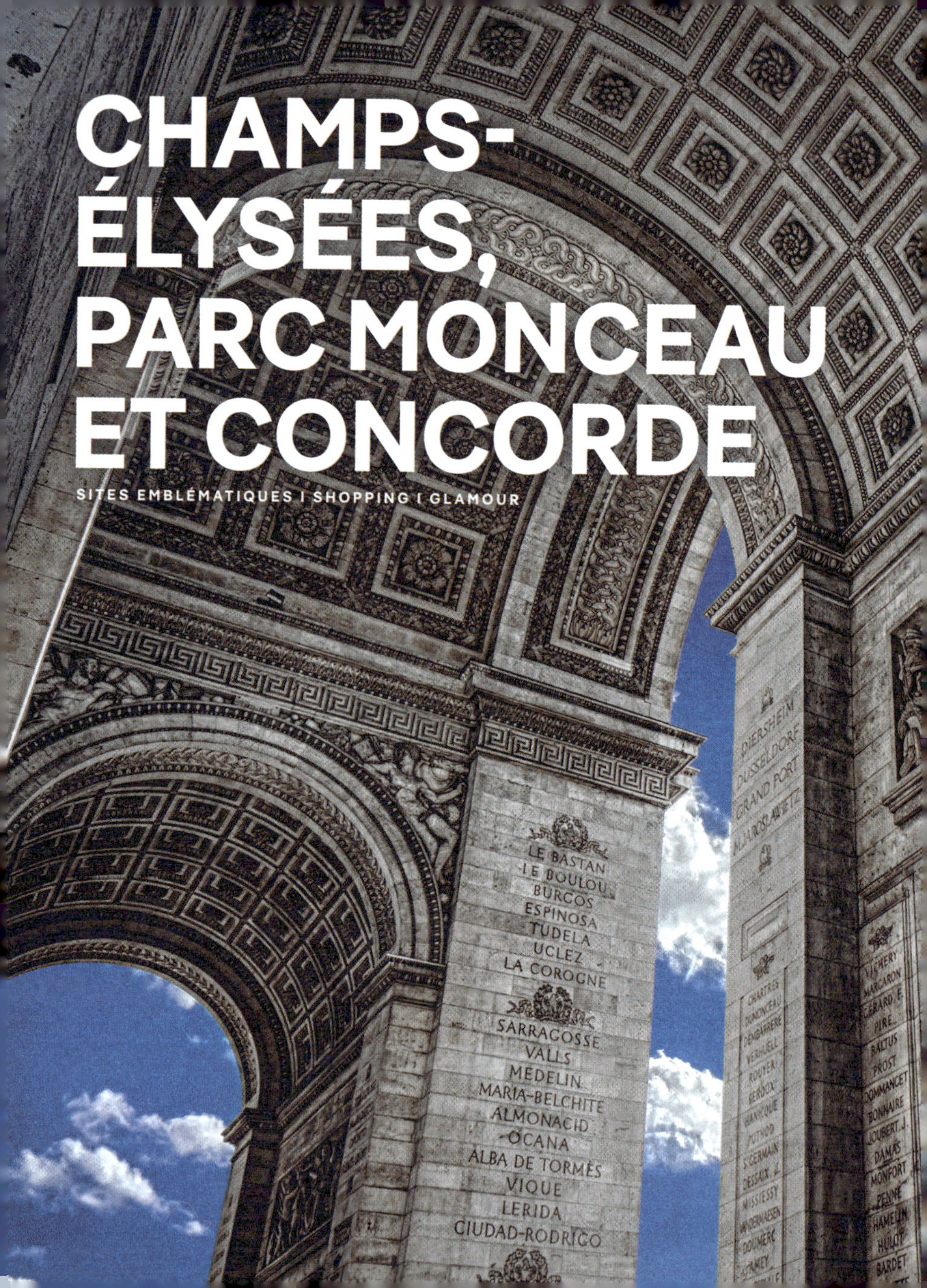

BRESLAW
BERG-OP-ZOOM
NEICRE
ROTTEMBOURG
DESVAUX
MICHEL
FOULER
DALESME
PERCY
PETIET
AUSTERLITZ
IENA
FRIEDLAND
ULM
WAGRAM
EYLAU
DUHESME
GIRARD
LETORT
FRIANT
MONTCHOISY
MERMET
POINSOT
DARNAUD
PETIT
TESTE
PAJOL
CAMBRONNE
DAUMESNIL
COUVION
BASTOUL
BEAUREPAIRE
SCHNEIDER
BROUSSIER
GRATIEN
CHAMPMORIN
QUENTIN
DAVID
OLIVIER
MALHER
LEVAL
SAHUC
MONTRICHARD
BOYER
MARCOGNET
LAROCHE
GUILLEMINOT
FAUCONNET
DORSNER
J. BONAPARTE
AMBERT
LAUBADERE
TAPONIER
LAMARCHE
COLAUD
HATRY
DUFOUR
LIGNEVILLE
BONNARD
DEJEAN
SOUHAM
KILMAINE
VANDAMME
LEMAIRE
HARVILLE
SPARRE
PONCET
DELAAGE
BARBOU
BONNEAU
DESENFANTS
MORLOT
LEMOINE
MEUNIER
MARCEAU
DEBELLE
HARDY
LORGE
LAHOUSSAYE
CILLOT
PAILLARD
WATRIN
GRUNDLER
GROUCHY
VILLARET J.
DILLON
CHARBONIER
MIRANDA
VALENCE
TILLY
FERRAND
CHAZOT
LANDREMONT
LANOUE
PULLY
DABOVILLE
CARNOT
DUVAL
LEVENEUR
JOURDAN
HOCHE
LEFEBVRE
DE SAMBRE ET MEUSE · DE RHIN ET MOSELLE · DE HOLLANDE

CHAMPS-ÉLYSÉES, PARC MONCEAU ET CONCORDE à la carte

INCONTOURNABLES ET TRÉSORS CACHÉS

Le vaste espace urbain transformé par le baron Haussmann autour de l'Arc de triomphe est cerclé de douze avenues. Les Champs-Élysées, la plus célèbre de ces grandes artères, ouvrent une superbe perspective jusqu'à l'obélisque de la place de la Concorde. Vitrine luxueuse de la capitale, le quartier compte nombre de restaurants gastronomiques, de maisons de haute couture mais aussi une architecture monumentale qui évoque la Belle Époque et de remarquables musées.

Le quartier en bref

Sur place Boutiques de luxe, restaurants raffinés, vie nocturne et musées.

Y venir La ligne 1 du métro a des stations sur les Champs-Élysées.

Circuler À pied ou à vélo. Il y a des stations Vélib' dans le quartier.

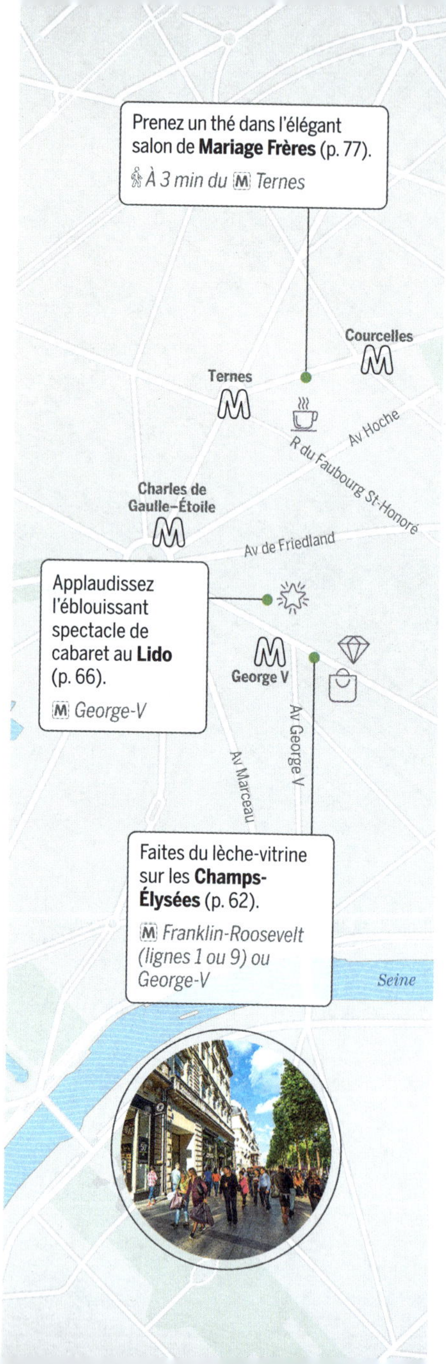

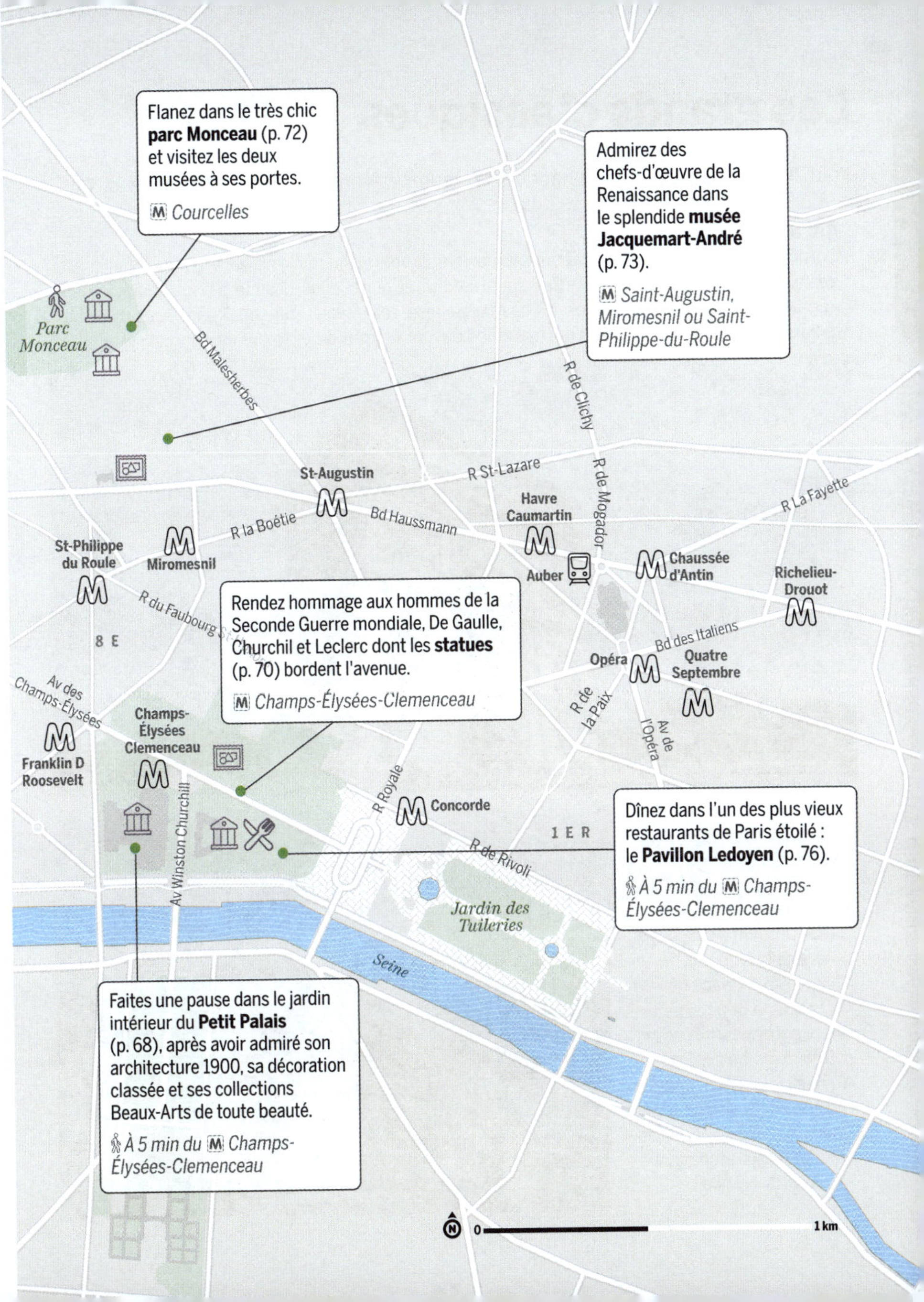
Flanez dans le très chic **parc Monceau** (p. 72) et visitez les deux musées à ses portes.
Ⓜ *Courcelles*
Admirez des chefs-d'œuvre de la Renaissance dans le splendide **musée Jacquemart-André** (p. 73).
Ⓜ *Saint-Augustin, Miromesnil ou Saint-Philippe-du-Roule*
Rendez hommage aux hommes de la Seconde Guerre mondiale, De Gaulle, Churchil et Leclerc dont les **statues** (p. 70) bordent l'avenue.
Ⓜ *Champs-Élysées-Clemenceau*
Dînez dans l'un des plus vieux restaurants de Paris étoilé : le **Pavillon Ledoyen** (p. 76).
À 5 min du Ⓜ Champs-Élysées-Clemenceau
Faites une pause dans le jardin intérieur du **Petit Palais** (p. 68), après avoir admiré son architecture 1900, sa décoration classée et ses collections Beaux-Arts de toute beauté.
À 5 min du Ⓜ Champs-Élysées-Clemenceau
Parc Monceau
Bd Malesherbes
R de Clichy
R St-Lazare
R de Mogador
St-Augustin
R la Boétie
Bd Haussmann
Havre Caumartin
R La Fayette
St-Philippe du Roule
Miromesnil
Auber
Chaussée d'Antin
Richelieu-Drouot
R du Faubourg St-Honoré
8 E
Bd des Italiens
Opéra
Quatre Septembre
Av des Champs-Élysées
R de la Paix
Av de l'Opéra
Champs-Élysées Clemenceau
Franklin D Roosevelt
R Royale
Concorde
1 E R
Av Winston Churchill
R de Rivoli
Jardin des Tuileries
Seine
0
1 km

Les grands classiques

Pour les infos pratiques de chaque site, reportez-vous au carnet d'adresses p. 74.

Arc de triomphe

Commandé par Napoléon Ier, cet arc monumental (voir aussi p. 74) célèbre les hauts faits des armées françaises depuis la Révolution. Admirez sur le pilier droit le groupe sculpté, appelé *Le Départ des volontaires*, dit *La Marseillaise*, réalisé par François Rude. Sous l'arc, la flamme du souvenir brûle en permanence devant la tombe du Soldat inconnu.

AHRIAM12/ADOBESTOCK ©

Champs-Élysées

Nommée d'après le "paradis" de la mythologie grecque, cette avenue créée au XVIIe siècle ouvre une voie triomphale de 2 km entre la place de l'Étoile et la Concorde. Les Champs sont l'endroit où se rassemblent les Parisiens lors des grandes célébrations ; ils accueillent aussi le défilé du 14 Juillet tout comme l'étape finale du Tour de France.

ANDREYSPB21/SHUTTERSTOCK ©

KIEV VICTOR/SHUTTERSTOCK ©

Petit Palais – musée des Beaux-Arts de la Ville de Paris

Cet élégant édifice (p. 68), illustrant la Belle Époque, abrite des joyaux de la peinture française du XIXe siècle. Son voisin, le Grand Palais, en travaux jusqu'en 2024, dispose d'un espace éphémère sur le Champ-de-Mars (p. 34), face à la tour Eiffel.

MICHAEL MULKENS/SHUTTERSTOCK ©

Parc Monceau

Ici, 8,2 ha de végétation ont été aménagés par Carmontelle en 1778-1779 dans le style anglais – allées sinueuses, étangs et parterres. La pyramide égyptienne est la seule fantaisie d'origine qui demeure aujourd'hui. Le parc Monceau (p. 72) est parfait pour une pause avant ou après une visite aux trois musées qui le bordent.

VICHIE81/SHUTTERSTOCK ©

Place de la Concorde

La place, voulue par Louis XV en 1754 avant de devenir le théâtre sanglant de la Révolution, est sans doute la plus belle de Paris (magique la nuit !). Au centre, l'obélisque de Louxor, offert à la France par le vice-roi d'Égypte en 1830, de part et d'autre, la fontaine des Mers et la fontaine des Fleuves, et, tout autour, 18 candélabres en forme de colonnes rostrales.

06 LUXE à la parisienne

SHOPPING | ÉLÉGANCE | FLÂNERIE

Dans ce VIIIe arrondissement, le Triangle d'Or, délimité par les avenues George-V, Champs-Élysées et Montaigne, mais aussi la rue du Faubourg-Saint-Honoré, plus au nord, forment la vitrine des marques de luxe, où se côtoient célèbres créateurs et maisons de haute couture : Chanel, Dior, Givenchy, Vuitton et Saint Laurent notamment.

AURORE KERVOERN/GETTY IMAGES ©

En pratique

Circuler M Franklin-Roosevelt ou George-V.

Piétons Les Champs-Élysées sont piétonniers le premier dimanche de chaque mois. C'est alors un moment idéal pour flâner le long de leurs 2 km sans le tohu-bohu de la circulation.

100PHOTOGRAPHY/SHUTTERSTOCK ©

Du luxe sur mesure

Certes, les Champs-Élysées ont perdu de leur cachet et certains Parisiens les tiennent pour un piège à touristes... Pourtant, ils restent un must en termes de shopping chic. Bien que l'apparition progressive des grandes chaînes et des fast-foods ait considérablement modifié la célèbre avenue, des fleurons du luxe, comme Cartier, Lanvin et Hermès, subsistent. Ils offrent souvent des services exceptionnels et des cadeaux sur mesure que l'on ne trouve nulle part ailleurs.

Guerlain (p. 75) propose des rouges à lèvres personnalisables, des bouteilles de parfum gravées sur mesure et, pour 45 000 €, son maître parfumeur peut créer un parfum exclusivement pour vous !

STEPHANE CARDINALE/CORBIS VIA GETTY IMAGES ©

Une envie de macarons

Si les files d'attente devant Ladurée ou Pierre Hermé sur les Champs-Élysées vous découragent, sachez que vous trouverez les macarons de Pierre Hermé au **Drugstore Publicis** (p. 75) et ceux du célèbre chocolatier Pierre Marcolini aux **Galeries Lafayette Champs-Élysées** (p. 75).

En haut à gauche Louis Vuitton, Champs-Élysées **En bas** Maison Guerlain **Ci-dessus** Macarons

Longchamp (p. 75) vous permet de concevoir votre propre sac Pliage, en choisissant les coloris, le modèle et le marquage, et en ajoutant un message imprimé ou des initiales et un monogramme.

La boutique **Dior Champs-Élysées** (p. 75) comprend un service de personnalisation où les clients peuvent faire broder leur nom ou leurs initiales sur certains articles. Dans l'emblématique magasin de quatre étages de **Louis Vuitton** (p. 75), vous verrez des artisans à l'œuvre. Un service de monogramme est offert et il est possible de recharger les flacons Louis Vuitton vides.

Grands magasins sur les Champs

Ouvertes en 2019, les **Galeries Lafayette Champs-Élysées** (p. 75) attire les Parisiens amateurs de mode et les touristes. Si vous avez peu de temps, cette nouvelle succursale branchée du célèbre grand magasin est fantastique.

Maquillage et coiffure

Pour acheter des brosses de qualité, des peignes, de magnifiques barrettes, des chapeaux et bien d'autres articles, poussez la porte de la **Maison Caillau** (p. 75). **Plein Fard** (p. 75) vend des cosmétiques pour professionnels difficiles à trouver ailleurs. Les clients profitent de remises réservées aux professionnels sur certaines marques. L'enseigne française **Make Up For Ever** (p. 75) vous fait bénéficier de conseils personnalisés et de maquillages effets spéciaux, waterproof et pour le corps.

Par Mily Serebrenik, *maquilleuse et coiffeuse professionnelle à Paris. @milyserebrenik*

Page de gauche Rouges à lèvres, Galeries Lafayette

On y trouve aussi bien des articles de créateurs français classiques et novateurs, notamment Isabel Marant et Jacquemus, que des produits de beauté et des articles de décoration, comme les bougies Diptyque.

Inauguré en 1958 près de l'Arc de triomphe, le **Drugstore Publicis** (p. 75) fut le premier magasin de ce type en France. Il comprend un cinéma, deux restaurants, une pharmacie 24h/24 et 7j/7 et une boutique tendance vendant livres, souvenirs, presse internationale, épicerie fine, cigares et vin.

Il faut le reconnaître, de l'Arc de triomphe au rond-point, l'avenue des Champs-Élysées est très minérale, avec ses immenses trottoirs dallés et la succession de restaurants, de cafés et de boutiques. Elle devient ensuite bien plus arborée et verdoyante, lorsqu'elle longe le palais de l'Élysée et ses jardins, invitant à la promenade entre bosquets et bassins (voir p. 68).

07 Cabarets GLAMOUR

DIVERTISSEMENT I VIE NOCTURNE

Paris a vu naître les cabarets à la Belle Époque, lorsque les danseuses de cancan se produisaient accompagnées par des musiciens au piano et à l'accordéon afin de divertir les clients venus boire. Dans le VIIIe arrondissement, les cabarets les plus sélects, le Lido et le Crazy Horse, proposent des spectacles remarquables, à la fois sexy et très professionnels.

SORBIS/SHUTTERSTOCK ©

En pratique

S'y rendre M George-V (Lido, Crazy Horse) ou Alma-Marceau (Crazy Horse).

Quand Les spectacles du Lido débutent à 21h ou 23h. Il y a occasionnellement des spectacles l'après-midi à prix réduits. Réservez bien avant votre venue.

Tenue L'élégance est de rigueur.

Autres cabarets Le Cabaret Burlesque, le Cirque Électrique, Cabaret le Secret, Cabaret de Poussière et la Coupole pour des spectacles plus intimistes et originaux.

LAURENT VITEUR/WIREIMAGE ©

Page de gauche en haut Lido
En bas Danseuses, Crazy Horse
Ci-contre Danseuse, Lido

Paris rencontre Las Vegas : le Lido

Quand il ouvrit sur les Champs-Élysées en 1928, le Lido était un restaurant et une boîte de nuit, doté d'une grande piscine couverte en marbre de style vénitien. Il fut transformé en cabaret dans les années 1930, puis fut l'un des premiers à offrir un "dîner-spectacle" après guerre. Les danseuses se produisent accompagnées par un orchestre, le spectacle étant ponctué de numéros d'acrobates ou de mimes notamment. La dernière revue, créée par Franco Dragone, ancien directeur du Cirque du Soleil, est un spectacle grandiose alliant shows de Las Vegas, numéros de cirque et touches françaises, comme le célèbre cancan. Bien que les danseuses soient parfois seins nus, le spectacle est surtout réputé pour ses costumes spectaculaires chargés de perles, de plumes et de sequins.

Racé et minimaliste : le Crazy Horse

Le Crazy Horse est plus moderne, plus audacieux et plus dépouillé, sans cancan, sans dîners et sans costumes élaborés. En fait, les danseuses portent des perruques et ne sont guère habillées que par les jeux de lumière. Fondé dans les années 1950 sous la forme d'un "saloon pour cowboy", le cabaret offrait à l'origine des spectacles burlesques de striptease. L'espace est intimiste avec des sièges façon salle de cinéma plutôt que des tables individuelles. Ces dernières années, des invités comme Dita Von Teese et Conchita Wurst participent à des spectacles exceptionnels.

Hommage à la Baker

Joséphine Baker, mon idole et mon ange-gardien, inspira ma carrière dans le showbiz et m'amena à Paris.

Quand j'eus l'honneur de devenir le premier maître de cérémonie afro-américain du Crazy Horse, je réalisai avec ravissement que je me produisais entre deux lieux historiques liés à son histoire. En effet, elle monta sur scène pour la première fois à Paris en 1925 au théâtre des Champs-Élysées et ouvrit son propre cabaret Chez Joséphine Baker, Club des Champs-Élysées, dans les années 1930, dans l'actuel Hôtel Château Frontenac, rue François-Ier.

Par Brian Scott Bagley, *meneur de revue, organisant des visites consacrées au Gay Paris Noir et à Joséphine Baker. @brianscottbagley*

08 Retrouver le PARIS 1900

PATRIMOINE I ARTS I IMAGINATION

Certes, le Grand Palais se refait une beauté avant d'accueillir à nouveau de grands événements à l'horizon 2024 sous sa nef monumentale. Ce n'est pas une raison pour ne pas renouer avec la Belle Époque et les arts parisiens florissant en visitant le Petit Palais, son merveilleux voisin !

LAPAS77/ADOBESTOCK ©

En pratique

S'y rendre Ⓜ Champs-Élysées-Clemenceau.

S'orienter Depuis 2005 et l'achèvement d'importants travaux de restauration, le musée offre au visiteur un double parcours, pour les collections permanentes et les expositions temporaires.

À savoir Le Petit Palais est l'un des plus grands musées de la Ville de Paris. L'accès aux collections permanentes est gratuit, les expositions temporaires, payantes.

Pause Le café le Jardin du Petit Palais (p. 77) est un havre de paix qui donne sur le jardin intérieur.

CATHARINA VAN DELDEN/SHUTTERSTOCK ©

FRANCK LEGROS/SHUTTERSTOCK ©

Page de gauche en haut Le Petit Palais **En bas** Le café donnant sur le jardin **Ci-contre** La galerie de sculptures

Lumière, art et jardin

Le Petit Palais, merveille architecturale qui côtoie le Grand Palais (actuellement en travaux), fut construit par Charles Girault pour l'Exposition universelle de 1900 avec le dessein d'abriter une rétrospective de l'art français. Le cahier des charges de l'architecte comportait l'obligation de créer de larges ouvertures, coupoles, baies et verrières pour faire entrer la lumière naturelle ! Autre belle idée : le jardin central, au cœur de l'édifice, encadré par un péristyle semi-circulaire, orné de sculptures. Il fallut vingt ans pour achever la décoration du palais, devenu dès 1902 le musée des Beaux-Arts de la Ville de Paris. Ne manquez pas la coupole du vestibule d'entrée (avec vitraux et panneaux de style symboliste), la grande galerie de sculptures au sol en mosaïque et aux voûtes peintes, la coupole de l'escalier Dutuit peinte par Maurice Denis, vaste panorama de l'histoire de l'art en France, et les ferronneries de la grande grille d'entrée.

Collections éclectiques

Les collections permettent notamment de renouer avec l'art et les arts décoratifs du tournant du siècle, entre 1880 et 1914. Mais ce musée renferme des œuvres très diverses, des antiquités grecques et romaines et des objets d'art du Moyen Âge et de la Renaissance, des icônes illustrant la chrétienté d'Orient, et surtout des dessins, peintures et sculptures d'artistes français des XVIIIe et XIXe siècles, ainsi que des œuvres notables de Rembrandt, Rubens, Courbet, Delacroix, Fragonard, Carpeaux, entre autres chefs-d'œuvre.

L'Exposition universelle de 1900

En avril 1900, Paris devient pour quelques mois le centre du monde, exposant l'art du moment et les grandes innovations (la "fée électricité"). Durant les quelques années qui ont précédé, la capitale a connu de grands travaux afin de se préparer à accueillir dignement les visiteurs (51 millions !). Stations de métro, **pont Alexandre-III**, gares des Invalides ou d'Orsay sont alors réalisées pour faciliter les accès et la circulation dans les 120 ha de l'exposition qui s'étend de la place de la Concorde au Champ-de-Mars et au Trocadéro, de part et d'autre de la Seine. C'est dans ce bouillonnant contexte que deux édifices sont érigés à la gloire des Beaux-Arts en bordure des Champs-Élysées : le Grand Palais et le Petit Palais.

STATUES
en ville

04

02

01

03

01 Balzac par Rodin
Ce *Monument à Balzac* (1891-1897) campe l'écrivain drapé dans une longue robe de chambre, sa tenue habituelle de travail. Il a été installé sur un terre-plein du bd Raspail en 1939. Autre statue au musée Rodin (p. 50).

02 Hommage au capitaine Dreyfus par Tim
Le capitaine est représenté ici avec son sabre brisé (1988 ; place Pierre-Lafue, VIe). Une copie se trouve dans la cour du musée d'Art et d'Histoire du judaïsme (MAHJ ; p. 198).

03 Charles de Gaulle par Cardot
Le Général côtoie Winston Churchill près du Petit Palais et des Champs-Élysées. Ils ont été immortalisés en 1998 et 2000 par le sculpteur Jean Cardot.

04 Flamme de la Liberté
Cette réplique en cuivre de la flamme de la statue de Bartholdi a été offerte en 1987 par l'*International Herald Tribune* pour symboliser l'amitié entre les peuples français et américain, et installée près du pont de l'Alma. Elle est devenue une stèle

05

06

07

08

commémorative à la princesse Diana après sa mort en 1997.

05 Jardin de sculptures en plein air
Le verdoyant jardin Tino-Rossi (p. 256) montre des œuvres d'artistes du XXe siècle tels que Brancusi, César, Stahly, Zadkine.

06 Statue de la Liberté
Il existe au moins six statues de la Liberté à Paris ; celles du jardin du Luxembourg et de l'île aux Cygnes (ci-dessus) sont les plus connues.

07 Le Triomphe de la République par Dalou
Le square au centre de la place de la Nation (XIIe) porte ce groupe monumental de 1899 : une Marianne au sein dévoilé, figure nourricière par excellence, debout sur un char tiré par deux lions conduits par le génie de la Liberté, et entourée par trois allégories (Travail, Justice, Paix).

08 Les Trois Nymphes par Maillol
Le jardin des Tuileries compte de nombreuses statues, dont ces nus féminins (1930). Dans un style différent, repérez *L'Arbre des voyelles* (1999) de G. Penone.

09 Flânerie au parc MONCEAU

JARDIN ANGLAIS I HÔTELS PARTICULIERS I MUSÉES

Le jardin le plus aristocratique de Paris a été aménagé à l'anglaise au XVIIIe siècle, avec bassins, rotonde, pont de pierre et colonnes corinthiennes, créant une atmosphère propice aux flâneries romantiques. Au siècle suivant, de grands bourgeois firent construire les hôtels particuliers qui donnent encore à ce parc un cachet inégalable. Un attrait rehaussé par la présence de trois musées d'intérêt.

KIEV.VICTOR/SHUTTERSTOCK ©

En pratique

S'y rendre Ⓜ Monceau ; entrée principale au 33 bd de Courcelles.

Quand Le jardin est ouvert de 7h à 22h tlj, jusqu'à 20h oct-mars.

Tarifs Les informations pratiques concernant les musées sont indiquées p. 74-75.

À savoir Le parc comprend des aires de jeux, un carrousel et une programmation de spectacles de marionnettes destinée aux enfants.

OLLY_PLU/ADOBESTOCK ©

Un parc romantique Les 8,2 ha de végétation ont été aménagés par Carmontelle en 1778-1779 dans le style anglais, caractérisé par des allées sinueuses, des étangs et des parterres. Amusez-vous à retrouver le pont semblable à celui du Rialto de Venise, l'arcade Renaissance, la colonnade corinthienne qui orne la naumachie (un bassin ovale) ou la statue en hommage à Frédéric Chopin. Il est très fréquenté par les enfants accompagnés de leurs parents, ou de leur gouvernante, après l'école et par les joggeurs le dimanche matin.

Hôtels particuliers et musées Entre 1860 et les premières années du XXe siècle, le parc prend l'aspect qu'on lui connaît aujourd'hui : de grands bourgeois d'affaires, Péreire, Rothschild, Cernuschi, Ménier, Camondo, acquièrent des parcelles limitrophes pour ériger des hôtels particuliers dont les jardins donnent sur le parc. Installé dans l'un d'eux, construit en 1911-1913 sur le modèle du Petit Trianon de Versailles, le **musée Nissim-de-Camondo** (p. 75) expose mobilier, boiseries, tapisseries, porcelaines et autres objets d'art du XVIIIe siècle appartenant à la collection du banquier Moïse de Camondo (1860-1935), originaire de Constantinople, dont la famille emménagea à Paris en 1869. Le **musée Cernuschi** (p. 74) possède, lui, une superbe et rare collection d'art chinois ancien, dont la majeure partie est antérieure à la dynastie Tang (618-907). On peut aussi y admirer des objets japonais, coréens et vietnamiens. Le banquier et philanthrope milanais Henri Cernuschi (1821-1896), installé à Paris avant l'unification italienne, constitua cette collection entre 1871 et 1873.

Page de gauche en haut Les allées du parc Monceau
En bas Le carrousel du parc
Ci-contre Musée Jacquemart-André

Musée Jacquemart-André

À quelques rues du parc Monceau, la maison des collectionneurs d'art Nélie Jacquemart et Édouard André, un bel hôtel particulier des années 1860, offre un aperçu passionnant de la vie de la haute société parisienne à la fin du XIXe siècle. Aménagée dans le style éclectique typique de l'époque, la demeure (voir aussi p. 75) associe des éléments de diverses périodes, rassemblés par les maîtres des lieux : antiquités grecques et romaines, objets égyptiens, mobilier d'époque et portraits des maîtres hollandais. Flânez à travers les 16 pièces pour découvrir la vie et les goûts de ce couple d'amateurs éclairés, de la bibliothèque au jardin d'hiver, doté d'un escalier à double révolution. L'étage comporte une collection d'œuvres italiennes de la Renaissance signées Botticelli, Donatello ou Titien, ainsi que des fresques de Tiepolo.

Carnet d'adresses

Les grands classiques

Arc de triomphe

Voir aussi p. 60. La terrasse (284 marches) du monument napoléonien offre une vue époustouflante sur la place de l'Étoile (rebaptisée place Charles-de-Gaulle en 1970) où convergent douze majestueuses avenues. Sous la terrasse, un petit musée présente l'histoire du monument. La flamme éternelle de la tombe du Soldat inconnu est ravivée chaque jour à 18h30. (www.paris-arc-de-triomphe.fr ; pl. Charles-de-Gaulle, VIIIe ; plateforme d'observation tarif plein/-18 ans et 18-25 ans UE 13 €/gratuit, gratuit 1er dim du mois nov-mars ; 10h-23h avr-sept, 10h-22h30 oct-mars ; M Charles-de-Gaulle-Étoile)

Avenue des Champs-Élysées

Voir p. 60. (VIIIe ; M Charles-de-Gaulle–Étoile, George-V, Franklin-D.-Roosevelt, Champs-Élysées-Clemenceau)

Parc Monceau

Voir p. 61. (www.paris.fr/equipements/parc-monceau-1804 ; 35 bd de Courcelles, VIIIe ; 7h-22h mai-août, 7h-21h sept, 7h-20h oct-avr ; M Monceau)

Petit Palais – musée des Beaux-Arts de la Ville de Paris

Voir p. 61. (01 53 43 40 00 ; www.petitpalais.paris.fr ; av. Winston-Churchill, VIIIe ; collection permanente entrée libre ; 10h-18h mar-dim, expositions temporaires 10h-21h ven ; M Champs-Élysées-Clemenceau)

Place de la Concorde

Voir p. 61. (VIIIe ; M Concorde)

Autres monuments et musées

Hôtel de la Marine

Construit pour abriter le Garde-Meuble de la Couronne, ce bel édifice est l'un des deux palais (avec l'ancien hôtel de la Monnaie, devenu un hôtel de luxe, le Crillon) commandés par Louis XV vers 1748 de part et d'autre de la rue Royale, et donnant sur la place de la Concorde. Pillé à la Révolution, l'hôtel du Garde-Meuble accueillit par la suite (et jusqu'en 2015) l'état-major de la Marine française, et prit alors le nom qu'on lui connaît. À l'issue de travaux de restauration menés par le Centre des monuments nationaux, l'hôtel nouvelle génération voit le jour en 2021 : une partie des bâtiments (les salons d'apparat, les appartements datant du XVIIIe siècle et les espaces associés à l'histoire de la marine, notamment) est ouverte au public ; le mobilier du Garde-Meuble du règne de Louis XV y a repris place. Un passage est ouvert au rez-de-chaussée entre la rue Royale et la place de la Concorde, donnant accès à des boutiques, à une librairie, au restaurant Mimosa placé sous la houlette du chef Jean-François Piège et au très chic Café Lapérouse. (www.hotel-de-la-marine.paris ; 2 place de la Concorde, VIIIe ; M Concorde)

Musée Cernuschi

Voir p. 73. Les expositions temporaires sont payantes (tarif plein/réduit 9/7 €). (01 53 96 21 50 ; www.cernuschi.paris.fr ; 7 av.

Dans le musée Jacquemart-André

Vélasquez, VIIIe ; don apprécié 2 € ; 10h-18h mar-dim ; M Villiers)

Musée Nissim-de-Camondo

Voir p. 73. (01 44 55 57 50 ; www.madparis.fr ; 63 rue de Monceau, VIIIe ; tarif plein/réduit avec audioguide 9/6,50 € ; 10h-17h30 mer-dim ; M Monceau ou Villiers)

Musée Jacquemart-André

Voir p. 73. (01 45 62 11 59 ; www.musee-jacquemart-andre.com ; 158 bd Haussmann, VIIIe ; tarif plein/réduit 14,50/11,50 €, avec audioguide 17,50/14,50 €, gratuit -7 ans ; 10h-18h, 10h-20h30 lun lors des expos temporaires ; ; M Miromesnil)

Pont Alexandre-III

Le pont Alexandre-III, qui relie les Invalides aux Grand et Petit Palais, fut inauguré à l'occasion de l'Exposition universelle de 1900. Il est l'un des ponts les plus emblématiques de la capitale (voir p. 216). La vue sur la tour Eiffel et sur la Seine en fait un lieu de promenade très prisé.

Shopping

Dior Champs-Élysées

Voir p. 64. (www.dior.com; 52 av. des Champs-Élysées, VIIIe ; 10h30-21h30 ; M George-V, Franklin-D.-Roosevelt)

Drugstore Publicis

Créé par Marcel Bleustein-Blanchet, homme d'affaires et publicitaire, ce fameux "drugstore" ouvert jour et nuit (jusqu'à 2h) dépanne les Parisiens avec ses nombreux services : pharmacie, journaux, restaurants, cinémas. Voir aussi p. 76. (01 44 43 75 07 ; www.publicisdrugstore.com ; 133 av. des Champs-Élysées, VIIIe ; 8h-2h lun-ven, 10h-2h sam-dim ; M Charles-de-Gaulle–Étoile)

Galeries Lafayette Champs-Élysées

Voir p. 64. (www.galerieslafayettechampselysees.com ; 60 av. des Champs-Élysées, VIIIe ; 10h-21h tlj ; M Franklin-D.-Roosevelt)

Guerlain

Voir p. 63. (www.guerlain.fr ; 68 av. des Champs-Élysées, VIIIe ; 9h-19h lun-mer et sam, 9h-20h jeu-ven ; M Franklin-D.-Roosevelt)

Laulhère

Cette maison fabrique des bérets depuis 1840 : modèles classiques et contemporains en laine, cachemire et cuir. (www.laulhere-store.com ; 14-16 rue du Faubourg-Saint-Honoré, VIIIe ; 11h-19h lun-sam ; M Madeleine)

Librairie Artcurial

Située dans une élégante demeure du XIXe siècle, la librairie de la maison de vente aux enchères Artcurial propose un large choix de livres sur l'art contemporain, la photographie, le design et l'architecture. (01 42 99 16 19 ; librairie.artcurial.com ; 61 av. Montaigne, VIIIe ; 13h-18h lun-ven ; M Franklin-D.-Roosevelt)

Longchamp

Voir p. 64. (www.longchamp.com ; 77 av. des Champs Élysées, VIIIe ; 10h-20h lun-sam, 11h-19h dim ; M George-V)

Louis Vuitton

Voir p. 64. (fr.louisvuitton.com ; 101 av. des Champs-Élysées, VIIIe ; 10h-20h lun-sam, 11h-19h dim ; M George-V)

Make Up For Ever

Voir p. 64. (01 53 05 93 30 ; www.makeupforever.fr ; 5 rue La Boétie, VIIIe ; 10h-19h lun-ven, 11h-19h sam ; M Miromesnil)

Maison Caillau

Voir p. 64. (01 43 59 06 86 ; www.maisoncaillau.fr ; 124 rue du Faubourg-Saint-Honoré, VIIIe ; 9h-19h lun-sam ; M Saint-Philippe-du-Roule, Miromesnil)

Plein Fard

Voir p. 64. (01 42 56 34 28 ; www.pleinfard.com ; 172 rue du Faubourg-Saint-Honoré, VIIIe ; 10h-19h lun-ven, 12h-18h sam ; M Saint-Philippe-du-Roule, Miromesnil)

Bistrots nouvelle génération

Little B €

Un vrai self-service – on prend son plateau, on fait la queue... – mais dans une version élégante. C'est la recette du chef étoilé Dominique Bouchet qui a ouvert cette annexe, juste à côté de son restaurant, pour les gourmets pressés. Suprême de poulet, jus au curry ; brandade de poisson, sauce vierge ; paleron de bœuf, chutney tomate, gingembre : chaque jour, 5 ou 6 plats ainsi que différents desserts et entrées au choix. (01 45 63 40 47 ; 11 rue Treilhard, VIIIe ; plat du jour 14,30 €, formule 10 € à emporter, 2 plats 18 € ; 12h-15h lun-ven ; M Monceau ou Villiers)

Schum €

Une adresse sans prétention, idéale pour manger bien et pas cher à quelques minutes de l'Arc de triomphe. Dans deux salles au décor minéral, Schum, le sympathique patron, sert une petite sélection des classiques de la restauration bistrot – tartare au couteau, filet de bœuf, gratin dauphinois, poisson du jour... – très bien réalisés. Mention spéciale pour le généreux vacherin à la framboise, excellent, qui pourra régaler deux gourmands. (01 47 04 31 29 ; schum-paris.fr ; 50 rue Lauriston, XVIe ; formule déj 17 €, plat du jour 14 € ; 8h30-22h30 lun-ven ; M Kléber)

Le Hide €€

Hâtez-vous de dévaler les marches de l'Arc de triomphe tout proche pour avoir une chance d'occuper l'une des 33 places de ce minuscule bistrot de quartier. On y sert une savoureuse cuisine française : escargots, magrets de canard à la purée de céleri et huile de truffe, épaule d'agneau, lotte au beurre blanc, et des desserts gourmands comme la soupe de fraises parfumée. Réservation conseillée. (01 45 74 15 81 ; www.lehide.fr ; 10 rue du Général-Lanrezac, XVIIe ; menus 2/3 plats 34/38 €, plats 26-34 € ; 18h-23h lun-sam, fermé 2 semaines en mai, 3 semaines en août ; M Charles-de-Gaulle–Étoile)

Le Drugstore €€

Cette brasserie du Drugstore Publicis (p. 75) sert des plats internationaux et possède une terrasse parfaite pour observer la foule. Ouverte tous les jours jusqu'à 2h, ce qui est rare à Paris. (01 44 43 75 07 ; www.publicisdrugstore.com ; 133 av. des Champs-Élysées, VIIIe ; 8h-2h lun-ven, 10h-2h sam-dim ; M Charles-de-Gaulle–Étoile)

Adresses gastronomiques

Alléno Paris au Pavillon Ledoyen €€€

C'est l'un des restaurants les plus élégants de la capitale. Jadis prisé par les artistes et écrivains, comme Degas, Monet et Flaubert, il est aujourd'hui tenu par Yannick Alléno auquel le Michelin a décerné trois étoiles. (01 53 05 10 00 ; www.yannick-alleno.com/fr ; Carré des Champs-Élysées, 8 av. Dutuit, VIIIe ; 19h30-21h30 lun-ven ; M Champs-Élysées-Clemenceau)

L'Oiseau Blanc €€€

Ce restaurant étoilé par le Michelin, décoré sur le thème de l'aviation, occupe le toit de l'hôtel Peninsula. Il se distingue par ses menus de saison savoureux, sa salle et sa terrasse, et sa vue sur la tour Eiffel. (01 58 12 67 30 ; www.peninsula.com ; 19 av. Kléber, XVIe ; M Kléber)

Lasserre €€€

Depuis 1942, ce restaurant ultrachic du Triangle d'Or a accueilli des icônes de style comme Audrey Hepburn. Étoilé au *Guide Michelin*, il reste un choix tout indiqué pour un repas mémorable. Ascenseur, grooms, lustres blanc et or, extraordinaire toit ouvrant et service irréprochable accompagnent des créations inspirées comme le homard bleu à la parisienne et sa sauce romesco. Tenue soignée de rigueur. (01 43 59 02 13 ; www.restaurant-lasserre.com ; 17 av. Franklin-D.-Roosevelt, VIIIe ; plats 78-120 €, menus 4/6 plats

145/195 €, avec accord des vins 260/350 € ; 19h-22h mar-sam ; M Franklin-D.-Roosevelt)

Origines €€€

Julien Boscus, qui a obtenu une étoile en officiant rive gauche au restaurant Les Climats, a ouvert sur la rive droite une élégante adresse aux tons bleus et gris. Brioche à la truffe et huîtres au chardonnay, ris de veau au beurre citron-noisette et chevreuil rôti à la purée de poires y régalent les convives. Le menu déjeuner de 3 plats est une délicieuse affaire. (09 86 41 63 04 ; www.origines-restaurant.com ; 6 rue de Ponthieu, VIIIe ; menu déj 3 plats 49 €, menu dîner 6 plats 89 €, plats 38-46 € ; 12h15-14h et 19h30-22h lun-ven ; M Franklin-D.-Roosevelt)

Salons de thé

Foodcourt des Galeries Lafayette Champs-Élysées €

Cet espace de restauration avec une boutique comprend un bar à vins naturels et un service au comptoir. Il est parfait pour se restaurer sur le pouce et acheter des présents gourmands. (www.galerieslafayettechampselysees.com ; 60 av. des Champs-Élysées, VIIIe ; 10h30-23h mar-sam, 10h30-22h dim-lun ; M Franklin-D.-Roosevelt)

Jardin du Petit Palais €

Voir p. 68. (01 40 07 11 41 ; av. Winston-Churchill, VIIIe ; 10h-17h mar-jeu et sam-dim, 10h-19h ven ; M Champs-Élysées-Clemenceau)

Ladurée €

Fondée en 1862, Ladurée est l'une des plus anciennes pâtisseries de la capitale. C'est ici que fut inventé le macaron parisien dans les années 1930. Son salon de thé est un lieu chic pour faire une pause gourmande sur les Champs ou acheter des douceurs à emporter. (01 40 75 08 75 ; www.laduree.com ; 75 av. des Champs-Élysées, VIIIe ; pâtisseries 7-10,50 €, plats 19-33 € ; tlj 8h-22h ; ; M George-V)

ALEXANDROS MICHAILIDIS/SHUTTERSTOCK ©

Macarons

Mariage Frères Étoile €€

Cet élégant salon de thé à l'ambiance surannée et au décor ancien propose des gâteaux, des confitures et des plats salés faits avec les thés de la marque, ainsi que des brunchs raffinés. (01 46 22 18 54 ; www.mariagefreres.com ; 260 rue du Faubourg-Saint-Honoré, VIIIe ; salon de thé 12h-19h lun-sam ; M Chales-de-Gaulle-Étoile, Ternes)

Sortir

Bridge

Niché sous le pont Alexandre-III (p. 75), cet espace de 1 500 m² pouvant accueillir 2 000 clubbeurs est un haut lieu de la nuit parisienne. La programmation inclut bien des événements (DJ sets, installations vidéo, soirées...). (06 40 46 44 62 ; www.facebook.com/pg/bridgeparisclub ; pont Alexandre-III, VIIIe ; 23h-6h ven-sam ; M Champs-Élysées-Clemenceau, Invalides)

Le Lido

Voir p. 66. (01 40 76 56 10 ; www.lido.fr ; 116 bis av. des Champs-Élysées, VIIIe ; M George-V)

Crazy Horse

Voir p. 66. (01 47 23 32 32 ; www.lecrazyhorseparis.com ; 12 av. George-V, VIIIe ; show seul à partir de 87 €, -26 ans à partir de 40 € ; spectacles 20h15 et 22h45 dim-ven, 19h, 21h30 et 23h45 sam ; M Alma-Marceau)

LOUVRE, HALLES ET OPÉRA

JOYAUX ARTISTIQUES I JARDINS I SHOPPING

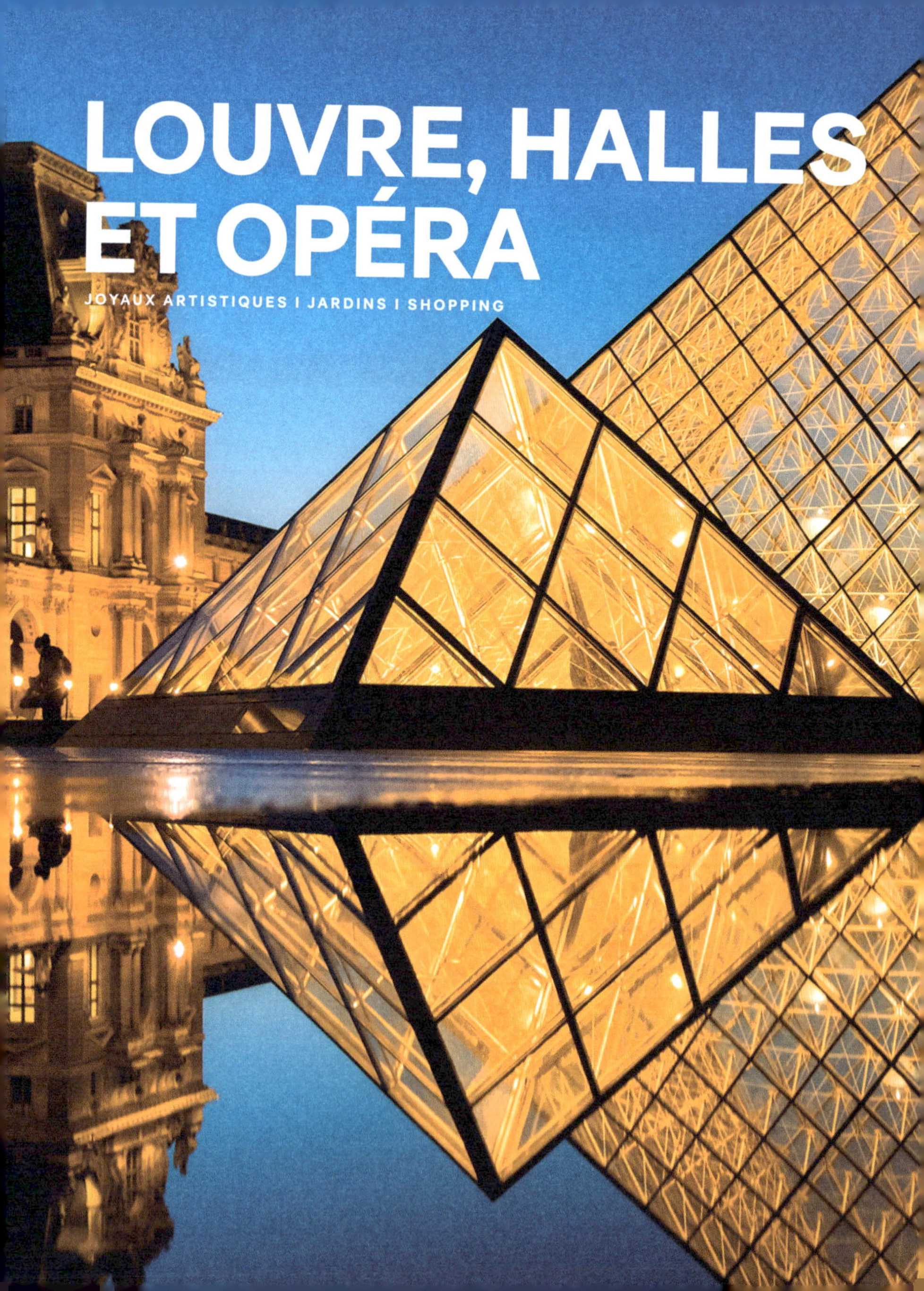

LOUVRE, HALLES ET OPÉRA
à la carte

INCONTOURNABLES ET TRÉSORS CACHÉS

Le centre historique de la ville, où l'architecture contemporaine côtoie celle du Moyen Âge, abrite le plus grand musée d'art au monde, les vestiges des palais royaux et les plus anciennes rues commerçantes de Paris. Dans ce quartier, vous serez au cœur de l'histoire et de la vie de la capitale.

Le quartier en bref

Points forts Des merveilles d'art et du patrimoine. Des terrasses où siroter un café et des jardins au calme. Des marchés et des quartiers commerçants.

Circuler À pied, pour ne rien manquer de l'architecture et des boutiques. Les stations de métro Palais-Royal-Musée du Louvre et Châtelet, centrales, permettent de rejoindre aisément les sites à pied.

Attention ! Méfiez-vous des pickpockets.

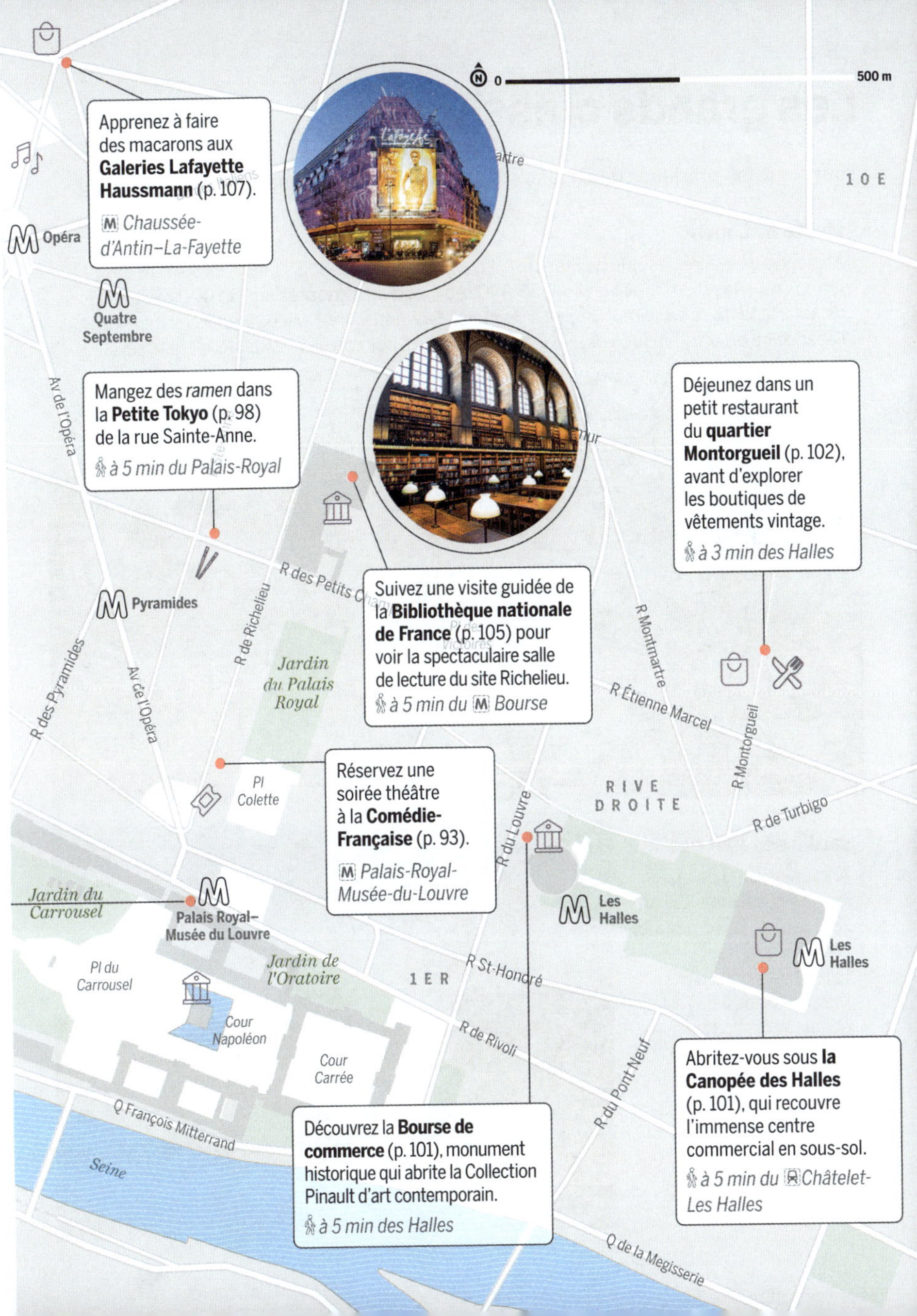
0
500 m
Apprenez à faire des macarons aux **Galeries Lafayette Haussmann** (p. 107).
M *Chaussée-d'Antin–La-Fayette*
Opéra
Quatre Septembre
10E
Mangez des *ramen* dans la **Petite Tokyo** (p. 98) de la rue Sainte-Anne.
à 5 min du Palais-Royal
Av de l'Opéra
Pyramides
R des Petits Champs
Suivez une visite guidée de la **Bibliothèque nationale de France** (p. 105) pour voir la spectaculaire salle de lecture du site Richelieu.
à 5 min du M Bourse
Déjeunez dans un petit restaurant du **quartier Montorgueil** (p. 102), avant d'explorer les boutiques de vêtements vintage.
à 3 min des Halles
R de Richelieu
Jardin du Palais Royal
R des Pyramides
R Montmartre
R Étienne Marcel
R Montorgueil
Réservez une soirée théâtre à la **Comédie-Française** (p. 93).
M *Palais-Royal-Musée-du-Louvre*
Pl Colette
RIVE DROITE
R de Turbigo
R du Louvre
Jardin du Carrousel
Palais Royal–Musée du Louvre
Les Halles
Pl du Carrousel
Jardin de l'Oratoire
1ER
R St-Honoré
Cour Napoléon
R de Rivoli
Cour Carrée
R du Pont Neuf
Abritez-vous sous **la Canopée des Halles** (p. 101), qui recouvre l'immense centre commercial en sous-sol.
à 5 min du Châtelet-Les Halles
Q François Mitterrand
Seine
Découvrez la **Bourse de commerce** (p. 101), monument historique qui abrite la Collection Pinault d'art contemporain.
à 5 min des Halles
Q de la Megisserie

Les grands classiques

Pour les infos pratiques de chaque site, reportez-vous au carnet d'adresses p. 104.

Musée du Louvre

Ancienne demeure des rois de France, le Louvre (p. 86) est depuis deux siècles l'un des plus grands musées du monde : environ 35 000 œuvres d'art exposées sur 60 000 m². La *Vénus de Milo*, la *Victoire de Samothrace*, *La Joconde*, *La Dentellière* ? Mieux vaut déterminer à l'avance ce qu'on souhaite voir. Ne manquez pas la Cour carrée mise en lumière le soir !

VERESHCHAGIN DMITRY/SHUTTERSTOCK ©

Jardin des Tuileries

Ancien parc du palais des Tuileries, incendié en 1871 lors de la Commune, ce jardin à la française (p. 84) se trouve dans l'axe historique de Paris, qui court du Louvre à l'arche de la Défense via les Champs-Élysées. Lieu de promenade et de découverte, il comprend deux musées : le Jeu de Paume et le musée de l'Orangerie.

MAFAKO85/ADOBESTOCK ©

OLRAT/ADOBESTOCK ©

Jardin du Palais-Royal

Au XVIIIe siècle prévalait ici une effervescence permanente. Les idées révolutionnaires s'y propageaient, tandis que s'épanouissaient le jeu, la prostitution et le commerce ! Rien de tel aujourd'hui dans ce jardin paisible (p. 92), entouré de lieux prestigieux (la Comédie-Française, le Conseil constitutionnel et le Conseil d'État – rien de moins).

GILMANSHIN/SHUTTERSTOCK ©

Palais Garnier – Opéra de Paris

Dominé par Apollon brandissant sa lyre, le Palais Garnier (p. 94) est emblématique du style Second Empire. Ses joyaux sont le grand escalier et la salle de spectacle parée de dorures et de velours rouge, dont le lustre éclaire le magnifique plafond peint par Chagall.

ILOLAB/ADOBESTOCK ©

Les Halles

Le marché de gros (le fameux "ventre de Paris") perdura ici jusqu'en 1969, avant d'être remplacé par le Forum des Halles, un centre commercial souterrain, décrié pour son architecture extérieure. Depuis 2016, une canopée translucide illumine de tons dorés ce quartier (p. 100) où se mêle plus que jamais vie moderne et monuments centenaires.

10 Une journée aux TUILERIES

JARDIN | ART | HISTOIRE

Au XVIIe siècle, on venait s'y montrer. Aujourd'hui, ses allées sont un lieu de promenade très agréable. Encadré par la place de la Concorde à l'ouest et le Louvre à l'est, bordé par la Seine, l'élégant jardin des Tuileries est aussi un haut lieu artistique avec la présence de la galerie du Jeu de Paume et du musée de l'Orangerie.

SAIKO3P/ADOBESTOCK ©

En pratique

S'y rendre Ⓜ Tuileries

Quand Aux beaux jours de préférence. L'été, une grande roue y est montée. Évitez le mardi, jour de fermeture du musée. L'espace du Jeu de Paume est ouvert quand il y a des expositions.

Durée Prévoyez une journée pour flâner librement dans le parc et visiter les deux musées.

Notre conseil Le musée de l'Orangerie compte un petit **café** (10h-17h sauf mar), mais il est aussi plaisant de manger un sandwich dans le jardin.

COLORMAKER/SHUTTERSTOCK ©

ISABELLE OHARA/SHUTTERSTOCK ©

Page de gauche, en haut *Jardin des Tuileries* **En bas** *Jeu de Paume* **Ci-dessus** *Les Nymphéas (détail), Musée de l'Orangerie*

Découvrir un ancien jardin royal

C'est un jardin d'une rare élégance, redessiné en 1664 par Le Nôtre, qui fit ouvrir la perspective à l'ouest (futurs Champs-Élysées). Encadré par le Jeu de Paume et l'ancienne orangerie transformée en musée, les seuls vestiges du palais des Tuileries (incendié en 1871 lors de la Commune) qui se dressait sur l'emplacement de l'actuel jardin du Carrousel, il offre aux promeneurs le plaisir de flâner parmi les bosquets d'arbres, les sculptures en plein air (œuvres de Maillol, Rodin, Carpeaux, Giacometti...) et les bassins. Le jardin fait partie du site des rives de la Seine, inscrit au Patrimoine mondial de l'Unesco en 1991.

Admirer les Nymphéas au musée de l'Orangerie

Dans l'angle sud-ouest du jardin, cette belle orangerie (1852) devenue musée se visite avant tout pour le cycle des *Nymphéas* de Monet, ces huit "Grandes Décorations" occupent deux salles ovales construites selon les instructions de l'artiste en 1927. Les superbes collections de Jean Walter et de Paul Guillaume, comprenant d'autres toiles de Monet et des œuvres de Renoir, Cézanne, Gauguin, Picasso, Matisse, Soutine, Derain et Modigliani, sont exposées au niveau inférieur.

Aiguiser son regard au Jeu de Paume

Côté rue de Rivoli, cette ancienne salle de jeu de paume (à ne pas confondre avec la salle éponyme de Versailles, où fut prêté le célèbre serment en 1789) fut édifiée par Napoléon III en 1862. Elle est désormais dédiée aux arts visuels, de la photo (Martin Parr, Richard Avedon, Diane Arbus...) à la vidéo.

Le Carrousel

Érigé par Napoléon Ier, l'arc de triomphe du Carrousel (voir aussi p. 91) se dressait à l'entrée du château des Tuileries qui a fait place aux jardins du Carrousel dans le prolongement des Tuileries. Il évoque la campagne d'Allemagne contre la troisième coalition (1805). À l'origine, les chevaux de bronze de la basilique Saint-Marc de Venise, razziés par l'armée napoléonienne, conduisaient le char dressé au sommet. Ils ont été rendus à Venise en 1815. On en voit aujourd'hui des copies et une allégorie de la Restauration, encadrée de deux victoires.

11

L'amour au LOUVRE

ART I ARCHITECTURE I HISTOIRE

Il y a autant de manières de visiter le Louvre qu'il y a d'œuvres d'art présentées dans ce musée, le plus grand du monde. Comme Ariane aida Thésée à s'orienter dans le labyrinthe, suivons le fil de "l'amour" pour explorer les galeries du musée et découvrir certaines de ses représentations au cours des âges.

En pratique

S'y rendre Ⓜ Palais-Royal-Musée-du-Louvre.

Réserver sur Internet Achetez votre billet sur louvre.fr.

Tarif Tarif plein : 17 €. Gratuit pour les moins de 18 ans et pour les résidents de l'Union européenne de moins de 26 ans. Premier dimanche du mois : entrée gratuite pour tous.

Notre conseil Commencez par le département des peintures, si possible tôt le matin, car c'est la partie du musée la plus fréquentée où les visiteurs affluent dès 11h.

Figures mythiques de l'amour

Qui mieux que la ***Vénus de Milo*** pour entamer notre voyage au fil de l'amour ? Sculptée vers 150-125 av. J.-C. et découverte en 1820 sur l'île grecque de Mélos (Milo), cette statue représente la déesse de l'amour Aphrodite (Vénus pour les Romains). Sa nudité et ses courbes en font une icône de la beauté féminine. C'est, avec *La Naissance de Vénus*, de Botticelli, l'une des Vénus les plus célèbres au monde.

Rejoignez la salle 403 de l'aile Denon. ***Psyché ranimée par le baiser de l'Amour*** séduit par sa délicatesse dans le choix de la scène, la composition et le traitement. Le sculpteur italien Antonio Canova (1757-1822) a représenté l'apogée de cette ode à l'amour qu'est l'histoire d'Amour et de Psyché. Les amants sont réunis après avoir surmonté

Découvrir le Louvre

Le site Internet du musée offre de nombreuses ressources pour préparer votre visite et permet d'admirer sur écran ses chefs-d'œuvre. Sa rubrique "Découvrir" vous entraîne à travers les principales cours, salles et galeries du musée. louvre.fr/decouvrir.

En haut à gauche *Psyché ranimée par le baiser de l'Amour* **En bas à gauche** *Vénus de Milo* **Ci-dessus** *Raherka et Meresankh* (p. 88)

toutes les épreuves, y compris un passage aux Enfers. Zeus autorise leur union et c'est ainsi que Psyché, née mortelle, accède au Panthéon en tant que déesse de l'âme.

Amour conjugal, amour courtois, amour sacré

Laissez tomber le *Scribe accroupi* au département des Antiquités égyptiennes pour vous concentrer sur la statue de couple représentant ***Raherka et Meresankh***, salle 635 : le geste de la femme témoigne de ses sentiments à l'égard de son mari. Ce couple aurait vécu sous la Ve dynastie (2500-2350 av. J.-C.).

Avançons de quelques millénaires, dans la salle 504 de l'aile Richelieu. Admirez ***L'Offrande du cœur***, une tapisserie du début du XVe siècle représentant l'amour courtois. Cette conception médiévale de l'amour entre un chevalier et la dame qui règne sur son cœur (mais n'est pas son épouse) fait la part belle à la poésie et aux gestes chevaleresques.

Jardins intérieurs

Au Louvre, ne manquez pas la cour Marly et la cour Puget : deux immenses cours aménagées en terrasses et gradins pour mettre en valeur deux siècles de sculptures françaises. Lors de la modernisation du musée en 1983, par les architectes Ieoh Ming Pei et Michel Macary, ces deux cours, jusqu'alors à ciel ouvert, furent couvertes de verrières afin d'y présenter les sculptures en marbre conçues pour l'extérieur mais craignant la pollution. Aujourd'hui, dans ces cours, vous vous promènerez au milieu de chefs-d'œuvre de marbre et d'oliviers, baignés par les rayons du soleil.

Page de gauche *La Seine et la Marne* de Nicolas Coustou, cour Marly **Ci-contre à gauche** *L'Offrande du cœur* **Ci-dessous** *Le Sommeil de l'Enfant Jésus* de Bernardino Luini

À noter que l'issue de cette cour était toujours censée reposer sur un consentement mutuel.

En parcourant l'art religieux européen et les chefs-d'œuvre de la Renaissance, vous croiserez de nombreuses peintures de Vierge à l'Enfant. Cette image de l'amour sacré a créé durablement une image de la maternité qui a influencé la perception de la féminité à travers les siècles.

Sujet à controverse

Rendez-vous dans la salle 929 de l'aile Sully et repérez ce tableau qui contraste radicalement avec les œuvres d'art religieuses : ***Le Verrou*** de Jean-Honoré Fragonard. Il est célèbre pour sa puissance érotique, exprimée par le mouvement des corps, le lit défait et une référence au péché originel dans la discrète pomme.

L'interprétation de la scène prête toutefois à controverse : la jeune femme semble repousser le visage du jeune homme, dont l'allure décidée laisse à penser qu'il pourrait la prendre de force. Avec l'émergence des idées de liberté dans la France du XVIIIe siècle, il est difficile de dire si la femme, dans cette pièce, est consentante ou contrainte…

■ **Par Fabienne Fong Yan**
Franco-Chinoise, native de la Réunion, Fabienne a beaucoup voyagé entre l'Europe et l'Asie. Aujourd'hui, elle travaille à Paris en tant que stratège de contenu numérique.

Mon Louvre

LE LOUVRE, VU SOUS UN AUTRE ANGLE

Le Louvre attire chaque jour tant de visiteurs qu'il y a souvent de longues files d'attente. En tant que Parisienne, je ne visite le musée que lors d'occasions spéciales. Mais contempler le Louvre de l'extérieur ? Ça, j'en profite régulièrement !

De gauche à droite Musicien sous le pavillon de l'Horloge ; détail de la façade, Louvre ; Cour carrée

SANTIAGO CASTILLO CHOMEL/SHUTTERSTOCK ©

Au cœur de Paris, le Louvre se trouve souvent sur le chemin de mes déplacements quotidiens. Voici un de mes itinéraires favoris sachant que j'adore rechercher les signes laissés par les souverains et architectes qui ont contribué à la grandeur du palais au fil des siècles. Beaucoup ont laissé leur empreinte sur les façades, les médaillons, les portes et les serrures, ou parfois même au sol.

Depuis la rive gauche de la Seine, j'ai l'habitude d'emprunter la passerelle des Arts qui mène droit à la **Cour carrée** du Louvre. Cette cour intérieure parfaitement carrée est souvent négligée par les visiteurs. Sa tranquillité en fait mon havre ludique. Je m'amuse à tournoyer comme une enfant en regardant les façades qui l'entourent : et je suis prise de vertige devant l'infinie succession de fenêtres !

Virant à gauche, je passe sous le **pavillon de l'Horloge**, où l'acoustique est étonnante. Les musiciens classiques aiment jouer sous ses arcades. Une apaisante transition avant de déboucher sur la majestueuse **pyramide du Louvre**, qui surgit soudain étincelante dans la cour principale.

J'aime observer attentivement les façades et les galeries, ornées de centaines de bustes et de visages sculptés. On peut y découvrir des chapitres entiers de l'histoire des rois, des empereurs et de la république à condition de savoir les décrypter. Ainsi, presque tous les rois qui ont vécu ici ont laissé leur monogramme quelque part sur les murs. Celui que je préfère est un H avec deux D entrelacés : pour Henri II et Diane de Poitiers,

GAUTIER WILLAUME/SHUTTERSTOCK ©

G. DAGLI ORTI/DE AGOSTINI PICTURE LIBRARY VIA GETTY IMAGES ©

sa maîtresse favorite. Comment une maîtresse pouvait-elle avoir ses initiales gravées sur le Palais-Royal ? Parce que le roi fit en sorte que les D puissent être également vus comme deux C… pour son épouse Catherine de Médicis. Rusé, ce roi !

Le Louvre m'amuse aussi par ses secrets cachés bien qu'à la vue de tous. C'est le cas par exemple de la **pyramide inversée** (version réduite et inversée de la grande pyramide) invisible de l'extérieur, même si elle se trouve au beau milieu du rond-point qui sépare la pyramide du Louvre du jardin des Tuileries. Un autre secret se trouve au pied de l'**arc de triomphe du Carrousel** (voir aussi p. 85) : alors que la plupart des touristes prennent des photos du monument, les observateurs attentifs remarqueront les lignes tracées sur le sol au départ de l'arche. Ces lignes font office de cadran solaire géant !

> On peut y découvrir des chapitres entiers de l'histoire des rois, des empereurs et de la république à condition de savoir les décrypter.

Enfin, avant de quitter ce cœur historique de Paris, j'adore m'arrêter avant de franchir la **porte Richelieu**. Sous ce sombre passage, d'immenses baies permettent de voir à l'intérieur du musée. On aperçoit les visiteurs qui semblent si petits quand ils déambulent dans la **cour Marly**, une vaste cour intérieure abritant des chefs-d'œuvre de la sculpture française. C'est comme si je pouvais respirer une bouffée du musée avant de replonger dans l'intense circulation de la ville. C'est comme un petit cadeau du Louvre !

La "grande croisée" de Paris

"*Aérer, unifier et embellir Paris*" : tels sont les objectifs que Napoléon III fixe au préfet de Paris, le baron Haussmann, quand il le charge en 1853 de moderniser la ville. En un peu plus de 15 ans, Haussmann va radicalement changer le paysage urbain. Il trace en particulier une grande croisée, dont le cœur est la place du Châtelet, pour améliorer les liens nord-sud et est-ouest. Cette place achevée par Napoléon III en 1859 reste aujourd'hui un pôle majeur au cœur de la ville. Quant à l'axe historique est-ouest, initié par Le Nôtre sous Louis XIV, il est jalonné par trois arches : l'arc du Carrousel, l'Arc de triomphe et la Grande Arche de La Défense, inaugurée en 1989.

12 UN CAFÉ au Palais-Royal

ART I HISTOIRE I JARDIN

Niché entre le Louvre et l'Opéra, à deux pas de la Comédie-Française, le jardin du Palais-Royal est l'un des lieux les plus exquis de Paris. La galerie de Valois (à l'est), la galerie de Montpensier (à l'ouest) et la galerie Beaujolais (au nord) sont bordées d'arcades pleines de charme. Passez par l'un des passages discrets de ces galeries du XVIIIe pour profiter de ce havre, à l'abri des grands axes.

MISTERVLAD/SHUTTERSTOCK ©

En pratique

S'y rendre M Palais-Royal–Musée-du-Louvre ou Pyramides.

Quand Si vous voulez trouver un siège, évitez l'heure du déjeuner où le jardin est très fréquenté par les gens qui travaillent dans le quartier et viennent déjeuner dans le jardin.

Notre conseil Plusieurs cafés avec terrasse sont installés sous les galeries. Ou bien achetez un café à emporter et installez-vous sur les sièges verts du jardin. Remarquez les bancs et les "confidents", doubles fauteuils propices à la conversation, sur lesquels sont inscrits des extraits de poème.

STEPHANE DE SAKUTIN/AFP VIA GETTY IMAGES ©

Page de gauche, **en haut** Jardin du Palais-Royal **En bas** Répétition en costumes, Comédie-Française

Flâner des fastes de la Régence...

Le Palais-Royal fut bâti pour Richelieu en 1633 et devint plus tard la résidence des ducs d'Orléans. Sous la Régence, de 1715 à 1723, il devient le cœur de la vie politique et artistique. Le régent Philippe d'Orléans, neveu de Louis XIV, y réside et fait transformer le palais dans le style rocaille. Quelques années plus tard, Louis-Philippe d'Orléans (1747-1793), dit Philippe-Égalité, fait construire sur le pourtour du jardin un ensemble de maisons et de galeries bordées de boutiques, de cafés et de théâtres. Le domaine, ouvert au public mais où la police n'a pas accès, devient bientôt un lieu de fêtes et de débats... Une période faste qui se poursuivit jusqu'aux années 1830. Le décor opulent du Grand Véfour (p. 109) évoque cette époque.

...à l'art contemporain

Au fil du temps, écrivains et artistes (Stefan Zweig, Colette, Jean Cocteau...) ont élu domicile au Palais-Royal. Le voisinage de géants de la culture, Comédie-Française, Louvre et Bibliothèque nationale, en fait un lieu d'inspiration. Et si, aujourd'hui, les 260 colonnes rayées noir et blanc de Daniel Buren semblent bien intégrées dans le site, lors de sa mise en place, en 1985, cette installation suscita une violente polémique entre partisans de la modernité et défenseurs du site historique ! L'installation a en réalité pour titre *Les Deux Plateaux*, car ces colonnes, vues de haut, dessinent un damier et qu'elles émergent d'un deuxième plateau souterrain. Remarquez aussi les **Sphèrades**, fontaine-sculpture de Pol Bury et, juste au sud sur la place Colette, le **Kiosque des noctambules** de Jean-Michel Othoniel.

La maison de Molière

La scène principale de la **Comédie-Française** est logée à l'intérieur du Palais-Royal. Il s'agit de la salle Richelieu, un théâtre à l'italienne tout de pourpre et d'or, récemment rénovée. La plus prestigieuse institution théâtrale française se produit dans deux autres lieux parisiens (le théâtre Marigny et le théâtre du Vieux-Colombier), mais seules les pièces jouées à Richelieu entrent au répertoire du "Français". Soit plus de 3 000 textes depuis 1680, date de sa fondation par Louis XIV. La maison de Molière est en outre dépositaire d'un fonds d'archives et d'œuvres d'art qu'elle s'efforce de valoriser en les rendant accessibles en ligne ou à travers des expositions organisées tout au long de l'année.

13 Sur la piste du fantôme DE L'OPÉRA

MYSTÈRE I ARCHITECTURE I LITTÉRATURE

Le Palais Garnier, ou Opéra Garnier, est l'un des édifices les plus fastueux du XIXe siècle. La magnificence de ce lieu accessible seulement à des privilégiés avait de quoi faire rêver et fantasmer ceux qui ne l'avaient jamais visité. La découverte d'un squelette stimula l'imagination de Gaston Leroux. En 1910, son roman *Le Fantôme de l'Opéra* donna vie à ce mystère qui continue de hanter les lieux.

MARY416/SHUTTERSTOCK ©

En pratique

S'y rendre Ⓜ Opéra ou Pyramides ; RER Auber.

Comment Les visites autonomes permettent de découvrir les espaces publics et les expositions temporaires. Les visites guidées sont plus riches et plus pédagogiques. Des raisons techniques et/ou artistiques interdisent parfois la visite de la salle de spectacle.

Billets Visite : operadeparis.fr/visites/palais-garnier ; Spectacles : operadeparis.fr/programmation-et-billets.

GARY YIM/SHUTTERSTOCK ©

RICHIE CHAN/SHUTTERSTOCK ©

Page de gauche, en haut Grand Foyer, Palais Garnier **En bas** Salle de spectacle, Palais Garnier **Ci-contre** Extérieur, Palais Garnier

La genèse d'un fantôme

Avant l'arrivée de l'électricité, les incendies étaient courants dans les théâtres. Le plus meurtrier eut lieu à l'Opéra Le Peletier en 1862 quand la tenue de la ballerine Emma Livry prit feu sur scène. La danseuse mourut et on voit aujourd'hui sa statue dans le **salon du Glacier** du Palais Garnier. Selon la légende, un musicien épris d'Emma, qui était sur scène ce soir-là, eut la moitié du visage brûlé. Défiguré, pleurant sa fiancée, il se réfugia sous le Palais Garnier alors en construction. Quand, plus tard, on découvrit un squelette (aujourd'hui identifié comme celui d'un révolutionnaire) dans les fondations, le mythe d'un fantôme vivant dans les dédales souterrains du Palais Garnier était né. Selon Gaston Leroux, Erik le fantôme loue la loge n°5, pratique pour comploter ses méfaits, comme de faire tomber un lustre sur le public. Une idée inspirée d'un événement réel : la chute du grand lustre de l'opéra qui tua une femme en 1896.

Un mystérieux lac souterrain

Le roman raconte qu'Erik le fantôme vit reclus près d'un lac caché sous l'Opéra Garnier. De fait, il existe un réservoir d'eau sous l'édifice. Alors qu'il creusait les fondations, l'architecte Charles Garnier découvrit une importante nappe phréatique. Les tentatives pour pomper l'eau s'avérant inefficaces, Garnier trouva un stratagème pour en maîtriser le niveau : il créa au cinquième sous-sol une immense cuve voûtée qui protègent l'édifice. Aujourd'hui, ce réservoir d'eau est inaccessible au public mais sert aux pompiers de Paris.

Des voix venues du passé

Le fantôme de l'Opéra est peut-être fictif, mais on peut encore écouter des voix venues du passé. En 1907, deux urnes scellées furent "enterrées" dans le sous-sol du Palais Garnier. Elles contenaient des enregistrements sur "gramophones" des plus fameux chanteurs de l'époque. L'idée étant de ne les ouvrir que cent ans plus tard. En 2008, ces urnes furent ouvertes et on écouta ces voix venues d'un autre temps. Après numérisation, elles sont conservées dans les archives de la **Bnf** (Bibliothèque nationale de France).

14 PASSAGES de la rive droite

PROMENADE À PIED | SHOPPING | ATMOSPHÈRE

Les Grands Boulevards délimitent un quartier commerçant et de divertissement depuis le Second Empire. Ils comptaient déjà de grands magasins, un superbe opéra, plusieurs théâtres et plus d'une centaine de passages couverts ! Pour avoir une idée de la vie parisienne à la fin du XIXe siècle, flânez un peu sous les verrières de ces galeries pleines de cachet.

KATSIUBA VOLHA SHUTTERSTOCK ©

Figures de cire du musée Grévin

Le succès de ce musée (p. 106) ne s'est pas démenti depuis sa création en 1881, lorsqu'un patron de presse, Arthur Meyer, a l'idée de présenter à ses lecteurs les grandes figures du moment sous forme de statues de cire, sculptées par Alfred Grévin. Vers 1900, le sculpteur rachète un théâtre à l'italienne dans lequel il installe ces figures de cire. Les personnalités entrées au musée collent à leur époque... Et vous pourrez ainsi prendre un selfie avec Scarlett Johansson, Soprano ou Thomas Pesquet.

En pratique

S'y rendre Commencez par la galerie Véro-Dodat (M Palais-Royal–Musée-du-Louvre) pour arriver, après une promenade de 3 km, au passage Verdeau (M Le Peletier). Vous cheminerez du Palais-Royal aux Grands Boulevards.

Quand C'est une excellente idée de balade lorsqu'il pleut. Attention, certains passages sont fermés le dimanche. Les Grands Boulevards sont superbes en hiver, quand les illuminations et les vitrines attirent les foules.

Durée Prévoyez 2 heures, ou plus longtemps si vous vous attardez en chemin dans les boutiques ou les cafés.

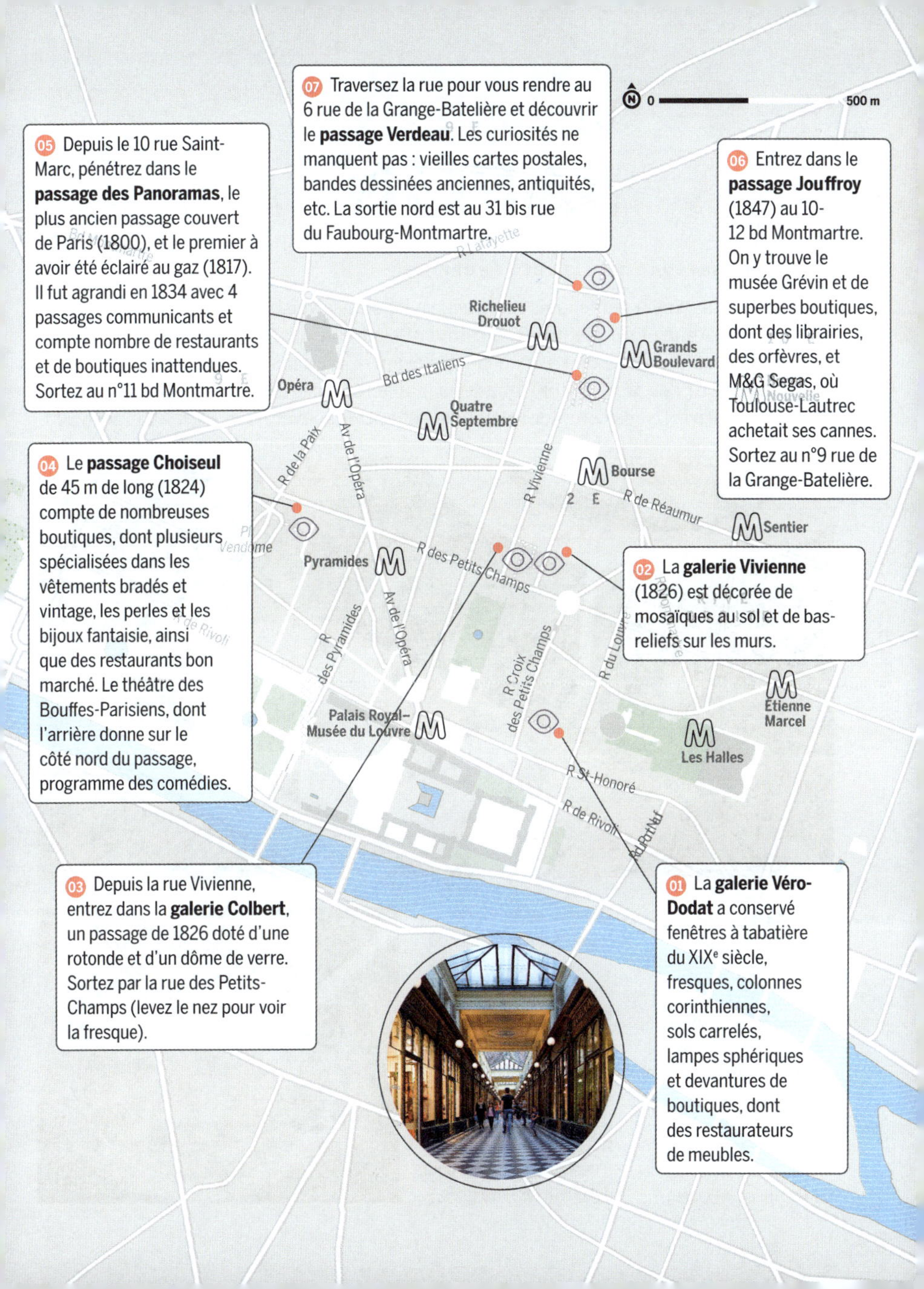

01 La **galerie Véro-Dodat** a conservé fenêtres à tabatière du XIXe siècle, fresques, colonnes corinthiennes, sols carrelés, lampes sphériques et devantures de boutiques, dont des restaurateurs de meubles.

02 La **galerie Vivienne** (1826) est décorée de mosaïques au sol et de bas-reliefs sur les murs.

03 Depuis la rue Vivienne, entrez dans la **galerie Colbert**, un passage de 1826 doté d'une rotonde et d'un dôme de verre. Sortez par la rue des Petits-Champs (levez le nez pour voir la fresque).

04 Le **passage Choiseul** de 45 m de long (1824) compte de nombreuses boutiques, dont plusieurs spécialisées dans les vêtements bradés et vintage, les perles et les bijoux fantaisie, ainsi que des restaurants bon marché. Le théâtre des Bouffes-Parisiens, dont l'arrière donne sur le côté nord du passage, programme des comédies.

05 Depuis le 10 rue Saint-Marc, pénétrez dans le **passage des Panoramas**, le plus ancien passage couvert de Paris (1800), et le premier à avoir été éclairé au gaz (1817). Il fut agrandi en 1834 avec 4 passages communicants et compte nombre de restaurants et de boutiques inattendues. Sortez au n°11 bd Montmartre.

06 Entrez dans le **passage Jouffroy** (1847) au 10-12 bd Montmartre. On y trouve le musée Grévin et de superbes boutiques, dont des librairies, des orfèvres, et M&G Segas, où Toulouse-Lautrec achetait ses cannes. Sortez au n°9 rue de la Grange-Batelière.

07 Traversez la rue pour vous rendre au 6 rue de la Grange-Batelière et découvrir le **passage Verdeau**. Les curiosités ne manquent pas : vieilles cartes postales, bandes dessinées anciennes, antiquités, etc. La sortie nord est au 31 bis rue du Faubourg-Montmartre.

15

Voyage au JAPON

EXOTISME | SAVEURS D'AILLEURS | SHOPPING

On l'imagine à peine mais une enclave japonaise voisine le Palais-Royal : la rue Sainte-Anne et ses alentours fourmillent d'adresses partageant la culture, l'art de vivre et la cuisine du pays du Soleil-Levant. C'est dans ce Little Tokyo, établi là à partir des années 1980, que vous mangerez les meilleurs sushis, *udon* ou *tonkatsu* de Paris ! Sans compter les mangas et autres souvenirs *kawaii* à rapporter !

QRRTYNNN/SHUTTERSTOCK ©

En pratique

S'y rendre La rue Sainte-Anne démarre de l'avenue de l'Opéra, pas très loin de la station de Ⓜ Pyramides, et rejoint la rue du Quatre-Septembre, près de la station de métro homonyme. Autres stations proches : Ⓜ Palais-Royal-Musée-du-Louvre ou Ⓜ Opéra.

Quand Vous trouverez toujours un restaurant ou une boutique ouverte. En revanche, il y a souvent la queue pour le déjeuner.

Notre conseil Little Tokyo s'étend aux rues limitrophes (avenue de l'Opéra, rue Richelieu et rue des Petits-Champs), n'hésitez pas à flâner pour découvrir les enseignes.

CANALETTA/ADOBESTOCK ©

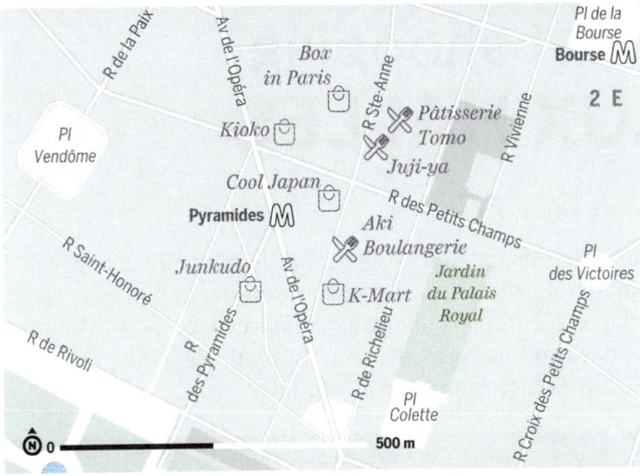

Page de gauche, en haut *Des* mochi
En bas *Un bol de* ramen

Cap vers Little Tokyo

En manque de thé matcha, de pâte miso ou de soupes de nouilles instantanées ? Plusieurs supermarchés (ou *konbini* au Japon) vous attendent comme Kioko ou K-Mart (tous deux p. 108), où vous trouverez des produits japonais et coréens.

Juji-ya (p. 108), une épicerie fine, prépare d'excellents bentos et des plats à déguster sur place ou à emporter. Pour un repas plus consistant, cap sur Kodawari Tsukiji Ramen (p. 108). On se croirait ici dans l'ancien marché aux poissons de Tokyo alors qu'on est au cœur de Paris ! Attention à la bousculade pendant que vous dégustez vos *ramen*. Si vous souhaitez opter pour l'ambiance *izakaya* (bistrot), poussez la porte du Naniwa Ya (p. 108), qui sert une large gamme de plats, en particulier des *udon*. Pour une douceur, la pâtisserie Tomo (p. 108) est tout indiquée : ce petit salon de thé est renommé pour ses *dorayaki* (crêpes japonaises) et sa pâte de haricot rouge maison. Asseyez-vous au comptoir pour boire un thé vert. Aki Boulangerie (p. 107), une enseigne mi-française, mi japonaise, et sa succursale Mochi Mochi permettent de faire le plein de *kabuki*, *dorayaki*, *mochi* et autres douceurs parfumées au yuzu ou au matcha.

Enfin, les amateurs de mangas et d'origami ne pourront faire l'impasse sur Junkudo (p. 108), grande librairie-papeterie. La curiosité vous mènera aussi jusqu'à Cool Japan (p. 108) ou Box in Paris (p. 107), caché dans le passage Choiseul (p. 97) : cette boutique de cadeaux *kawaii* (mignons) vaut le détour pour le seul plaisir des yeux.

Jardins zen

Pour aller plus loin, partez découvrir l'art paysager japonais à Paris :

- Jardin de l'hôtel Heidelbach qui dépend du musée Guimet (p. 48)
- Jardin de l'Unesco (7 pl. de Fontenoy, VIIe)
- Jardin du musée Albert-Kahn (p. 99), à Boulogne-Billancourt

16

Art et shopping AUX HALLES

CANOPÉE | ART ET PATRIMOINE | SHOPPING

Malgré les polémiques architecturales suscitées par la nouvelle canopée qui coiffe le forum, les amateurs de shopping se pressent toujours en masse dans ce quartier qui mêle zones piétonnes et centre commercial. Mais les Halles, c'est aussi une atmosphère, des espaces verts, des marchés animés (voir p. 103) et certains des plus beaux édifices historiques de la capitale.

SODEL VLADYSLAV/SHUTTERSTOCK ©

En pratique

S'y rendre Ⓜ Les Halles ou RER Châtelet-Les Halles.

Une petite faim ? Le restaurant Champeaux (p. 108) d'Alain Ducasse se trouve dans le Forum des Halles. Autre adresse fameuse : Au pied de cochon (p. 108).

Bon à savoir Le Forum compte aussi deux cinémas : le Forum des images (p. 110) et un multiplexe.

MISTERVLAD/SHUTTERSTOCK ©

Page de gauche, en haut *Église Saint-Eustache* **En bas** L'Écoute **Ci-contre** *Bourse de commerce*

Sous la Canopée, des boutiques...

Parmi les plus anciens de Paris, ce quartier fréquenté, à l'instar de ses voisins du Châtelet et du Marais, a été métamorphosé en 2016 : le nouveau toit ondulé du forum, aux tons dorés et constitué de 18 000 écailles de verre, a été conçu pour laisser passer la lumière. Au-dessous, quatre niveaux de boutiques (plus de 100 commerces), une vingtaine de restaurants, cafés et fast-foods, une piscine, deux cinémas dont le Forum des images (p. 110), et l'immense gare souterraine de Châtelet-les Halles.

Art et musique sacrée à Saint-Eustache

Saint-Eustache, superbe église Renaissance édifiée sous François Ier, abrite des trésors, dont le tombeau de Colbert et le triptyque *La Vie du Christ*, de Keith Haring. À l'extérieur se dresse une sculpture colossale d'une tête et d'une main, *L'Écoute* (1986), signée Henri de Miller. L'église est aussi un haut lieu de la musique sacrée, en particulier des récitals d'orgue gratuits joués à 17h30 le dimanche. Sans oublier les concerts rock, pop et électro du festival 36 heures de Saint-Eustache, chaque année en juin.

Art contemporain à la Bourse de commerce

Ouvert en 2021, le musée d'art Pinault Collection occupe une rotonde du XVIIIe siècle qui abrita la halle aux grains, puis la Bourse de commerce de la capitale. L'architecte Tadao Andō a dessiné un nouvel intérieur ambitieux qui accueille désormais une partie de la collection de l'industriel François Pinault.

Bulle de fraîcheur !

Pour retrouver la lumière naturelle, direction le **jardin Nelson-Mandela**, un parc de 4 ha inauguré en 2018 qui apporte une fraîcheur bienvenue dans ce quartier dense. Outre ses jardins, fontaines et aires de jeux pour enfants, il compte plus de 500 arbres parmi lesquels ormes, bouleaux, magnolias et cerisiers japonais.

17 Faire son marché à MONTORGUEIL

CIRCUIT GOURMAND | SHOPPING | HISTOIRE

Le principal marché de gros de Paris s'est tenu ici pendant près de neuf siècles. Ce quartier des Halles, qualifié par Zola de "Ventre de Paris", est aujourd'hui un quartier piétonnier branché qui va jusqu'à la rue Montorgueil, une rue commerçante, parfaite pour faire ses provisions et du shopping.

BRUNO DE HOGUES/GAMMA-RAPHO VIA GETTY IMAGES ©

En pratique

S'y rendre M Sentier, Les Halles ou Châtelet.

Quand Pour faire agréablement votre marché, venez entre 9h et midi. L'après-midi, il y a foule de chalands, de passants et d'amateurs de terrasses.

Notre conseil Explorez le quartier à pied en partant du haut de la rue Montorgueil ou du pôle central des Halles.

GWEN FRANKEN/GETTY IMAGES ©

En haut à gauche Rue Montorgueil
En bas à gauche Pâtisserie Stohrer

Magasins et restaurants historiques

En marchant rue Montorgueil en direction des Halles, guettez les enseignes de commerces anciens. Central et animé, le quartier des Halles tire en effet son nom de l'ancien marché de vente en gros de produits alimentaires frais qui y était établi avant son transfert à Rungis (Val-de-Marne) au début des années 1970. Le quartier commerçant de Montorgueil, voisin immédiat des Halles et toujours très animé, a acquis sa popularité au XVIIe siècle pour ses marchands de fruits de mer. **Au Rocher de Cancale** (n°78 ; p. 108) perpétue la tradition en servant des huîtres à la carte. Autre institution historique, la pâtisserie **Stohrer** (n°51 ; p. 110) est l'une des plus anciennes de Paris. Goûtez son fameux puits d'amour. Repérez aussi l'enseigne du n°38 : un gigantesque escargot doré ! Avis aux amateurs au portefeuille suffisamment garni : 80 € les trois douzaines d'escargots !

Marché Saint-Eustache

Au bout de la rue Montorgueil côté Halles, un marché alimentaire se tient chaque jeudi (10h-20h) et dimanche (7h-14h30). De là, remontez vers la **rue du Jour**, qui mène derrière la majestueuse église Saint-Eustache (p. 101) jusqu'**Au Pied de Cochon** (p. 108), l'un des restaurants encore ouverts 24h/24h ! Puis continuez vers le centre commercial du Forum des Halles (p. 101) ou vers la Bourse de commerce (p. 101), fraîchement rénovée. Deux sites emblématiques de l'intense activité commerciale qui régnait autrefois dans ce quartier et qui perdure aujourd'hui.

À la recherche du meilleur

Ce qui m'amuse, c'est le changement d'ambiance permanent. À 9h, on ne voit que des vendeurs, qui démarrent tôt le matin, et presque personne d'autre. Une heure plus tard, c'est totalement différent. C'est un endroit formidable pour siroter un café en terrasse et l'un des meilleurs pour faire son marché ! Rien que dans cette rue, il y a cinq boulangeries et deux fromagers. J'adore, en particulier, découvrir de nouveaux fromages à la Fermette, savourer du pain pitta de Durum et observer les vitrines des pâtisseries à la recherche de mon gâteau du jour !

Tasnime Mounavaraly *est un gourmet à l'esprit curieux et grand amateur de pâtisseries.* *@curioseaty*

Carnet d'adresses

Les grands classiques

Halles

Voir p. 100. (www.forumdeshalles.com ; 1 rue Pierre-Lescot, Ier ; boutiques 10h-20h30 lun-sam, 11h-19h dim ; M Les Halles, RER Châtelet-Les Halles)

Jardin des Tuileries

Voir p. 84. (rue de Rivoli, Ier ; 7h-23h juin-août, 7h-21h, avr-mai et sept, 7h30-19h30 oct-mars ; M Tuileries, Concorde)

Jardin du Palais-Royal

Voir p. 92. (www.domaine-palais-royal.fr ; 2 pl. Colette, Ier ; 8h-22h30 avr-sept, 8h-20h30 oct-mars ; M Palais-Royal-Musée-du-Louvre)

Louvre

Voir p. 86. (01 40 20 53 17 ; www.louvre.fr ; rue de Rivoli et quai des Tuileries, Ier ; tarif plein 17 €, gratuit -26 ans UE/-18 ans hors UE et pour tous 1er sam du mois 18h-21h45 ; 9h-18h lun, jeu et sam-dim, 9h-21h45 mer, ven et 1er sam du mois ; M Palais-Royal-Musée-du-Louvre)

Palais Garnier – Opéra

Commandé par Napoléon III et conçu par Charles Garnier en 1860, l'Opéra fit partie d'un vaste projet de rénovation urbaine piloté par le baron Haussmann. Le lieu connut un triomphe lors de son inauguration en 1875. L'architecte a réussi à faire vibrer l'ordonnance classique de ses colonnades, l'exubérance baroque des décors et la magnificence dont témoigne le Grand Escalier. Des ballerines de Degas au fantôme de Gaston Leroux, en passant par le plafond de Chagall, les créations au fil des décennies confèrent une atmosphère mystérieuse et dramatique à ce palais (voir aussi p. 83 et p. 94). L'Opéra est ouvert aux visiteurs en journée et l'exploration de l'édifice est passionnante. Les visites sont libres (audioguides 5 €) ou accompagnées. Consultez le site Internet pour les horaires. Un accessoiriste de l'Opéra a installé des ruches sur le toit en 1983. En période de production, le miel est vendu à la boutique. (08 92 89 90 90 ; www.operadeparis.fr ; angle rues Scribe et Auber, IXe ; adulte/enfant visite libre 14/10 €, visite guidée 17/9,50 € ; visites libres 10h-18h mi-juil à début sept, 10h-16h début sept à mi-juil ; M Opéra)

Billetterie : ventes flash en ligne à partir de midi le mercredi (10h-18h30 lun-sam ; M Opéra)

Autres places et monuments

Arc de triomphe du Carrousel

Voir p. 85. (pl. du Carrousel, Ier ; M Palais-Royal-Musée-du-Louvre)

Église Saint-Eustache

Cette magnifique église construite entre 1532 et 1637 est d'abord gothique, sa façade occidentale néoclassique ayant été ajoutée au milieu du XVIIIe siècle. À l'intérieur, de superbes arcs de style gothique flamboyant soutiennent le plafond du chœur. Les décors sont, pour la plupart, de styles

Palais Garnier

Renaissance et classique. Parmi les trésors artistiques figurent une œuvre de Rubens, un bas-relief coloré de Raymond Mason représentant des vendeurs sur un marché (1969) et le triptyque en bronze de Keith Haring (1990) dans les chapelles latérales. L'énorme orgue joue pour la messe du dimanche et lors des concerts. Voir aussi p.101. (01 42 36 31 05 ; www.saint-eustache.org ; 146 rue Rambuteau, Ier ; 9h30-19h lun-ven, 10h-19h15 sam, 9h-19h15 dim ; Les Halles, RER Châtelet-Les Halles)

Place Vendôme

Caractéristique du style classique (simplicité des lignes et pureté des formes), cette superbe place octogonale a été construite entre 1685 et 1699 sur des plans de Jules Hardouin-Mansart. Au centre, la colonne Vendôme à la gloire de Napoléon a remplacé la statue équestre de Louis XIV. Autour, de magnifiques hôtels particuliers, une concentration de joailliers, d'enseignes de luxe et, au n°15, le célèbre hôtel Ritz. (Ier ; Opéra, Concorde ou Tuileries)

Littérature, art, photographie

59 Rivoli

Cet ancien squat d'artistes est aujourd'hui un pôle d'art contemporain qui accueille concerts, performances, expositions et autres événements. La façade du n°59, régulièrement redécorée par des artistes, tranche avec le classicisme du reste de la rue. (www.59rivoli.org ; 59 rue de Rivoli, Ier ; 13h-20h mar-dim ; Châtelet)

Bibliothèque nationale de France – Site Richelieu

Le site historique de la bibliothèque, en rénovation depuis plusieurs années, reste ouvert au public. La visite guidée permet de découvrir la spectaculaire salle de lecture construite par Henri Labrouste et le département des manuscrits. Un musée

EDWARD BERTHELOT/GETTY IMAGES ©

59 Rivoli

présentant archives et collections d'art devrait avoir ouvert quand vous lirez ces lignes. (01 53 79 49 49 ; pour la visite, rendez-vous au 58 rue de Richelieu, IIe ; Bourse, Palais-Royal-Musée-du-Louvre, Pyramides ; visite 1 heure 3 €)

Bourse de commerce – Collection Pinault

Voir p. 101. (www.pinaultcollection.com/fr/boursedecommerce ; 2 rue de Viarmes, Ier ; tarif plein/réduit 14/10 €, gratuit 1er sam du mois 17h-21h ; lun, jeu et sam-dim 10h-19h, 10h-21h ven et 1er sam du mois ; Les Halles, RER Châtelet-Les Halles)

Comédie-Française

Voir p. 93 et p. 110. (08 25 10 16 80 ; www.comedie-francaise.fr ; pl. Colette, Ier ; tarif plein/-28 ans 15-42 €/10-19 € ; Palais-Royal-Musée-du-Louvre)

Gaîté Lyrique

Institution culturelle et lieu de spectacle, la Gaîté Lyrique présente l'art et la culture post-Internet : art numérique, 3D et jeux vidéo. Elle accueille aussi des ateliers ludiques et des événements interactifs. (01 53 01 52 00 ; www.gaite-lyrique.net ; 3 bis rue Papin, IIIe ; 12h-20h mar-sam, 12h-18h dim, fermeture annuelle mi-août à mi-sept ; Réaumur-Sébastopol)

Jeu de Paume

Voir p. 85. Espace ouvert en période d'exposition. (01 47 03 12 50 ; www.jeudepaume.org ; tarif plein/réduit 12/9 € ; 11h-21h mar, 11h-19h mer-dim lors des expositions ; M Tuileries)

Musée de l'Orangerie

Voir p. 85. La réservation est obligatoire. Les audioguides coûtent 5 €. (01 47 03 12 50 ; www.jeudepaume.org ; adulte/enfant 12,50/10 € ; 11h-21h mar, 11h-19h mer-dim ; M Louvre-Rivoli, M Tuileries, M Palais-Royal-Musée-du-Louvre)

Musée des Arts décoratifs

Outre le musée du Louvre (p. 82), le palais du Louvre abrite, dans son aile Rohan, le musée des Arts décoratifs, où sont illustrés des arts très divers (bois, métal, céramique, verre, cuir, peinture, broderies...) du Moyen Âge à l'époque contemporaine. Il est riche dans les domaines du mobilier et de l'ébénisterie, de l'orfèvrerie, de la céramique, des bijoux, des cannes et des cloisonnés chinois. Le **département de la Mode et du Textile**, qui conserve l'une des plus riches collections du genre, courant du XVIIe siècle à nos jours, la présente au public par roulement lors d'expositions temporaires. Il en va de même pour le **département de la Publicité**, qui possède aussi bien des affiches du XVIIIe siècle que des films publicitaires des années 1930 à nos jours. (MAD ; 01 44 55 57 50 ; www.lesartsdecoratifs.fr ; 107 rue de Rivoli, Ier ; tarif plein/réduit 14/10 €, gratuit -26 ans ; 11h-18h mar-dim, pour les expositions jusqu'à 21h jeu ; M Louvre-Rivoli)

Musée Grévin

Voir p. 96. (10 bd Montmartre ; www.grevin-paris.com ; 10h-18h ; tarif plein/réduit 25/18,50 € ; M Le Peletier ou Grands-Boulevards)

Passages couverts

Galerie Colbert

Voir p. 97. (6 rue des Petits-Champs et 2 rue Vivienne, IIe ; M Pyramides)

Galerie Véro-Dodat

Voir p. 97. (entre rue Jean-Jacques-Rousseau et 2 rue du Bouloi ; 7h-22h lun-sam, boutiques horaires variables ; M Louvre-Rivoli, Palais-Royal-Musée-du-Louvre)

Galerie Vivienne

L'élégante galerie Vivienne, construite en 1823, se distingue par son superbe sol de mosaïques et par sa coupole en verre, ainsi que par son salon de thé et ses boutiques indépendantes. Parmi les boutiques, ne manquez pas le caviste **Legrand Filles et Fils** (01 42 60 07 12 ; www.caves-legrand.com ; 1 rue de la Banque, IIe ; 11h-19h lun, 10h-19h30 mar-sam ; M Bourse), **Wolff et Descourtis**, qui vend des foulards en soie, et **Emilio Robba**, maître de la décoration à thème floral. Voir aussi p. 97. (1 rue de la Banque, IIe ; 11h-19h lun, 10h-19h30 mar-sam ; M Bourse)

Passage Choiseul

Voir p. 97. (40 rue des Petits-Champs, IIe ; M Pyramides)

Passage des Panoramas

Le passage des Panoramas, l'un des plus anciens de Paris qui date de 1800, abrite des boutiques vendant des timbres de collection, des livres anciens et des estampes. Voir aussi p. 97. (entre 10 rue Saint-Marc, 2 et 11 bd Montmartre, IXe ; M Grands-Boulevards ou M Richelieu-Drouot)

ISOGOOD_PATRICK/SHUTTERSTOCK ©

Bibliothèque nationale – site Richelieu

Passage Jouffroy

Voir p. 97. (10-12 bd Montmartre ; MGrands-Boulevards)

Shopping

À la Mère de Famille

C'est la plus vieille boutique de friandises de Paris. Datant de 1761, ce minuscule bijou vend des chocolats artisanaux, des bonbons régionaux, des gâteaux, etc. (01 47 70 83 69 ; www.lameredefamille.com ; 35 rue du Faubourg-Montmartre, IXe ; 9h30-20h lun-sam, 10h-19h30 dim ; MLe Peletier)

Forum des Halles – Canopée

Voir p. 100. (www.forumdeshalles.com ; 1 rue Pierre-Lescot, Ier ; boutiques 10h-20h30 lun-sam, 11h-19h dim ; MLes Halles, RER Châtelet-Les Halles)

Galeries Lafayette Haussmann

Outre sa vocation première, le grand magasin fondé à la Belle Époque organise un défilé de mode le vendredi après-midi (sur réservation), des cours de confection de macarons et des visites guidées. La terrasse sur le toit permet de profiter de vues panoramiques sur Paris. Elle accueille des restaurants et des bars éphémères toute l'année. (01 42 82 34 56 ; haussmann.galerieslafayette.com ; 40 bd Haussmann, IXe ; 9h30-20h lun-sam, 11h-20h dim ; MChaussée-d'Antin, RER Auber)

Mokuba

Près de Montorgueil et du Sentier, cette élégante mercerie vend toutes sortes de rubans, galons, passementeries, fils à broder japonais et dentelles fines. (01 40 13 81 41 ; 18 rue Montmartre, Ier ; 10h30-12h30 et 13h30-18h30 lun, 9h30-12h30 et 13h30-18h30 mar-ven ; MÉtienne-Marcel ou MLes Halles)

Rickshaw

Cette boutique de brocante vend toutes sortes de meubles et d'articles de style indien :

LEGNA69/GETTY IMAGES ©

Samaritaine

boutons et crochets, lettres en fer forgé, etc. Vaut le détour, rien que pour l'ambiance ! (01 42 21 41 03 ; www.rickshaw.fr ; 7 passage du Grand Cerf, IIe ; 11h-19h ; MÉtienne-Marcel)

Printemps

L'un des grands magasins à l'architecture Belle Époque. (01 42 82 50 00 ; www.printempsfrance.com ; 64 bd Haussmann, IXe ; 9h35-20h lun-mer, ven-sam, 9h35-20h45 jeu, 11h-19h dim ; ; MHavre-Caumartin)

Samaritaine

Ce grand magasin a enfin rouvert après de longs travaux! Autrefois fréquenté par une clientèle populaire, il est aujourd'hui mis en valeur comme un joyau et abrite des boutiques de luxe. (www.lasamaritaine.com ; 19 rue de la Monnaie, Ier ; 10h-20h ; MPont-Neuf)

Little Tokyo

Aki Boulangerie

Voir p. 99. (16 rue Sainte-Anne, Ier ; MPyramides)

Box in Paris

Voir p. 99. (01 40 15 92 89 ; 48 passage Choiseul, IIe ; 10h-19h ; MPyramides, Quatre-Septembre)

Cool Japan

Voir p. 99. (45 rue Sainte-Anne ; lun 13h30-19h, mar-sam 11h-12h30 et 13h15-19h ; MPyramides)

Juji-ya

Voir p. 99. (01 42 86 02 22 ; 46 rue Sainte-Anne IIe ; lun-mer 11h30-16h00, jeu-sam 11h30-21h ; M Pyramides)

Junkudo

Voir p. 99. (01 42 60 89 12 ; www.junku.fr ; 18 rue des Pyramides, Ier ; 10h-20h lun-sam ; M Pyramides, M Palais-Royal-Musée-du-Louvre, M Tuileries)

Kioko

Voir p. 99. (46 rue des Petits-Champs ; mar-dim 10h-19h ; M Pyramides)

K-MART

Voir p. 99. (01 58 62 49 09 ; 8 rue Sainte-Anne ; 10h-21h ; M Pyramides)

Kodawari Tsukiji Ramen €

Voir p. 99. (01 42 61 34 60 ; www.kodawari-ramen.com ; 12 rue de Richelieu, Ier ; ramen à partir de 13,50€ ; 11h45-23h ; M Palais-Royal-Musée-du-Louvre ou M Pyramides)

Naniwa Ya €

Voir p. 99. (11 rue Sainte-Anne, Ier ; 10-15 € ; 11h30-22h30 ; M Pyramides)

Pâtisserie Tomo €

Voir p. 99. (patisserietomo.fr ; 11 rue Chabanais, IIe ; 12h-19h ; M Pyramides, Quatre-Septembre)

Bonnes tables

Au Rocher de Cancale €€

Voir p. 103. (01 42 33 50 29 ; 78 rue Montorgueil, IIe ; douzaine d'huîtres 20 €, plateau de fruits de mer 30 € ; 8h-14h ; M Sentier, M Les Halles, RER Châtelet-Les Halles)

Au Pied de Cochon €€

Cette brasserie arbore les mêmes immenses miroirs, banquettes rouges et lampes en verre dépoli qu'autrefois, quand les travailleurs du marché des Halles venaient s'y restaurer matin et soir. Les spécialités de la maison incluent une savoureuse soupe à l'oignon recouverte d'une croûte d'emmental, des pieds, queues, oreilles et groins de cochon, ainsi que d'appétissants plateaux de fruits de mer. (01 40 13 77 00 ; www.pieddecochon.com ; 6 rue Coquillière, Ier ; plats 19-41 €, plateau de fruits de mer 30-80 €/pers ; 24h/24 ; ; M Les Halles, RER Châtelet-Les Halles)

Bouillon Chartier €

Manger à petit prix dans un morceau d'histoire parisienne : voilà ce qui vous attend dans ce bouillon ouvert en 1896. Passé la file d'attente – pas de réservation –, on pénètre dans une immense salle classée, style Art nouveau, où virevoltent des serveurs en chemise blanche et gilet-pantalon noirs. Ambiance authentique et chaleureuse – on dîne parfois à la table d'inconnus – et, dans l'assiette, une honnête cuisine française à des prix défiant toute concurrence. (www.bouillon-chartier.com/fr ; 7 rue du Faubourg-Montmartre, IXe ; plats 8,50-13,50 € ; tlj 11h30-minuit ; M Grands-Boulevards)

Champeaux €€

Brasserie contemporaine, façon Alain Ducasse. Voir p. 100. (01 53 45 84 50 ; www.restaurant-champeaux.com ; La Canopée, Forum des Halles, porte Rambuteau, Ier ; plats 18-34 € ; 12h-1h jeu-sam, midi-minuit dim-mer ; M Les-Halles, RFR Châtelet-les-Halles)

PETR KOVALENKOV/SHUTTERSTOCK ©

Un fameux restaurant des Halles

Chez La Vieille €€

En ressuscitant ce restaurant historique installé dans un édifice du XVIe siècle, la star des fourneaux Daniel Rose rend hommage aux anciennes halles, à la légendaire propriétaire de jadis, Adrienne Biasin (bon nombre de ses plats intemporels ont été revisités, des terrines à la blanquette de veau), et à l'âme de la cuisine de bistrot. Installez-vous au bar, au niveau de la rue, ou à l'étage, dans la salle à manger bleu canard. (01 42 60 15 78 ; www.chezlavieille.fr ; 1 rue Bailleul, Ier ; plats 26-39 € ; 12h-14h et 18h-22h30 mar-sam, fermé en août ; M Louvre-Rivoli)

Jòia €€

Dans son nouveau bistrot convivial à la déco contemporaine, Hélène Darroze revendique une cuisine joyeuse et "comme à la maison". Produits et saveurs du Sud-Ouest s'invitent sur la carte gourmande : chipiron de Saint-Jean-de-Luz, poulet jaune des Landes ou encore polenta au parmesan Reggiano... Sans oublier des desserts à tomber : baba XXL imbibé d'armagnac, profiteroles au café, pavlova aux fruits rouges... La carte des vins (tous produits par des viticultrices) est parfaite. Au 1er étage, l'espace bar est très confortable avec ses banquettes et canapés. (01 40 20 06 06 ; www.joiahelenedarroze.com ; 39 rue des Jeuneurs, IIe ; menu midi 24-29 €, carte 37-69 € ; 12h-14h30 et 17h-23h lun-sam ; M Bourse)

La Cantine des Pieds Nickelés €

Dans le genre chaleureux et convivial, il n'y a pas mieux que cette cantine qui existe de longue date, sert des plats frais maison et propose un bon choix de vins. (09 52 98 82 39 ; 120 rue Saint-Denis, IIe ; 7h-2h lun-ven, 16h30-2h sam-dim ; M Étienne-Marcel)

La Fresque €

La fresque rappelle justement l'ambiance des Halles quand le quartier accueillait encore "le Ventre de Paris". Bon rapport qualité/prix. Personnel aimable. (01 42 33 17 56 ; lafresqueparis.com ; 100 rue Rambuteau, Ier ; plats 17-22€ ; 12h-15h et 19h-minuit lun-sam ; M Les Halles, RER Châtelet-Les Halles)

Le Grand Véfour €€€

Récompensé par deux étoiles au Michelin, ce joyau, tout en lustres et en miroirs, ouvert en 1784, se targue d'avoir eu Napoléon, Victor Hugo ou Colette comme clients. Le chef Guy Martin maintient avec brio la réputation de l'établissement, installé dans les jardins du Palais-Royal, avec une cuisine de haute volée inspirée par les saisons. (01 42 96 56 27 ; www.grand-vefour.com ; 17 rue de Beaujolais, Ier ; menu déj/dîner 115/315 €, plats 99-126 € ; 12h-14h30 et 19h30-22h30 lun-ven ; M Pyramides)

Le Verre Luisant €

Sympathique restaurant avec terrasse, proche du Châtelet, spécialisé dans le poulet fermier et la cuisine traditionnelle. Il sert aussi l'après-midi et offre un excellent rapport qualité/prix. (01 43 48 34 43 ; leverreluisant.eatbu.com ; 64 rue de la Verrerie, IVe ; plat 16-19 € ; 9h-2h ; M Hôtel-de-Ville)

Mûre €

Cette table ne sert que des plats de saison, avec des légumes provenant de sa propre ferme, à 30 km de Paris. Évitez si possible l'heure d'affluence, au déjeuner (13h-14h), et ne partez pas sans avoir goûté les madeleines au miel. (mure-restaurant.com ; 6 rue Saint-Marc, IIe ; assiette petite/grande 5,5/10,5 € ; 8h30-16h lun-ven, 11h-17h sam ; M Bourse ou M Grands-Boulevards)

Richer €€

C'est dans un cadre sobre et élégant, aux murs de briques nues, que le Richer sert de délicieuses créations, comme le ceviche de carrelet sauvage avec purée de fenouil et gelée de tomate confite, ou le porc laqué et son curry de chorizo. Pas de réservation possible, mais le bar (ouvert jusqu'à minuit) sert des en-cas, du thé chinois et de l'alcool. En face, **l'Office** (01 47 70 67 31 ; www.office-resto.com ; 3 rue Richer, IXe ; plats 22-30 € ; 12h-14h et 19h-22h15 lun-ven) est géré par la même équipe. (www.lericher.com ; 2 rue Richer, IXe ; plats 17-28 € ; 12h-14h30 et 19h30-22h30 ; M Poissonnière ou M Bonne-Nouvelle)

Douceurs et salons de thé

Bo&Mie €

Cette boulangerie revisite les classiques, en jouant avec subtilité sur les saveurs et les textures. Goûtez le cruffin (entre croissant et muffin) à la fraise ou le flan aux pralines et aux noisettes. Il y a deux autres adresses à Paris : Saint-Martin et Rivoli. (09 80 53 79 53 ; www.boetmie.com ; 18 rue de Turbigo, IIe ; 7h30-20h lun-sam, 8h-19h dim ; M Étienne-Marcel)

Boutique Yam'tcha €€

Ce salon de thé tranquille et raffiné est une émanation du restaurant étoilé Yam'tcha. À travers la cuisine ouverte, vous verrez les paniers traditionnels dans lesquels les baos cuisent à la vapeur. (01 40 26 06 06 ; www.yamtcha.com ; 4 rue Sauval, Ier ; 12h-18h mer-ven, 12h-20h sam ; M Les Halles, M Chatelet, RER Châtelet-Les Halles)

Cloud Cakes €

Ce petit café végan offre un grand choix de gâteaux jolis et savoureux. Bon café et croissants végans. Agréable petite terrasse ensoleillée l'après-midi. Autre adresse dans le IXe, rue Notre-Dame-de-Lorette. (01 42 33 95 45 ; www.cloudcakes.fr ; 6 rue Mandar, IIe ; 9h-19h lun-sam, 11h30-15h30 dim ; M Sentier)

Fou de Pâtisserie €€

L'équipe de gourmets du magazine *Fou de Pâtisserie* est passée au niveau supérieur dans ses boutiques qui offrent une sélection de pâtisseries faites par les plus grands chefs et régulièrement renouvelée. (www.foudepatisserieboutique.fr ; 45 rue Montorgueil, IIe ; pâtisseries 3,50-7,50 € ; 11h-20h lun-ven, 10h-20h sam, 10h-19h dim ; M Les Halles, M Sentier, RER Châtelet-Les Halles)

L'Éclair de Génie

Oubliez les macarons. Les magasins chics du chef Christophe Adam (122 rue Montmartre et au Lafayette Gourmet) vendent les éclairs les plus beaux et les plus succulents aux saveurs de saison : basilic et menthe ou yuzu. (www.leclairdegenieshop.com)

Pâtisserie Stohrer

Voir p. 103. (www.stohrer.fr ; 51 rue Montorgueil, IIe ; pâtisseries 2,50-6 € ; 7h30-20h30 ; M Étienne-Marcel, M Sentier)

Spectacles et sorties

Comédie-Française

Le plus ancien théâtre de France, créé en 1680, propose des spectacles de haute volée à des prix raisonnables (places de 6 à 42 €). Les sièges les moins chers, et sur le côté, n'offrent toutefois qu'une vision tronquée de la scène. Faisant aussi partie des salles de la Comédie-Française : la fastueuse **salle Richelieu** (pl. Colette, Ier), décorée de pourpre et d'or, le **Studio-Théâtre** (galerie du Carrousel du Louvre, 99 rue de Rivoli, Ier), à quelques mètres de la salle Richelieu, et le **théâtre du Vieux-Colombier** (21 rue du Vieux-Colombier, VIe). (www.comedie-francaise.fr ; pl. Colette, Ier ; M Palais-Royal-Musée-du-Louvre)

Forum des images

Un cinéma de cinq salles projetant des films tournés à Paris constitue le cœur des archives cinématographiques de la ville. Créé en 1988 pour constituer la "mémoire audiovisuelle" de Paris, le Forum des images rassemble tous les films intégrant des images de la capitale. Rénové dans des tons roses, gris et noirs, ce cinéma possède également une bibliothèque et un centre de recherches où l'on peut visionner émissions de télévision, documentaires et publicités. Le programme en ligne annonce les séries thématiques, festivals et autres événements. (☎01 44 76 63 00 ; www.forumdesimages.fr ; Forum des Halles, 2 rue du Cinéma, porte Saint-Eustache, Ier ; cinéma tarif plein/réduit 6,50/4,50 € ; ⏲17h-21h mar et jeu, 13h-21h mer, 16h-21h ven, 10h30-21h sam-dim ; MLes Halles ou RER Châtelet-Les Halles)

Grand Rex

Un vaste et splendide cinéma Art déco des années 1930, accolé à une salle de concerts et à une boîte de nuit. (☎01 45 08 93 89 ; www.legrandrex.com ; 1 bd Poissonnière, IIe ; tarif plein/réduit visite 11/9 €, cinéma 15/12 € ; ⏲10h-18h mer, sam-dim, vacances scolaires tlj ; MBonne-Nouvelle)

Opéra-Comique

Allez voir un opéra dans ce théâtre néobaroque intimiste, où la première de *Carmen* de Bizet se déroula en 1875. Il y a aussi bien des classiques que des œuvres contemporaines expérimentales. (☎01 70 23 01 31 ; www.opera-comique.com ; pl. Boieldieu, IIe ; MRichelieu-Drouot, MQuatre-Septembre)

Bars et clubs

Duc des Lombards

Créé en 1984, le club de jazz à l'ambiance intimiste, organise généralement deux concerts par soir, en plus de jams-sessions régulières. (☎01 42 33 22 88 ; www.ducdeslombards.com ; 52 rue des Lombards, Ier ; ⏲19h-23h30 lun-jeu, 19h-15h30 ven-sam ; MChâtelet, RER Châtelet-Les Halles)

Harry's New York Bar

Ce serait dans ce bar cosy, lambrissé de bois, fondé en 1911, que le Bloody Mary aurait été inventé et que Gershwin aurait composé l'air d'*Un Américain à Paris*. (☎01 42 61 71 14 ; www.facebook.com/harrysnewyorkbarparis ; 5 rue Daunou, IIe ; ⏲12h-2h lun-sam, 16h-1h dim ; MOpéra)

ULYSSEPIXEL/SHUTTERSTOCK ©

Salle Richelieu de la Comédie-Française, place Colette

Rex Club

Accolé au cinéma, ce club pouvant accueillir 850 personnes est le temple parisien de la house et de la techno. De célébrissimes DJ y diffusent leur son sur les 70 enceintes d'un impressionnant sound system en multidiffusion. (☎01 42 36 10 96 ; www.rexclub.com ; 5 bd Poissonnière, IIe ; ⏲minuit-7h mer-sam ; MBonne-Nouvelle)

Le Baiser salé

Un club réputé pour ses concerts de jazz afro, latino et fusion, programmant des têtes d'affiche, mais aussi des artistes méconnus. (☎01 42 33 37 71 ; www.lebaisersale.com ; 58 rue des Lombards, Ier ; ⏲horaires variables ; MChâtelet, RER Châtelet-Les Halles)

Silencio

Appartenant à David Lynch, ce club éclectique à la lumière tamisée propose des concerts, des DJ, des films et des expositions. Réservé à ses membres, il n'est ouvert au public qu'à partir de minuit. (142 rue Montmartre, IIe ; ⏲23h-5h jeu, 23h-6h ven-sam ; MBourse)

Sunset-Sunside Jazz Club

L'un des clubs de jazz les plus prisés du centre de Paris. Programmation riche et variée et au moins un concert presque tous les soirs. (☎01 40 26 46 60 ; www.sunset-sunside.com ; 60 rue des Lombards, Ier; ⏲horaires variables ; MChâtelet, RER Châtelet-Les Halles)

MONTMARTRE ET PIGALLE

MUSÉES | CULTURES | CLUBS ET CAFÉS

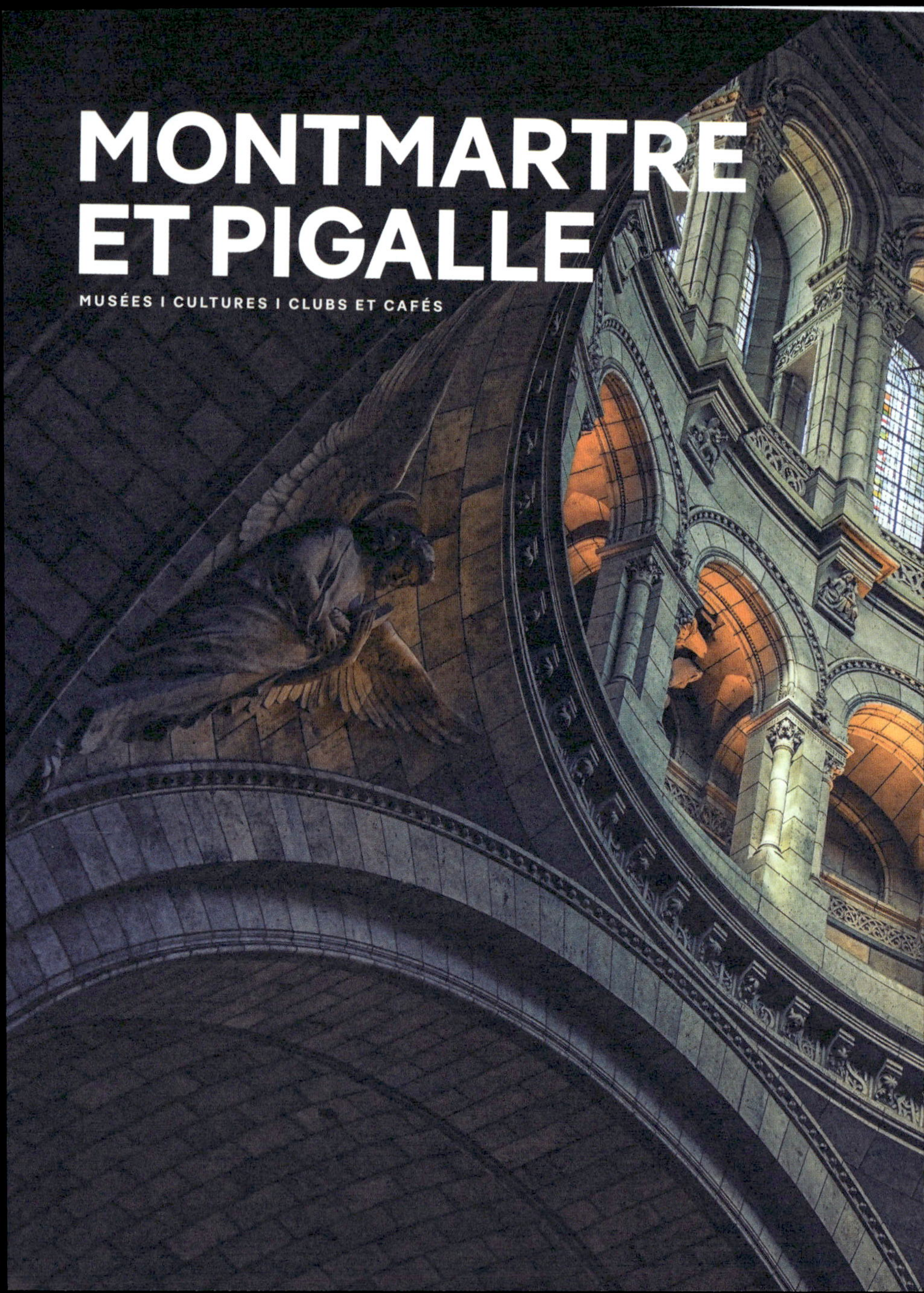

MONTMARTRE ET PIGALLE
à la carte

INCONTOURNABLES ET TRÉSORS CACHÉS

Montmartre, quartier à l'âme bohème et un rien excentrique, a su conserver son allure de village et son amour pour l'art. Pour peu que l'on aime marcher, ce quartier pentu aux rues pavées coupées d'escaliers a du charme à revendre. Au pied de la Butte, Pigalle joue une autre partition, plus bruyante et interlope, mais tout aussi attrayante ! Et si jamais vous êtes fatigué de la foule et de l'effervescence, des quartiers chics et résidentiels à deux pas du boulevard, vous réserveront des havres de paix.

En pratique

Points forts Le charme de ses rues, les clubs et les soirées branchées.

Transports En métro, lignes n°s 2, 4 et 12 pour Montmartre, n°s 2 et 12 pour Pigalle.

Circuler Montmartre, avec ses pentes et escaliers assez raides, s'explore de préférence à pied.

À savoir Barbès et les abords de la gare du Nord peuvent être un peu moins sûrs de nuit.

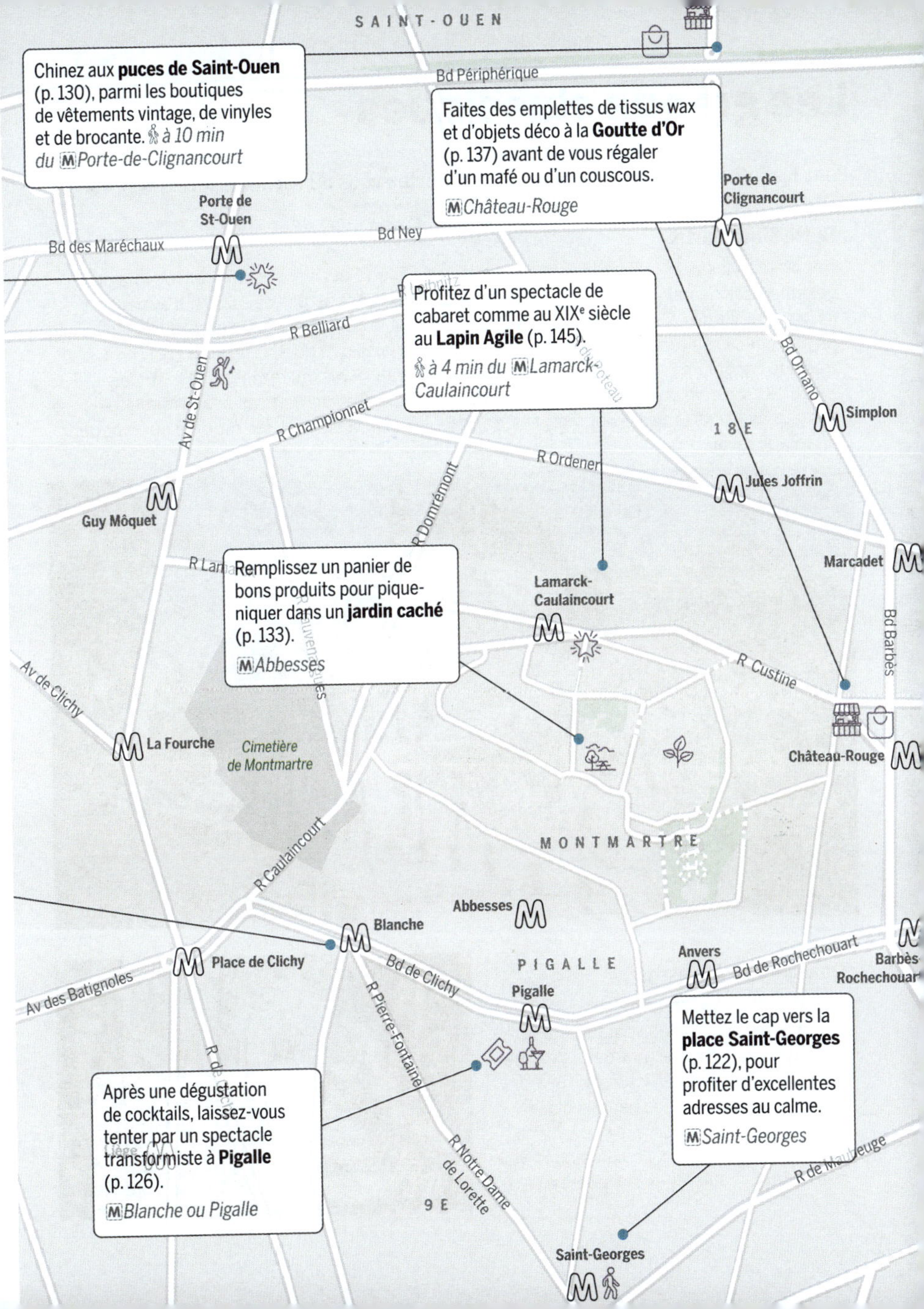
SAINT-OUEN
Chinez aux puces de Saint-Ouen (p. 130), parmi les boutiques de vêtements vintage, de vinyles et de brocante. à 10 min du M Porte-de-Clignancourt
Bd Périphérique
Faites des emplettes de tissus wax et d'objets déco à la Goutte d'Or (p. 137) avant de vous régaler d'un mafé ou d'un couscous. M Château-Rouge
Porte de St-Ouen
Porte de Clignancourt
Bd des Maréchaux
Bd Ney
Profitez d'un spectacle de cabaret comme au XIXe siècle au Lapin Agile (p. 145). à 4 min du M Lamarck-Caulaincourt
R Belliard
Av de St-Ouen
Bd Ornano
Simplon
18E
R Championnet
R Ordener
Jules Joffrin
Guy Môquet
R Damrémont
Marcadet
Remplissez un panier de bons produits pour pique-niquer dans un jardin caché (p. 133). M Abbesses
Lamarck-Caulaincourt
Bd Barbès
R Custine
Av de Clichy
La Fourche
Cimetière de Montmartre
Château-Rouge
MONTMARTRE
R Caulaincourt
Abbesses
Blanche
Place de Clichy
Bd de Clichy
PIGALLE
Anvers
Bd de Rochechouart
Barbès-Rochechouart
Av des Batignoles
Pigalle
R Pierre-Fontaine
Mettez le cap vers la place Saint-Georges (p. 122), pour profiter d'excellentes adresses au calme. M Saint-Georges
Après une dégustation de cocktails, laissez-vous tenter par un spectacle transformiste à Pigalle (p. 126). M Blanche ou Pigalle
R Notre Dame de Lorette
R de Maubeuge
9E
Saint-Georges

Les grands classiques

Pour les infos pratiques de chaque site, reportez-vous au carnet d'adresses p. 140.

Butte Montmartre

Depuis le XIXe siècle, la Butte possède une aura de liberté qui ne faiblit pas, et l'on imagine volontiers les déambulations des poètes, des chansonniers ou des peintres qui avaient ici leurs habitudes. Cette colline aux rues pentues est dominée par une église éclatante de blancheur, qui est bien plus qu'un lieu de culte, la basilique du Sacré-Cœur (p. 117), à quelque encablures de la place du Tertre où les caricaturistes ont remplacé les artistes. La Butte conserve un charme villageois avec ses petites maisons et ses beaux immeubles, ses jardins et ses terrasses ombragées, son Moulin de la Galette et ses musées qui évoquent un temps révolu.

KIEV VICTOR/SHUTTERSTOCK ©

Quartier des Abbesses

Ici règne une vie de quartier, populaire et branchée, avec cafés, restaurants et boutiques. Allez voir le mur des Je t'aime dans le square Jehan-Rictus, hommage universel à l'amour. Plus haut, la place Émile-Goudeau conserve le souvenir du Bateau-Lavoir (p. 124), lieu de rendez-vous des peintres cubistes et des poètes.

STUDIO LAURE/ADOBESTOCK ©

Musée de Montmartre

Cet adorable musée de "village" conserve des peintures, des lithographies et des documents illustrant le passé bohème et artistique de Montmartre – une salle est entièrement dédiée au french cancan. Il est aménagé dans la Maison du Bel Air (XVIIe siècle), un ensemble ade bâtiments qui abritaient l'atelier de plusieurs artistes (p. 124). Vous pourrez aussi voir celui de Suzanne Valadon (p. 118), qui vécut et travailla ici avec son fils, Maurice Utrillo, et son compagnon André Utter entre 1912 et 1926.

Basilique du Sacré-Cœur

Au sommet de Montmartre se découpent les coupoles immaculées du Sacré-Cœur, de style romano-byzantin. Débuté en 1875, il fut achevé en 1914 et consacré en 1919. Sa construction devait permettre à la France de se racheter, au sens spirituel, de la guerre franco-prussienne (1870-1871), dont la défaite était interprétée par certains comme une punition divine. Surmontant 270 marches, le parvis (accessible en funiculaire) et plus encore le dôme de la basilique (au terme d'un escalier en colimaçon de 300 marches) offrent un panorama qui justifie à lui seul le déplacement. Musiciens et artistes de rue égaient les lieux, tandis que les flâneurs occupent le parc à flanc de colline.

18 DANS LE SILLAGE des grandes dames

HISTOIRE I FEMMES I ART

Montmartre conserve encore de nombreux lieux où des femmes, pionnières en leur temps et souvent trop peu célébrées, ont vécu et travaillé. Partez à leur rencontre à la faveur d'une balade dans ce quartier historique, épicentre de l'innovation artistique et de la vie bohème.

LOC LAGARDE / 500PX/GETTY IMAGES ©

En pratique

S'y rendre Métro Blanche (ligne 2), puis à pied.

Quand Il y a moins de monde en semaine ; la météo du printemps et de l'automne se prête davantage à l'ascension des escaliers et des raidillons du quartier.

Notre conseil Pour un thé ou un verre de vin, poussez la porte de La Maison Rose (p. 143), que fréquentèrent Suzanne Valadon et son fils Maurice Utrillo, Albert Camus et Pablo Picasso.

À voir en chemin

Suzanne Valadon vécut quelque temps au **2-4 rue Cortot**, à côté du **6 rue Cortot**, studio du compositeur Erik Satie, avec qui elle eut une brève relation passionnée en 1893.

En 2021, le parc du **14 rue Burq** fut rebaptisé **jardin Louise-Weber**, dite La Goulue, en l'honneur de la reine du cancan.

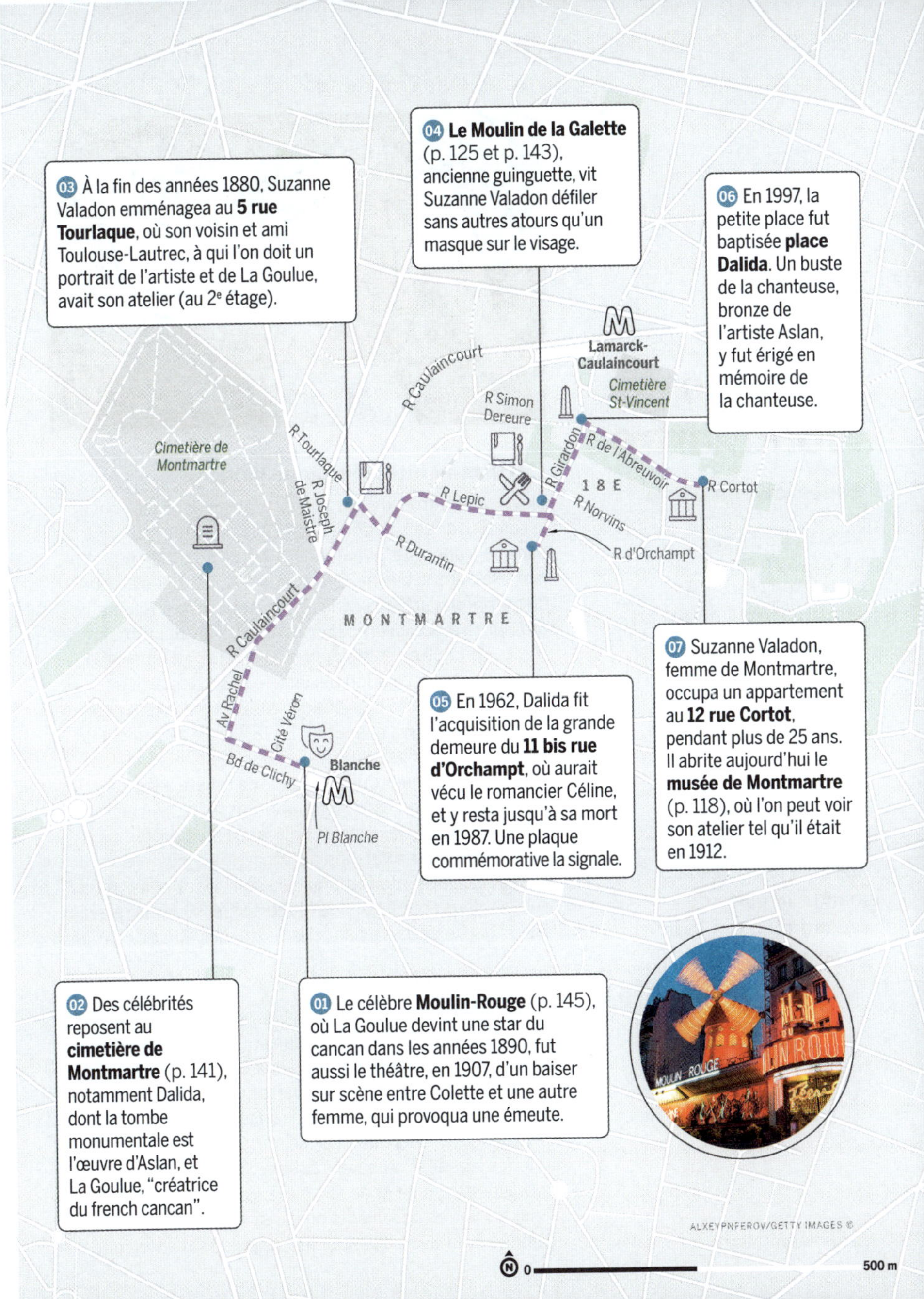

01 Le célèbre **Moulin-Rouge** (p. 145), où La Goulue devint une star du cancan dans les années 1890, fut aussi le théâtre, en 1907, d'un baiser sur scène entre Colette et une autre femme, qui provoqua une émeute.

02 Des célébrités reposent au **cimetière de Montmartre** (p. 141), notamment Dalida, dont la tombe monumentale est l'œuvre d'Aslan, et La Goulue, "créatrice du french cancan".

03 À la fin des années 1880, Suzanne Valadon emménagea au **5 rue Tourlaque**, où son voisin et ami Toulouse-Lautrec, à qui l'on doit un portrait de l'artiste et de La Goulue, avait son atelier (au 2e étage).

04 **Le Moulin de la Galette** (p. 125 et p. 143), ancienne guinguette, vit Suzanne Valadon défiler sans autres atours qu'un masque sur le visage.

05 En 1962, Dalida fit l'acquisition de la grande demeure du **11 bis rue d'Orchampt**, où aurait vécu le romancier Céline, et y resta jusqu'à sa mort en 1987. Une plaque commémorative la signale.

06 En 1997, la petite place fut baptisée **place Dalida**. Un buste de la chanteuse, bronze de l'artiste Aslan, y fut érigé en mémoire de la chanteuse.

07 Suzanne Valadon, femme de Montmartre, occupa un appartement au **12 rue Cortot**, pendant plus de 25 ans. Il abrite aujourd'hui le **musée de Montmartre** (p. 118), où l'on peut voir son atelier tel qu'il était en 1912.

ALXEYPNFEROV/GETTY IMAGES ©

Femmes de Montmartre

À LA RENCONTRE DE CÉLÈBRES MONTMARTROISES

Montmartre a certes été le repaire de nombreux artistes masculins célèbres, tels Picasso, Van Gogh, Debussy et Truffaut, pour ne citer qu'eux. Mais les femmes n'y ont jamais été en reste, malgré la place de second plan qui leur a souvent été faite.

SEPIA TIMES/UNIVERSAL IMAGES GROUP VIA GETTY IMAGES ©

De gauche à droite *Nu allongé*, Suzanne Valadon ; Dalida ; Colette

L'artiste-peintre : Suzanne Valadon

Élevée à Montmartre par sa mère, blanchisseuse sans le sou, Suzanne Valadon (1865-1938) commença comme trapéziste, avant qu'une chute ne mette fin à sa carrière dans le cirque. Elle devint ensuite modèle pour de nombreux artistes de la Butte, notamment Renoir (*La Danse à Bougival* et *Danse à la ville*, entre autres), Toulouse-Lautrec et Modigliani. Bien plus qu'une jolie muse, Suzanne Valadon devint elle aussi une artiste, talentueuse et non conventionnelle, que son ami Edgar Degas encouragea et soutint. En 1894, elle fut l'une des premières femmes admises à la Société nationale des Beaux-Arts – une prouesse pour une artiste issue de la classe ouvrière, sans formation classique. Ses nus sobres et modernes étaient en avance sur leur temps. Bien que Suzanne Valadon ait connu le succès et une reconnaissance internationale de son vivant, elle tomba ensuite dans l'oubli hors de Montmartre, son œuvre ayant été en partie éclipsée par celle de son fils, Maurice Utrillo.

La danseuse : La Goulue

À l'image de Suzanne Valadon, Louise Weber (1866-1929), fille de blanchisseuse, naquit dans une famille pauvre. Elle aussi fut modèle pour Renoir, avant d'être célèbre. Celle qui fut l'une des premières vedettes du Moulin-Rouge dans les années 1890 était une rousse incendiaire, dont le visage fut immortalisé sur de nombreuses toiles et affiches signées Toulouse-Lautrec. Son surnom lui vint de son appétit vorace et de son habitude un rien insolente de vider les verres des clients en dansant autour des tables. Connue pour avoir développé et popularisé l'énergique

STILLS/GAMMA-RAPHO VIA GETTY IMAGES ©

DEAGOSTINI/GETTY IMAGES ©

french cancan, inspiré d'une ancienne danse appelée le chahut, La Goulue, couverte de gloire, fut bientôt baptisée la "reine de Montmartre". Après avoir quitté les planches du Moulin Rouge en 1895 pour une reconversion infructueuse dans le dressage de lions, elle mourut dans la pauvreté. En 2021, le jardin Burq fut renommé en son honneur.

Connue pour avoir développé et popularisé l'énergique french cancan, La Goulue, couverte de gloire, fut bientôt baptisée la "reine de Montmartre".

La chanteuse : Dalida

Née Iolanda Gigliotti de parents italiens au Caire en 1933, Dalida arriva à Paris dans les années 1950 et fit très vite sensation, d'abord en tant que chanteuse de variété puis en tant que reine du disco. Celle qui pouvait chanter dans 10 langues partit plusieurs fois en tournée dans le monde entier et compta parmi les premiers artistes à recevoir un disque de diamant après avoir vendu plus de 10 millions d'albums. Star des plateaux en France, en Europe et au Moyen-Orient, elle reçut un accueil mitigé dans le monde anglophone, où elle demeura relativement méconnue. En 1962, elle acheta une maison à Montmartre, rue d'Orchampt, où elle vécut pendant plus de 20 ans. Si sa carrière se déroula sous le signe du succès, elle connut de nombreuses tragédies dans sa vie privée et mit fin à ses jours en 1987.

L'écrivaine : Colette

Célèbre écrivaine, Colette (1873-1954) connut néanmoins des débuts difficiles. Ses premiers romans à succès furent publiés sous le nom de son mari, Willy, qui conserva tous les droits d'auteur lorsqu'elle le quitta en 1906. Colette se tourna alors vers le music-hall pour subvenir à ses besoins. En 1907, son numéro au Moulin-Rouge avec son amante Missy de Morny provoqua un scandale tel que la préfecture de police menaça de fermer le cabaret. Après la mort de Willy en 1931, Colette entreprit une action en justice pour que la série des "Claudine" lui soit réattribuée.

19 Loin de la FOULE

ART | MUSÉES | QUARTIER

S'il reste peu de traces des anciens ateliers de la Butte (voir p. 125), il est encore possible de s'imprégner de leur atmosphère au musée de Montmartre (p. 118). Dans un genre très différent, explorez la maison-musée de Gustave Moreau, peintre symboliste, dans le quartier Saint-Georges, au bas de la rue des Martyrs, et prolongez la découverte du Paris caché au musée de la Vie romantique.

ASYA NURULLINA/SHUTTERSTOCK ©

En pratique

S'y rendre (M) Trinité, Saint-Georges ou Pigalle ; vous quittez le XVIIIe arrondissement pour une incursion dans le haut du IXe arrondissement, chic et discret, au sud de Pigalle.

Quand Prévoyez une bonne demi-journée, de préférence l'après-midi, pour prendre le temps de flâner et de faire les boutiques après les musées.

THERASPBERRYFOOL/SHUTTERSTOCK ©

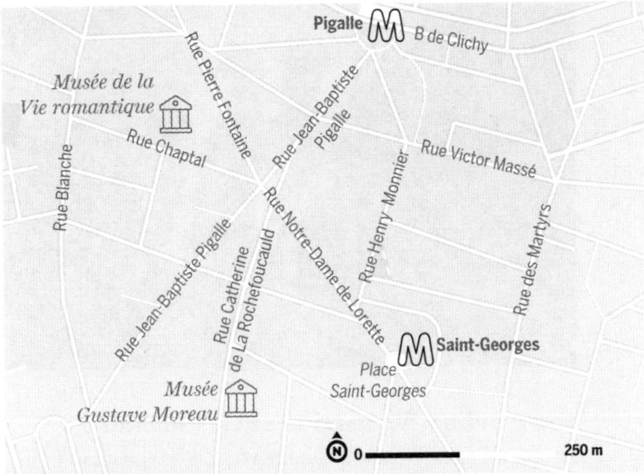

Page de gauche, en haut
Musée de la Vie romantique
En bas Musée Gustave Moreau

Découvrir l'atelier d'un peintre symboliste

Soucieux de la postérité de son œuvre abondante, Gustave Moreau (1826-1898) conçut lui-même ce musée (p. 140) dans la demeure qu'il occupait depuis 1852 et qu'il a léguée à l'État. Faites un saut dans un imaginaire bien particulier, atypique dans son époque même. Alors que Manet et Courbet bouleversèrent les codes des salons artistiques des années 1860 avec la peinture naturaliste, Moreau poursuivit la tradition des tableaux historiques et de la mythologie : il peignit Œdipe et le sphinx, Jason, Orphée, etc. On visite tout à la fois une maison d'artiste, un atelier et un musée où près de 25 000 œuvres sont conservées sur cinq niveaux.

Renouer avec la vie romantique

Une belle demeure de style Restauration au fond d'une allée bordée de chênes, un jardin savamment désordonné, un salon de thé tenu par l'enseigne Rose Bakery installé dans la grande serre… Le musée de la Vie romantique (p. 140), s'il ne comporte aucune pièce majeure, est une petite bulle à deux pas de Pigalle. À l'intérieur, plongez dans une vision évocatrice du Paris romantique, quand Amantine Lucile Aurore Dupin (alias George Sand), Chopin (son amant), Delacroix et bien d'autres y faisaient salon. Le musée met notamment en lumière la vie artistique au milieu du XIXe siècle avec des tableaux et des sculptures, et en particulier la vie de George Sand (1804-1876), auteure de *La Petite Fadette* et de *François le Champi*, et de son ami Ary Scheffer (1795-1858), écrivain romantique, qui vécut dans cette maison.

La Nouvelle Athènes ou South Pigalle (So Pi)

Ce quartier au charme singulier, qui rayonne autour de la ravissante place Saint-Georges, au sud du bd Rochechouart, a été le lieu de résidence d'une communauté d'artistes (Berlioz, Sand, Degas, Chopin, Dumas…) à l'époque du romantisme naissant. Leur passion pour le style de l'Antiquité grecque valut au quartier son nom de Nouvelle Athènes. C'est aujourd'hui un quartier bobo chic, rebaptisé So Pi, apprécié pour le charme de ses beaux immeubles, son calme et ses adresses chics.

Au temps du Bateau-Lavoir

UNE COURTE HISTOIRE DE LA BUTTE

De village champêtre, la Butte devint au XIXe siècle un quartier bohême, attirant les artistes, les poètes et les libre-penseurs. Cet âge d'or qui auréole encore tout Montmartre fut pourtant très court, des années 1870 à 1914.

De gauche à droite La rue Cortot ; à l'enseigne du Bateau-Lavoir ; cimetière de Montmartre

Des moulins, des carrières et la Commune

Pendant des siècles, Montmartre fut un village champêtre qui approvisionnait Paris en farine grâce à ses moulins, mais aussi en pierre et silex. Le sous-sol de la Butte fut exploité jusqu'à la fin du XVIIIe siècle. Une fois que le village fut intégré à la capitale en 1860, son charme pittoresque et ses bas loyers attirèrent de nombreux artistes, poètes, musiciens ou peintres. Avec l'invasion prussienne de 1871 (170 canons furent alors issés sur la Butte pour combattre les Prussiens), puis la sanglante répression de la Commune, de nombreux Montmartrois devinrent des résistants héroïques.

Maisons et cités d'artistes

Au XIXe siècle, les plus argentés des artistes s'installèrent rue Lepic, rue Cortot, rue Caulaincourt, dans des maisons entourées de petits jardins où poussaient lilas et seringas ; d'autres, sans le sou, se regroupèrent dans des résidences comme la Cité des Fusains ou le Bateau-Lavoir. En parallèle, le "marché aux modèles" se développa à Pigalle, en contrebas de la Butte.

Le fameux Auguste Renoir (1841-1919) aménagea son atelier au 12 rue Cortot en 1876 – il s'agit de la plus ancienne demeure de la Butte, la maison du Bel Air, où se trouve aujourd'hui le musée de Montmartre (p. 117). Il y peignit *Le Bal du Moulin de la Galette*, un tableau désormais conservé au musée d'Orsay. Des trente moulins que comptait alors Montmartre, deux ont survécu : le Blute-Fin (1622, rue Lepic) et le Radet (1717, rue Girardon). En 1870, alors qu'il appartenait à des

TOM PLEVNIK/SHUTTERSTOCK ©

PIXATERRA/ADOBESTOCK ©

minotiers depuis 1809, le Radet fut transformé en guinguette et rebaptisé Moulin de la Galette.

Grand personnage de la Butte, Henri de Toulouse-Lautrec (1864-1901), un ami de Suzanne Valadon, s'établit en 1884 au 5 rue Tourlaque, avant de migrer vers la rue Fontaine, plus au sud. Il peignait les danseuses de cancan et la vie au Moulin-Rouge et dans d'autres cabarets. Comme Renoir, il immortalisa la guinguette du Moulin de la Galette. Autre cité d'artistes, dont il subsiste aujourd'hui encore des ateliers, la Cité des Fusains, joliment nommée, fut d'abord installée rue Steinlein puis agrandie jusqu'au 22 rue Tourlaque.

Du Bateau-Lavoir sur la place Émile-Goudeau (anciennement pl. Ravignan), tout près de la place des Abbesses, il ne subsiste qu'une bâtisse moderne. En 1890, une maison établie sur une pente au bas du Sacré-Cœur fut transformée en plusieurs ateliers (une pièce unique avec verrière) afin d'y accueillir des artistes contre un loyer modique. Les lieux n'ayant aucune commodité, les conditions sanitaires étaient déplorables, et ce taudis reçut par dérision le nom de Bateau-Lavoir ! Gauguin y passa, Picasso s'y installa en 1904. Il y commença sa période rose, dévoila *Les Demoiselles d'Avignon* et lança le cubisme. Il y cotoya Kees Van Dongen, Juan Gris, Amadeo Modigliani et Max Jacob… Au même moment, des poètes et des chansonniers comme Aristide Bruant (l'homme à l'écharpe rouge dessiné par Toulouse-Lautrec) firent la gloire des caf'conç et des cabarets – le Chat noir côté Pigalle, le Lapin Agile côté Montmartre.

Avec la Première Guerre mondiale, le Paris artistique se déplaça progressivement vers Montparnasse (p. 272), signant progressivement la fin du Montmartre des artistes.

Célébrités et art funéraire

Sans crainte de rencontres funestes, n'hésitez pas à parcourir les allées des deux cimetières de Montmartre. Relief accidenté, arbres centenaires, chapelles de tous styles et profusion de sculptures, le cimetière Montmartre (1825 ; p. 141), le plus grand, jouxte la place Clichy, au bas de la rue Caulaincourt. Alexandre Dumas, Stendhal, Jacques Offenbach, Hector Berlioz, Edgar Degas, Gustave Moreau, François Truffaut, Dalida ou encore le danseur russe Vaslav Nijinski y sont notamment enterrés. Le plus discret cimetière Saint-Vincent (p. 141) accueille lui aussi des résidents fameux, tels le peintre Maurice Utrillo (1883-1955) et le réalisateur Marcel Carné (1906-1996).

20 Une nuit À PIGALLE

COCKTAILS I CABARET I VIE NOCTURNE

Oscillant entre mauvaise réputation et âme branchée, Pigalle est un quartier tout indiqué pour les noctambules. Les bars, les clubs et les salles de spectacles y sont suffisamment nombreux pour vous offrir une soirée puis une nuit de fête. Idéal pour boire un verre, assister à un spectacle de cabaret et danser jusqu'au petit matin.

HÉLÈNE PAMBRUN/PARIS MATCH VIA GETTY IMAGES ©

En pratique

S'y rendre Ⓜ Blanche ou Pigalle ; tout se trouve à 10 minutes à pied autour des deux stations.

Quand La plupart des bars sont petits, offrent peu de places assises et sont pris d'assaut le week-end. Tentez votre chance en arrivant tôt ou très tard le soir.

À savoir Ne vous laissez pas impressionner par la faune parfois interlope du boulevard où cohabitent peep-shows et salles de concerts qui s'animent la nuit venue.

JON BILOUS/GETTY IMAGES ©

Cocktails maison

On dit que Georges Bizet vécut dans l'opulente demeure du XIXe siècle qui abrite de nos jours le **Carmen** (p. 144), un bar sélect et élégant avec une longue carte de cocktails maison et de gins infusés sur place. En début de nuit, il est difficile d'entrer, les physionomistes triant les clients (au look très "Fashion Week") sur le volet.

Dans une ancienne maison close de la Belle Époque devenue boutique-hôtel de luxe, la **Maison Souquet** (p. 144), lounge-bar chic et décontracté, pose le décor avec ses divans en velours rouge et ses rangées de livres reliés. Derrière le comptoir, l'équipe concocte des cocktails maison baptisés d'après de célèbres courtisanes.

JOEL SAGET/AFP VIA GETTY IMAGES ©

Haut lieu du cabaret au XVIIIe siècle

Si elle n'en compte plus que deux aujourd'hui, la rue des Martyrs était, dans les années 1790, jalonnée de cabarets et de guinguettes. En effet, à l'époque, la butte Montmartre n'appartenait pas à Paris et n'était pas sujette aux impôts : le vin y était bien moins cher.

En haut et en bas à gauche Chez Michou (p. 128) **Ci-dessus** Rue des Martyrs

Le **Lulu White Drinking Club** (p. 144) affiche un charme rétro évoquant La Nouvelle-Orléans, dans une atmosphère chaleureuse. Il offre des cocktails inventifs, certains à base d'absinthe, et une programmation régulière d'artistes de jazz et de blues.

Ne vous fiez pas à son nom, le **Dirty Dick** (p. 144) est l'une des meilleures adresses pour boire un cocktail à Pigalle. Dans ce véritable bar tiki compact, à la lumière tamisée et à l'ambiance hawaïenne, dégustez des recettes exotiques revisitées avec une touche de modernité, à l'instar du Zombie flambé.

Soirée transformiste

Lieu intimiste de la rue des Martyrs, datant des années 1930, le cabaret **Chez Michou** (p . 144) fut lancé par la célébrité du quartier

So Pigalle

Avec juste ce qu'il faut d'esprit brumeux et de glamour rétro, **Sister Midnight** (p. 144) est le bar idéal pour célébrer le passé licencieux de Pigalle. Des drag-queens y déambulent à l'occasion de spectacles drôles et déjantés. Côté cocktails, goûtez le Suicide pour un effet très épicé ! Par chance, vous pourrez vous régaler d'une délicieuse assiette de fromages anglais, œufs marinés et pickles de légumes de chez Emperor Norton.

Recommandé par Forest Collins, *experte en cocktails et membre du jury des World's 50 Best Bars pour la France. @52martinis*

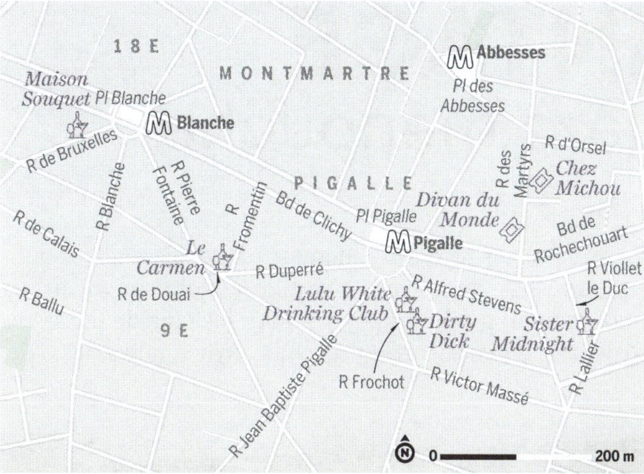

À gauche Cocktail au Sister Midnight
Ci-dessous Le Carmen (p. 127)

en 1956. Le prince de Montmartre, connu pour ses éternelles tenues et lunettes bleues, tira sa révérence en 2020. Le show continue malgré tout, avec des spectacles transformistes sur des chansons de Cher, de Lady Gaga, de Bette Midler, de Céline Dion ou d'artistes françaises. Si ces performances sont aujourd'hui courantes, ce cabaret fut l'un des premiers du genre à Paris. Le dîner est servi par les artistes eux-mêmes, avant leur entrée en scène.

Juste en face, au sein du non moins célèbre **Divan du Monde** (p. 145, autrefois nommé le Divan Japonais et immortalisé par Toulouse-Lautrec), **Madame Arthur** (p. 145) propose des spectacles à l'esprit plus jeune et moderne. Des artistes talentueux s'y produisent à tour de rôle. Chaque semaine, une troupe s'attaque à un genre musical ou à un répertoire en particulier : Abba, Queen, films Disney ou Beyoncé, avec des paroles francisées. Ici, les chansons sont interprétées en live, accompagnées au piano ou à l'accordéon. Après le show, vers minuit, le lieu se transforme en boîte de nuit, avec DJ et tubes de variété française.

21 VINTAGE et jazz manouche

PUCES I ANTIQUITÉS I FLÂNERIE

Le tentaculaire marché aux puces de Saint-Ouen est un dédale d'allées où se côtoient bric-à-brac et antiquités. De quoi avoir le vertige, à moins de savoir où l'on va. L'endroit recèle notamment quelques pépites pour les fans de mode rétro. Passez la matinée à arpenter le marché avant de vous offrir une pause déjeuner sur fond de jazz manouche live.

GABRIEL12/SHUTTERSTOCK ©

En pratique

S'y rendre M Porte-de-Clignancourt puis à pied ou bus 85 (arrêts Marché-aux-Puces ou Paul Bert).

Quand Le week-end, de nombreux stands et boutiques ne sont ouverts que le samedi et le dimanche.

À savoir Surveillez vos effets personnels – le marché est le terrain de jeu des pickpockets. Les marchands installés sous le pont ne font pas partie du marché officiel.

PHOTO 12/ALAMY STOCK PHOTO ©

En haut à gauche Marché aux puces de Saint-Ouen **En bas à gauche** La Chope des Puces

Balade aux puces

Pour faire des trouvailles, arrivez tôt : la plupart des boutiques et des stands répartis sur une quinzaine de marchés ouvrent entre 10h et 10h30. Au 1er étage du marché Dauphine, **Falbalas** (p. 141) est l'une des meilleures friperies des puces : on y trouve aussi bien des habits du XVIIIe siècle que des fringues psychédéliques des années 1970, ainsi qu'une ribambelle d'accessoires. Les propriétaires y vendent également leurs créations : des reproductions de chaussures inspirées de toutes les époques. **Chez Sarah** (p. 141), au marché Le Passage, vend des vêtements allant des années 1900 aux années 1990, ainsi que de la mercerie ancienne. Retrouvez **Les Merveilles de Babellou** (p. 141) aux stands nos 13 et 77 du **marché Paul-Bert**, tous deux spécialisés dans la haute couture, de Chanel à Dior, en passant par Yves Saint Laurent et Paco Rabanne. Aux stands nos 112 et 114 de ce même marché, **de Laurentis** (p. 141) est spécialisé dans la mode avant-gardiste, avec des marques telles que Martin Margiela ou Comme des Garçons.

Ça swingue à Paris !

Après avoir peut-être déniché une perle rare, filez à **La Chope des Puces** (p. 144) pour une session de jazz manouche accompagnée d'un bon petit plat. Django Reinhardt joua ici, comme d'autres noms du jazz manouche après lui. Ce bistrot convivial s'anime plus encore le samedi et le dimanche, avec des concerts de 12h30 à 19h. Dans les étages se cachent un magasin d'instruments de musique, un atelier de lutherie et un studio d'enregistrement.

Musique dans le nord de Paris

C'est une chance pour moi, chanteuse de jazz, d'arpenter ces rues.

En soirée, je pousse la porte du **Bab-Ilo** (p. 144), un lieu intimiste rue du Baigneur. La crème de la scène jazz parisienne s'y retrouve, au côté d'artistes en devenir ou de stars internationales. C'est là l'un des derniers vrais clubs de jazz de la capitale.

Dans un genre plus éclectique, j'adore le **360 Paris Music Factory** (p. 144), au cœur du quartier de la Goutte d'Or. Il y a toujours de bons concerts de musique du monde et une belle énergie créative. On y trouve aussi un bar et un restaurant. Sans oublier les brunchs du dimanche, avec un groupe de jazz du coin pour se régaler en musique.

Liv Monaghan *est une compositrice, interprète et vendeuse de vêtements rétro qui vit à Montmartre. @livmonaghanmusic*

22 Secrets JARDINS

PIQUE-NIQUE I PARCS I VIE PARISIENNE

Paris, ville de la gastronomie, des brasseries et des restaurants, ne serait pas Paris sans un pique-nique au parc. Dès qu'il fait beau, on sort les bouteilles de rosé et de quoi grignoter dehors. Où trouver un coin intimiste et des produits de choix pour votre déjeuner (ou dîner) sur l'herbe ? À Montmartre !

ZOLTÁN CSIPKE/ALAMY STOCK PHOTO ©

En pratique

S'y rendre M Abbesses

Quand Les petites boutiques sont souvent fermées le dimanche ou le lundi, et entre 13h et 16h les autres jours.

ROMAN MILAVIN/GETTY IMAGES ©

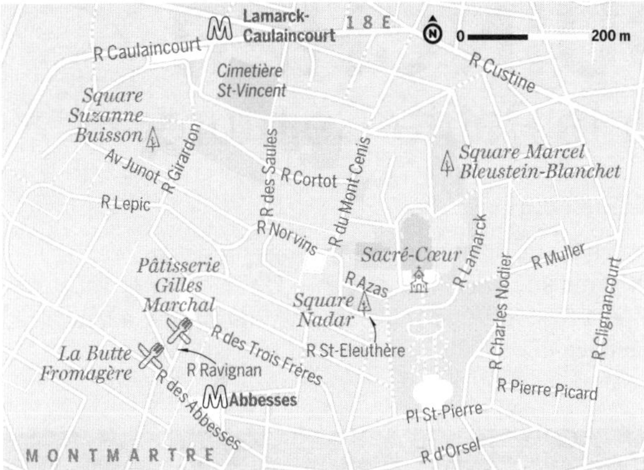

En haut à gauche Square Marcel-Bleustein-Blanchet **En bas à gauche** Nappe à carreaux pour pique-nique bucolique

Composez votre panier

La rue des Abbesses (p. 116 ; toutes les adresses figurent p . 142) a ce qu'il faut de cavistes, de boulangeries, de traiteurs et d'épiceries pour vos emplettes. Commencez par **La Butte Fromagère**, où vous trouverez des... fromages mais aussi d'excellents beurres de chez Bordier et Beillevaire. Puis, pour la baguette, poussez la porte du **Grenier à Pain** : elle y a été par deux fois sacrée meilleure baguette de Paris. Juste en face, **la Cave des Abbesses** propose une belle sélection de vins, dont des étiquettes bio ou naturelles, et des encas gourmets. Continuez avec la bonne charcuterie de **Jacky Gaudin**, qui vend pâtés, terrines, rillettes, foie gras, poulet rôti... et les condiments qui vont avec. À côté, **l'Écaille de la Mascotte** célèbre les produits de la mer, avec du saumon fumé, du tarama, des sardines en conserve, des huîtres fraîches et du caviar, entre autres. Pour le dessert, faites votre choix à la **Pâtisserie Gilles Marchal**.

Choisissez un parc au calme

Les sites touristiques de Montmartre sont tout sauf paisibles. Le quartier jouit cependant de nombreux coins plus secrets et calmes. Le verdoyant **square Marcel-Bleustein-Blanchet** (p . 141), juste derrière le Sacré-Cœur, séduit avec sa glycine, ses bancs en pierre et son épais gazon. Le **square Nadar** (p. 141), sous le Sacré-Cœur, dispose de bancs à l'ombre de grands arbres, pour pique-niquer avec vue panoramique sur la ville. Le charmant **square Suzanne-Buisson** (p. 141) offre des jardins en terrasses et des bancs ombragés.

De saint Denis à Montmartre

Au centre du **square Suzanne-Buisson** (p. 141), aménagé en terrasses, se dresse la statue de saint Denis décapité, tenant sa tête dans les mains. Cette statue du saint patron de Paris et de France rappelle qu'il fut exécuté ici par les Romains au IIIe siècle, donnant son nom à la butte, le mont des Martyrs, qui deviendra Montmartre. Selon la légende, le saint homme aurait marché sur plusieurs kilomètres en portant sa tête pour la déposer sur le site actuel de la basilique Saint-Denis (p. 294).

23 GUINCHER
sur la Petite Ceinture

VIE PARISIENNE I GASTRONOMIE I CULTURE

Vous avez faim de convivialité, de culture, de musique et de danse ? Le Hasard Ludique, installé dans une ancienne gare du XIXe siècle de la Petite Ceinture, propose tout cela à la fois. Situé au nord-est de Montmartre, à deux pas de la porte de Saint-Ouen, ce joyeux site est tout sauf touristique.

EETU AHANEN/LE HASARD LUDIQUE ©

En pratique

S'y rendre Ⓜ Porte-de-Saint-Ouen (puis 2 min à pied) ou Guy-Môquet (puis 4 min à pied). La station Vélib' la plus proche se trouve rue Jacques-Kellner.

Quand L'été : le bar s'installe en terrasse ; les activités et les événements se déroulent sur les rails.

À savoir Pour des raisons sanitaires et de sécurité, seules certaines portions de la Petite Ceinture sont ouvertes au public.

EDWARD BERTHELOT/GETTY IMAGES ©

Page de gauche en haut et ci-contre Le Hasard Ludique **Page de gauche en bas** La Petite Ceinture

En journée

Le **Hasard Ludique** (p. 145) propose des ateliers créatifs, des séances bien-être, des activités familiales et toute sorte d'événements : rencontres artistiques, boutiques éphémères, friperie au kilo, tournois de pétanque et marché des producteurs bio locaux.

À boire et à croquer

Sur place, la Cantine de Léon, sans chichi, sert en journée du café, du thé, des jus et des formules déjeuner. Le soir, les tapas fusion, avec options végétariennes et véganes, sont parfaites pour un apéro ou pour un dîner en toute simplicité. Le dimanche, le brunch est servi avec thé et café à volonté. Des tables sont installées à l'intérieur et à l'extérieur, sur le quai de la gare à l'architecture industrielle Second Empire couvert de graffitis colorés, et le long des voies abandonnées envahies par la végétation. Le bar sert des bières pression et en bouteille, notamment des marques artisanales locales, ainsi que des vins bio et naturels, et des cocktails, des plus traditionnels aux plus créatifs.

En soirée

L'animation monte d'un cran à la tombée du jour, avec les bals tango, les bingos drag et les concerts variés – funk, rap, soul, électro-pop, folk, musique indé et latino. Les soirées club et les sessions DJ sont fréquentes tout comme les soirées "danceoké", durant lesquelles les participants reprennent les chorégraphies de leurs clips préférés.

Qu'est-ce que la Petite Ceinture ?

Cette ancienne voie de chemin de fer autour de Paris fut construite entre 1852 et 1869 pour relier les principales gares de la capitale. Presque entièrement abandonnée depuis 1934, elle a été progressivement recolonisée par la flore et la faune, tandis que les street artistes en ont fait une galerie à ciel ouvert. Méconnu des Parisiens eux-mêmes, ce lieu de promenade est très agréable, mais l'accès n'est autorisé qu'à certains endroits et sur certaines portions. Dans le XVIIIe arrondissement, la Petite Ceinture est accessible au **Hasard Ludique** et à la **REcyclerie** (p. 145), qui occupent tous deux d'anciennes gares.

24 La Goutte D'OR

BALADE | MODE | CULTURE AFRICAINE

Si les Parisiens peuvent parfois sembler distants, l'ambiance finit toujours par se réchauffer. Dans le XVIIIe arrondissement, la question ne se pose pas : l'accueil est immédiat au sein de ce quartier populaire, baptisé la Goutte d'Or ou Château Rouge. La forte présence africaine n'y est pas pour rien. Soyez les bienvenus.

LESLY HAMILTON/GAMMA-RAPHO VIA GETTY IMAGES ©

En pratique

S'y rendre M Barbès-Rochechouart ou Château-Rouge.

Quand Préférez l'après-midi, les magasins étant souvent fermés avant midi.

Bon plan Emportez un café et installez-vous dans le square Léon avec les habitants.

Information Le concept store **Little Africa Paris Village** (p. 142) fournit d'utiles renseignements.

KEESHASKITCHEN.COM/SHUTTERSTOCK ©

JACQUELINE NGO MPII/LONELY PLANET ©

Page de gauche en haut Marché de la rue Dejean ; **en bas** Thiéboudiène
Ci-contre Devanture de magasin, la Goutte d'Or

Tissus, mode et inspiration

Que vous partiez à la découverte du quartier de la Goutte d'Or seul ou en vous joignant à une visite guidée, vous apprendrez que le sac Barbès vient d'ici. Créé en 1962 par l'enseigne Tati installée dans le quartier, ce grand sac à carreaux utilisé comme cabas et bagage populaire est devenu icône de mode, reprise par les marques de luxe, à l'image de Vuitton et Balenciaga, dans des versions à 1 500 €. La Goutte d'Or a de tout temps inspiré le milieu de la mode et de la haute couture, notamment avec sa débauche de tissus africains. Les rues Léon et Doudeauville feront votre bonheur si vous êtes en quête d'imprimés originaux, de prêt-à-porter et de vêtements sur-mesure. Ce pôle foisonnant attire aujourd'hui des créateurs d'origine franco-africaine spécialisés dans la mode, les bijoux, le textile et le mobilier.

À la table de tout un continent

Après avoir arpenté la Goutte d'Or à la recherche de la pièce qui vous fait craquer, vous pourriez bien avoir un petit creux. Bonne nouvelle : le quartier ne manque pas de bonnes adresses pour un repas authentique, aux portions généreuses, venu du Maroc, d'Algérie, de Tunisie, du Sénégal, du Mali, du Nigeria ou encore du Cameroun. Envie de cuisiner votre propre thiéboudiène, mafé, couscous, riz wolof ou ndolé ? Allez acheter vos ingrédients rue Dejean et au marché Barbès (p. 142).

Histoire d'un marché

La Goutte d'Or tient son nom de la couleur dorée du vin que l'on produisait là jusqu'au XVIIIe siècle. Le quartier ne fut intégré à la ville de Paris qu'en 1860. Avant cela, il échappait aux impôts de la cité et attirait une population de travailleurs cherchant dans la vente d'objets dans les rues un moyen de survie. C'est ainsi que naquit le tentaculaire marché aux puces de Saint-Ouen (p. 130), l'un des plus grands marchés d'antiquaires et d'occasions d'Europe, à 20 minutes de la Goutte d'Or en métro (Porte-de-Clignancourt).

Jacqueline Ngo Mpii
Née au Cameroun, Jacqueline Ngo Mpii a grandi en France. Elle est la fondatrice et directrice de Little Africa, agence culturelle et multimédia.

Paris, âme africaine

APERÇU DE LA RICHESSE CULTURELLE AFRICAINE DANS LA CAPITALE

Tout pays au passé colonial et esclavagiste est aussi terre d'immigration, avec des villes influencées par celles et ceux qui ont quitté leur pays, emmenant dans leurs bagages les précieux joyaux de leur culture. Paris en est une bonne illustration.

De gauche à droite Place Félix-Éboué ; Joséphine Baker ; Musée national de l'histoire de l'immigration

DANIELE SCHNEIDER/GETTY IMAGES ©

Ah Paris, parée de clichés dans le monde entier – ville de l'amour, ville de l'incivilité... Mais qu'en est-il de la population africaine qui vit dans la capitale ? Des boutiques de souvenirs de Montmartre à l'office du tourisme en face du Palais Garnier, on présente aux visiteurs une histoire parisienne à dimension unique. Les touristes étrangers arrivant à l'aéroport Charles-de-Gaulle ne savent peut-être pas que le RER qui les mène à la capitale traverse la Seine-Saint-Denis, région où vit la plus nombreuse population africaine de France.

Paris n'a pas une, mais des âmes africaines, car ses habitants viennent, lointainement ou non, de divers pays et régions du continent noir. Le monde entier connaît la communauté afro-américaine installée à Paris entre les années 1920 et 1960, portée par Joséphine Baker, James Baldwin ou Richard Wright, pour qui la capitale fut une terre d'accueil. Ce Paris des artistes noirs est largement raconté dans les documentaires, livres et visites guidées. Mais beaucoup ignorent les grandes communautés issues des anciennes colonies françaises d'Afrique, Sénégal, Côte d'Ivoire, Cameroun et Mali en tête et des Antilles (Guadeloupe, Guyane et Martinique). Du Quartier latin (p. 224), où trône la célèbre université de la Sorbonne, dont les bancs accueillirent Paulette Nardal, Léopold Sédar Senghor ou encore Aimé Césaire, à la Goutte d'Or et à Château-d'Eau, où bat le cœur africain de Paris, il y a beaucoup à voir et à apprendre.

Ouvrez les yeux, en commençant par le métro et les rues, dont les noms sont des indicateurs de la présence et de l'importance africaine : place Félix-Éboué (métro Daumesnil), qui porte le nom du premier fonctionnaire

BINDER/ULLSTEIN BILD VIA GETTY IMAGES ©

EQROY/SHUTTERSTOCK ©

d'origine africaine à devenir gouverneur français, grand résistant inhumé au Panthéon ; rue du Dahomey (XIe arrondissement) ; rue du Congo (XIIe) ; rue du Soudan (XVe) ; rue de Tombouctou (XVIIIe) et la rue Chevalier-de-Saint-George (VIIIe).

Il y a ensuite les musées, comme celui du Quai-Branly, qui célèbre notamment l'art traditionnel africain et s'est assuré de rendre aux pays les pièces et joyaux artistiques volés au fil des siècles par les colons. Le musée national de l'Histoire de l'immigration (p. 198), dans le palais de la porte Dorée (XIIe arrondissement), est incontournable pour qui veut mieux connaître le passé multiple de la France.

> La place Félix-Éboué porte le nom du premier fonctionnaire d'origine africaine à devenir gouverneur français, grand résistant inhumé au Panthéon.

Construit à l'occasion de l'Exposition coloniale de 1931, le bâtiment affiche une façade allégorique représentant les contributions économiques que le pays doit à ses anciennes colonies. À l'intérieur, les visiteurs en apprennent davantage sur ce que les immigrants, dans leur vaste variété, ont apporté à la France, qu'il s'agisse d'art ou de gastronomie, de culture ou de musique.

Les débats enflent en Europe au sujet de l'immigration et certains pourraient être tentés de nier ce qui saute pourtant aux yeux : Paris est une ville multiculturelle. Voyez les visages et le nom des rues, l'architecture, la cuisine, la création... Ignorer cette facette de Paris serait ignorer un filon dans une mine d'or. Paris la belle est aussi africaine et antillaise.

Conseils de lecture

Pour explorer davantage l'âme africaine de Paris, je recommande la lecture de *La France noire* et *Le Paris Noir*, signés de l'historien Pascal Blanchard, spécialiste de l'Empire colonial français. Ces deux ouvrages couvrent l'histoire des populations noires en France depuis le XVIIIe siècle et racontent comment Paris devint le point de convergence des communautés noires venues des États-Unis, de la Caraïbe et d'Afrique. Il décrit aussi l'apport des populations noires dans la construction politique, artistique, économique et culturelle du pays.

Carnet d'adresses

Les grands classiques

Basilique du Sacré-Cœur

Voir p. 117. (www.sacre-coeur-montmartre.com ; parvis du Sacré-Cœur, XVIIIe ; basilique entrée libre, dôme adulte/enfant 7/4 € ; basilique 6h-22h30, dôme 8h30-20h mai-sept, 9h-17h oct-avr ; M Anvers, Abbesses)

Un **funiculaire** conduit en 1 minute 30 de la pl. Saint-Pierre jusqu'au parvis de la basilique. Les tickets de métro et cartes de transport sont valables. (www.ratp.fr ; pl. Saint-Pierre, XVIIIe ; 6h-0h45 ; M Anvers, Abbesses)

Butte Montmartre

Voir p. 116.

Musée de Montmartre

Voir p. 117. (01 49 25 89 39 ; www.museedemontmartre.fr ; 12 rue Cortot, XVIIIe ; tarif plein/10-17 ans 14/8 €, jardin uniquement 5 € ; 10h-19h ven-mer, 10h-22h jeu juil-août, 10h-19h avr-sept, 10h-18h oct-mars ; M Lamarck-Caulaincourt)

Quartier des Abbesses

Voir p. 116. (rue et place des Abbesses ; M Abbesses)

Musées, expos et lieux culturels

Dalí Paris

À côté de la place du Tertre, cet espace consacré au surréaliste catalan expose plus de 300 de ses œuvres, notamment des illustrations, des sculptures, des gravures et des meubles. Vous y verrez notamment le célèbre sofa en forme de lèvres, inspiré par l'actrice et sex-symbol américaine Mae West. (01 42 64 40 21 ; www.daliparis.com ; 11 rue Poulbot, XVIIIe ; tarif plein/réduit 12/9 € ; 10h-20h30 juil-août, 10h-18h30 sept-juin ; M Abbesses)

Halle Saint-Pierre

Ce musée original installé dans des halles du XIXe siècle accueille des expositions d'art brut, une librairie qui pique l'intérêt et un café. (01 42 58 72 89 ; www.hallesaintpierre.org ; 2 rue Ronsard, XVIIIe ; tarif plein/réduit 9/7 €, -15 ans 6 € ; 11h-18h mar-ven, 11h-19h sam, 12h-18h dim ; M Anvers, Abbesses)

Musée de la Vie romantique

Voir p. 122. (01 55 31 95 67 ; museevieromantique.paris.fr ; 16 rue Chaptal, IXe ; collections permanentes gratuites, expositions temporaires tarif plein/réduit 9/7 € ; musée 10h-18h mar-dim, salon de thé 10h-17h30 mar-dim ; M Saint-Georges ou Pigalle)

Musée Gustave Moreau

Voir p. 122. (01 48 74 38 50 ; www.musee-moreau.fr ; 14 rue de La Rochefoucauld, IXe ; tarif plein/réduit 6/4 € ; lun, mer, jeu 10h-12h45 et 14h-17h15, ven-dim 10h-17h15 ; M Saint-Georges)

Mur des Je t'aime

40 m^2 pour apprendre à dire les mots magiques dans 280 langues. Voir p. 116. (www.lesjetaime.com ; square Jehan-Rictus, pl. des Abbesses, XVIIIe ; 8h-21h30 lun-ven, 9h-21h30 sam-dim mi-mai à août, horaires réduits sept à mi-mai ; M Abbesses)

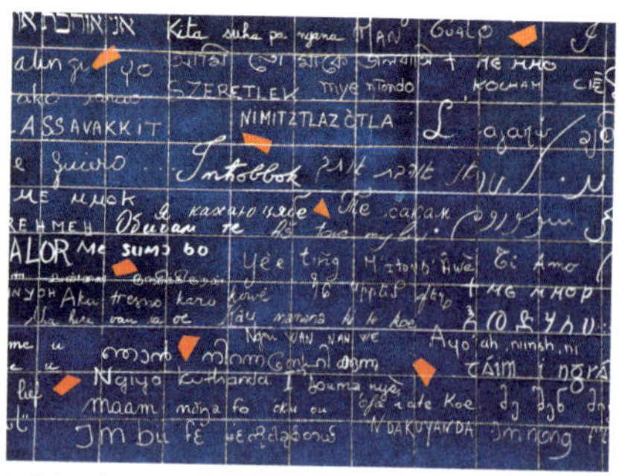

PAOLO GALLO/SHUTTERSTOCK ©

Je t'aime dans toutes les langues

Le BAL

Dans un ancien cabaret, ce lieu consacré à l'image documentaire (photo, vidéo, cinéma, nouveaux médias) a été conçu par les Amis de l'agence photographique Magnum. Objectif : apprendre à décrypter un monde saturé d'images à travers des expositions, des projections et des séminaires. (01 44 70 75 50 ; www.le-bal.fr ; 6 imp. de la Défense, XVIIIe ; tarif plein/réduit 6/4 €, gratuit -12 ans ; 12h-22h mer, 12h-19h jeu-dim ; M Place-de-Clichy)

Studio 28

Un cinéma mythique de Montmartre, créé en 1928 et parrainé par Jean Cocteau. Sur place, comptoir et jardin d'hiver permettent de savourer une pâtisserie ou une tarte salée, boire un café ou un jus de fruits. (01 46 06 36 07 ; www.cinemastudio28.com ; 10 rue Tholozé, XVIIIe ; 15h-22h tlj ; M Abbesses)

Curiosités

Clos Montmartre

Du musée de Montmartre, rue Cortot, on aperçoit ce domaine viticole de 2 000 pieds de vigne, planté en 1933. Chaque année, on en tire quelque 800 bouteilles vendues aux enchères au bénéfice de projets sociaux du quartier. (18 rue des Saules, XVIIIe ; M Lamarck-Caulaincourt)

Cimetière de Montmartre

Un cimetière arboré où reposent d'illustres personnalités tels Edgar Degas, François Truffaut et Jeanne Moreau. Un plan est fourni à l'entrée. (20 av. Rachel, XVIIIe ; 8h-17h30 lun-ven, 8h30-17h30 sam, 9h-17h30 dim, fermeture 30 min plus tard mi-mars à fin oct ; M Place-de-Clichy)

Cimetière Saint-Vincent

Le peintre Maurice Utrillo (1883-1955) et le réalisateur Marcel Carné (1906-1996) font partie des "résidents" célèbres de ce petit cimetière caché en bas de la butte Montmartre. Horaires variables selon la saison. (6 rue Lucien-Gaulard, XVIIIe ; M Lamarck-Caulaincourt)

Jardins secrets

Square Marcel-Bleustein-Blanchet

Voir p. 132. (1 rue de la Bonne, XVIIIe ; M Lamarck Caulaincourt)

Square Suzanne-Buisson

Voir p. 132. (7 bis rue Girardon, XVIIIe ; M Lamarck-Caulaincourt)

Square Nadar

Voir p. 132. (2 rue Saint-Éleuthère, XVIIIe ; M Abbesses)

Shopping

Antoine et Lili

La boutique colorée d'une enseigne établie de longue date : vêtements et accessoires pour femme au style chic et bohème, ainsi que de la déco pour la maison. (www.antoineetlili.com)

Chez Sarah

Voir p. 130. (chezsarah.net)

de Laurentis

Voir p. 130. (www.delaurentisparis.com/localisation)

Falbalas

Voir p. 130. (fr-fr.facebook.com/FALBALAS.puces)

Flash Vintage

Friperie vintage et funky spécialisée dans les vêtements et accessoires des années 1970 et 1980. Fouillez, cela en vaut la peine, pour trouver des pièces à bons prix. (64 rue d'Orsel, XVIIIe ; 11h-20h ; M Abbesses, Pigalle)

Les Merveilles de Babellou

Voir p. 130. (lesmerveillesdebabellou.com)

Little Africa Paris Village

Une bonne adresse à la Goutte d'Or. Voir p. 136. (littleafricavillage.com ; 6 bis rue des Gardes ; 11h-19h mar-sam)

Marché aux puces de Saint-Ouen

Voir p. 130. (visites guidées 01 55 87 67 50 ; www.marcheauxpuces-saintouen.com ; rue des Rosiers, Saint-Ouen ; sam-lun ; M Porte-de-Clignancourt)

Marché Barbès

Voir p. 137. (www.paris.fr/equipements/marche-barbes-5519 ; bd de la Chapelle ; 7h-13h30 mer, 7h-14h30 sam)

Produits gourmands

Boucherie Jacky Gaudin

Voir p. 132. (01 46 06 40 38 ; www.petitscommerces.fr/page/boucherie-gaudin ; 50 rue des Abbesses, XVIIIe ; 7h30-13h et 15h30-20h mar-sam, 7h30-13h dim ; M Abbesses)

Fromagerie Chez Virginie

Avec deux adresses voisines, 54 rue Damrémont et 125 rue Caulaincourt, cette belle fromagerie réputée est l'une des rares de la capitale à affiner ses fromages dans ses propres caves. (www.chezvirginie.com ; 9h30-12h45 et 16h-19h45 mar-jeu, 9h30-19h45 ven-sam ; M Lamarck-Caulaincourt)

Grenier à Pain

Voir p. 132. (01 46 06 41 81 ; legrenierapain.com ; 38 rue des Abbesses, XVIIIe ; 7h30-20h jeu-lun ; M Abbesses)

Kosak

Cette petite boutique est l'une des meilleures adresses parisiennes pour trouver des chocolats élaborés "de la fève à la tablette" par des artisans des quatre coins du monde. L'été, Kosak se fait glacier. (09 80 73 35 60 ; kosakparis.com ; 106 rue Caulaincourt, XVIIIe ; 11h-20h mar-dim ; M Lamarck-Caulaincourt)

La Butte Fromagère

Voir p. 132. (01 42 52 96 27 ; www.petitscommerces.fr/page/la-butte-fromagere ; 32 rue des Abbesses, XVIIIe ; 9h30-19h45 mar-ven, 9h-19h45 sam, 9h-13h dim ; M Abbesses)

La Cave des Abbesses

Voir p. 132. (01 42 52 81 54 ; www.cavesbourdin.fr ; 43 rue des Abbesses, XVIIIe ; 10h-14h, 15h30-21h30 mar-ven, 10h-21h30 sam-dim ; M Abbesses)

Pâtisserie Gilles Marchal

Voir p. 132. (01 85 34 73 30 ; gillesmarchal.com ; 9 rue Ravignan, XVIIIe ; 8h-20h mar-sam, 8h-19h dim ; M Abbesses)

À table !

Abattoir Végétal €

Des tables et des chaises en fer forgé vert d'eau sont alignées sur le trottoir devant cette ancienne boucherie, tandis que l'intérieur est décoré de murs peints à la détrempe et de plantes garnissant des paniers suspendus. Jus de fruits pressés, *lattes* "bien-être", délicieux cidre poire-gingembre et autres boissons artisanales accompagnent des plats végans originaux et, le week-end, un brunch 100% végétalien (27 €). (www.abattoirvegetal.com ; 61 rue Ramey, XVIIIe ; déj 2/3 plats 17/20 €, plats 15,50-17 € ; 18h-22h30 mar-ven, 11h-22h30 sam, 11h-15h30 dim ; ; M Jules-Joffrin)

EDWARD BERTHELOT/GETTY IMAGES ©

Bouillon Pigalle

Belle Maison €€

Carrelage bleu et blanc, et déco tendance, ce restaurant raffiné de "Pigalle sud" (South Pigalle, ou SoPi) ne désemplit pas. Son nom lui vient d'une petite plage de l'île d'Yeu, au large de la Vendée, chère à ses propriétaires. On s'y régale de poissons et fruits de mer, tels un mulet mariné à l'Earl Grey ou le maquereau grillé aux racines de wasabi croustillantes et caramel de miso. (☎01 42 81 11 00 ; 4 rue de Navarin, IXe ; plats 22-23 € ; ⏲12h30-14h et 19h30-22h mar-sam ; Ⓜ Saint-Georges)

Bouillon Pigalle €

Grande salle animée où l'on célèbre, en toute simplicité, de grands classiques. Le menu change régulièrement. (☎01 42 59 69 31 ; www.bouillonpigalle.com ; 22 bd de Clichy, XVIIIe ; entrées 1,90-8,80 €, plats 9,50-13,50 €, quart de vin 3,30 € ; ⏲midi-minuit ; Ⓜ Pigalle)

Django €€

Dans le Pigalle branché, cet ancien magasin de guitares s'est métamorphosé en bar-restaurant où cocktails artisanaux, vins naturels et assiettes à partager créatives attirent une clientèle de fashionistas jusqu'au petit jour. Parmi les mets servis par le chef Khelil Morin : poireaux-vinaigrette à la figue avec comté, raviolis à la crevette ou chou-fleur rôti avec poivron piquillo et ketchup au carvi. (☎01 74 64 64 84 ; www.django-pigalle.fr ; 24 rue Victor-Massé, IXe ; menus déj 2/3 plats 16/19 €, assiettes partagées 6-9 € ; ⏲12h-14h et 19h-2h mar-ven, 19h-2h sam ; Ⓜ Pigalle)

La Maison rose €€

Cette adresse ancienne est devenue un restaurant de quartier, nouvelle génération, avec une carte courte à base de produits de saison, du vin bio, du prosecco à la pompe et de l'eau filtrée servie en carafe dans une ambiance bistrot. Petite terrasse. Brunch le week-end (11h30-14h30). (☎01 42 64 49 62 ; 2 rue de l'Abreuvoir ; menu 2/3 plats 24/30 €, brunch 29 € ; Ⓜ Abbesses)

Le Moulin de la Galette €

Voir p. 118. (☎01 46 06 84 77 ; www.moulindelagaletteparis.com ; 83 rue Lepic, XVIIIe ; plat du jour déj 13,50 €, menus 31-39 € ; ⏲12h-22h15 ; Ⓜ Abbesses, Blanche)

La Mascotte Montmartre €€/€€€

Élégante brasserie créée en 1889, très appréciée par les gens du quartier et réputée pour ses fruits de mer (huîtres, bigorneaux, bulots, coques...) préparés à l'Écaille. (☎01 46 06 28 15 ; la-mascotte-montmartre.com ; 52 rue des Abbesses, XVIIIe ; assiette de fruits de mer 35 €, plateau à partir de 98 € ; ⏲7h-minuit ; Ⓜ Abbesses, Blanche, Pigalle)

Aspic €€€

Le chef Quentin Giroud a troqué le monde de la finance contre les fourneaux, et cet espace vintage à la cuisine semi-ouverte témoigne de sa détermination. Le menu à choix unique change toutes les semaines. Quelques pistes : pancetta au poivre et son beurre de kéfir au citron vert, poulpe tiède et sa purée de noix de cajou... Un sans-faute. (☎09 82 49 30 98 ; www.aspic-restaurant.fr ; 24 rue de La-Tour-d'Auvergne, IXe ; menu dégustation 7 plats 75 €, supp avec vin ; ⏲19h30-21h30 mar-sam ; Ⓜ Anvers)

Cafés et cocktails

Café Lomi

Café artisanal et torréfacteur dans un décor industriel et rustique, où l'on sert aussi des gâteaux, des petits-déjeuners et des déjeuners légers. (☎09 51 27 46 31 ; www.lomi.paris ; 3 ter rue Marcadet, XVIIIe ; ⏲8h-18h lun-ven, 10h-19h sam-dim ; Ⓜ Marcadet-Poissonniers)

Café des Deux Moulins

C'est au Café des Deux Moulins, dans le bas de la rue Lepic, qu'Amélie Poulain travaillait comme serveuse dans le film éponyme de Jean-Pierre Jeunet. Il a conservé le décor et l'atmosphère d'un vrai café de quartier en dépit de sa notoriété. (www.cafedesdeuxmoulins.fr ;

15 rue Lepic, XVIIIe ; 7h30-2h lun-ven, 8h-2h sam-dim ; ; M Blanche)

Le Très Particulier

Caché derrière un portail dans une avenue résidentielle au calme, l'élégant bar à cocktails d'un luxueux boutique-hôtel est parfait pour prendre un verre dans une ambiance façon Twin Peaks. DJ le week-end et terrasse. (01 53 41 81 40 ; www.hotel-particulier-montmartre.com ; 23 av. Junot, XVIIIe ; 18h-2h mar-sam ; M Lamarck-Caulaincourt)

Le Carmen

Voir p. 127. (01 48 74 33 10 ; www.le-carmen.fr ; 34 rue Duperré, IXe ; 18h-6h mar-sam ; M Blanche)

Bar de la Maison Souquet

Voir p. 127. (01 48 78 55 55 ; www.maisonsouquet.com ; 10 rue de Bruxelles, IXe ; M Blanche)

Lulu White Drinking Club

Voir p. 128. (www.luluwhite.bar ; 12 rue Frochot, IXe ; 20h-2h mer-dim ; M Pigalle)

Dirty Dick

Voir p. 128. (01 48 78 74 58 ; www.facebook.com/dirtydickparis ; 10 rue Frochot, IXe ; 18h-2h dim-jeu, 18h-3h sam-dim ; M Pigalle)

Sister Midnight

Voir p. 128. (06 74 39 32 20 ; sistermidnightparis.com ; 4 rue Viollet-le-Duc, IXe ; 18h-1h mar-jeu, 18h-2h ven-sam, 18h-minuit dim ; M Pigalle)

Clubs et cabarets

360 Paris Music Factory

Voir p. 131. (www.le360paris.com ; 32 rue Myrha, XVIIIe ; M Château-Rouge, Barbès-Rochechouart)

Bab-Ilo

Voir p. 131. (01 42 23 99 19 ; babilo.lautre.net ; 9 rue du Baigneur, XVIIIe ; 18h-2h ven-sam, 18h-minuit dim ; M Jules-Joffrin ou Château- Rouge)

Chez Ma Cousine

Restaurant et cabaret convivial au cœur de Montmartre, pour un dîner-spectacle à la française, côté assiette et côté scène. (01 46 06 49 35 ; www.cabaretchezmacousine.com ; 12 rue Norvins, XVIIIe ; dîner spectacle 63-76 € ; 12h-23h, M Abbesses)

Chez Michou

Voir p. 128. (01 46 06 16 04 ; michou.com ; 80 rue des Martyrs, XVIIIe ; M Pigalle, Abbesses)

Chez Moune

Cet ancien cabaret des années 1930 réservé aux dames est devenu l'une des références de la nuit pour les lesbiennes parisiennes. Même si électro et house dominent, la programmation est variée, avec des soirées rock, funk et disco et même tropicales. (54 rue Jean-Baptiste-Pigalle, IXe ; 23h-6h ven-sam, 23h-5h jeu ; entrée libre, conso 10 € ; M Pigalle)

Élysée-Montmartre

Cette salle créée au début du XIXe siècle a été entièrement restaurée après un incendie en 2011. Elle accueille des concerts selon une programmation éclectique. (01 44 92 78 00 ; www.elysee-montmartre.com ; 72 bd de Rochechouart, XVIIIe ; entrée selon programmation ; M Anvers)

La Chope des Puces

Voir p. 131. (01 40 11 28 80 ; www.lachopedespuces.fr ; 122 rue des Rosiers, Saint-Ouen ; 9h-18h jeu-lun, concert 12h30-19h sam-dim ; M Porte-de-Clignancourt, Garibaldi)

La Cigale

Ancien théâtre créé en 1887, puis cabaret, cinéma et music-hall des nuits parisiennes, ce bâtiment a été réhabilité par Philippe Starck. Ryan Adams, Ibrahim Maalouf et The Dandy Warhols s'y sont produits. (01 49 25 89 89 ; www.lacigale.fr ; 120 bd de Rochechouart, XVIIIe ; M Pigalle)

La REcyclerie

Voir p. 135. (☎01 42 57 58 49 ; www.larecyclerie.com ; 83 bd Ornano, XVIIIe ; ⏲8h-minuit lun-jeu, 8h-2h ven-sam, 8h-22h dim début janv à mi-déc ; Ⓜ Porte-de-Clignancourt)

Le Divan du Monde et Chez Madame Arthur

Adresse interculturelle emblématique au pied de Montmartre, ce cabaret-boîte de nuit accueille la troupe Madame Arthur depuis 1946. Le premier spectacle a lieu à 20h ; la piste de danse s'enflamme à partir de minuit. Voir aussi p. 129. (☎01 40 05 08 10 ; www.divandumonde.com ; 75 rue des Martyrs, XVIIIe ; cabaret avant 22h 20 €, club à partir de minuit ven et sam/mer et jeu 15 €/gratuit ; ⏲20h-6h mer-sam ; Ⓜ Pigalle)

Le Hasard Ludique

Voir p. 135. (☎01 42 28 35 91 ; lehasardludique.paris ; 128 av. de Saint-Ouen, XVIIIe ; ⏲12h-0h mar-jeu, 12h-2h ven-sam, 11h30-22h dim ; Ⓜ Porte-de-Saint-Ouen)

Le Lapin Agile

Cet illustre cabaret qui appartint à Aristide Bruant et fut un fameux lieu de rencontres et d'échanges entre artistes et chansonniers, perpétue aujourd'hui encore la tradition en programmant auteurs et interprètes de chansons à texte, avec piano et accordéon. (☎01 46 06 85 87 ; www.au-lapin-agile.com ; 22 rue des Saules, XVIIIe ; adulte 28 €, tarif étudiant sauf sam 20 € ; ⏲21h-1h mar-dim ; Ⓜ Lamarck-Caulaincourt)

Le Louxor

Construit dans le style Art déco néo-égyptien en 1921 et sauvé de la démolition par un collectif de quartier 70 ans plus tard, ce monument historique est un lieu prestigieux offrant une programmation variée : films récents, classiques, ciné-concert avec accompagnement au piano, festival de courts-métrages, ateliers (chorales, par exemple) ou concerts. Ne partez pas sans

Moulin-Rouge

MILENA NADIER/SHUTTERSTOCK ©

prendre un verre au bar, qui se prolonge par une terrasse surélevée surplombant le Sacré-Cœur. (☎01 44 63 96 98 ; www.cinemalouxor.fr ; 170 bd de Magenta, X^e ; billets adulte/enfant 9,90/5 € ; Ⓜ Barbès-Rochechouart)

Les Trois Baudets

L'ancien vivier musical des années 1940-1960 a fait peau neuve tout en gardant le même propos : une scène dédiée à la nouvelle chanson francophone, avec quelques soirées poésie et slam. La programmation est très éclectique. Un **bar-restaurant** (à partir de 19h les soirs de concert) invite à prolonger la soirée. Bon plan : les spectacles jeune public (voir la programmation sur le site). (☎01 42 62 33 33 ; www.lestroisbaudets.com ; 64 bd de Clichy, XVIIIe ; gratuit-20 € ; ⏲18h30-1h30 mar-sam, 10h-17h dim ; Ⓜ Blanche)

Moulin-Rouge

Immortalisé par les affiches de Toulouse-Lautrec, le Moulin-Rouge brille sous une réplique de 1925 du moulin original. Les touristes s'y déversent par cars entiers, mais, du début à la fin du spectacle, c'est un tourbillon ininterrompu de costumes, de décors et de danses féeriques. Réservez tôt et prévoyez une tenue élégante. Voir aussi p. 118. (☎01 53 09 82 82 ; www.moulinrouge.fr ; 82 bd de Clichy, XVIIIe ; spectacle à partir de 88 €, dîner-spectacle à partir de 190 € ; ⏲spectacles 21h et 23h, dîner-spectacle 19h ; Ⓜ Blanche)

DE MÉNILMONTANT À LA VILLETTE

HISTOIRE I SOCIÉTÉ I CULTURE POP

DE MÉNILMONTANT À LA VILLETTE
à la carte

INCONTOURNABLES ET TRÉSORS CACHÉS

Se balader. Flâner. Siroter. S'amuser. Tirer, pointer. Et finalement plonger. Ainsi va la vie dans ce délicieux Est parisien où les touristes sont encore rares. Comme du temps où les Parisiens venaient faire la fête et s'encanailler à Belleville et à Ménilmontant, avant le rattachement de ces communes à la capitale, on profite du joyeux brouhaha régnant sur les hauteurs du quartier. Quelques pas de plus et voici la Villette, un espace sans portes ni barrières et, surtout, un parc où on ne s'ennuie jamais.

Le quartier en bref

Points forts Cafés animés, ateliers d'artistes, pentes à couper le souffle : un Paris cosmopolite, populaire et convivial.

Transport Prenez le métro : Belleville ou Jourdain pour Belleville ; Gambetta pour Ménilmontant ; Jaurès pour le bassin de la Villette.

Circuler En métro et à pied ; le deux-roues est parfait pour rejoindre la Villette via le canal Saint-Martin, plus difficile (ça monte !) pour Belleville et les Buttes-Chaumont.

Notre conseil Prévoyez plusieurs heures pour le cimetière du Père-Lachaise.

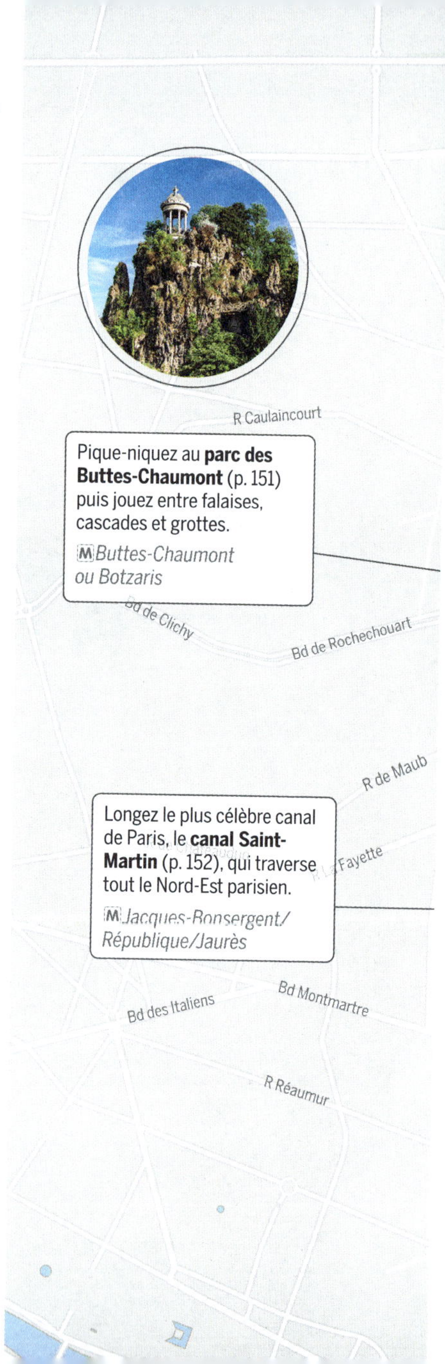

Pique-niquez au **parc des Buttes-Chaumont** (p. 151) puis jouez entre falaises, cascades et grottes.
Ⓜ *Buttes-Chaumont ou Botzaris*

Longez le plus célèbre canal de Paris, le **canal Saint-Martin** (p. 152), qui traverse tout le Nord-Est parisien.
Ⓜ *Jacques-Bonsergent/République/Jaurès*

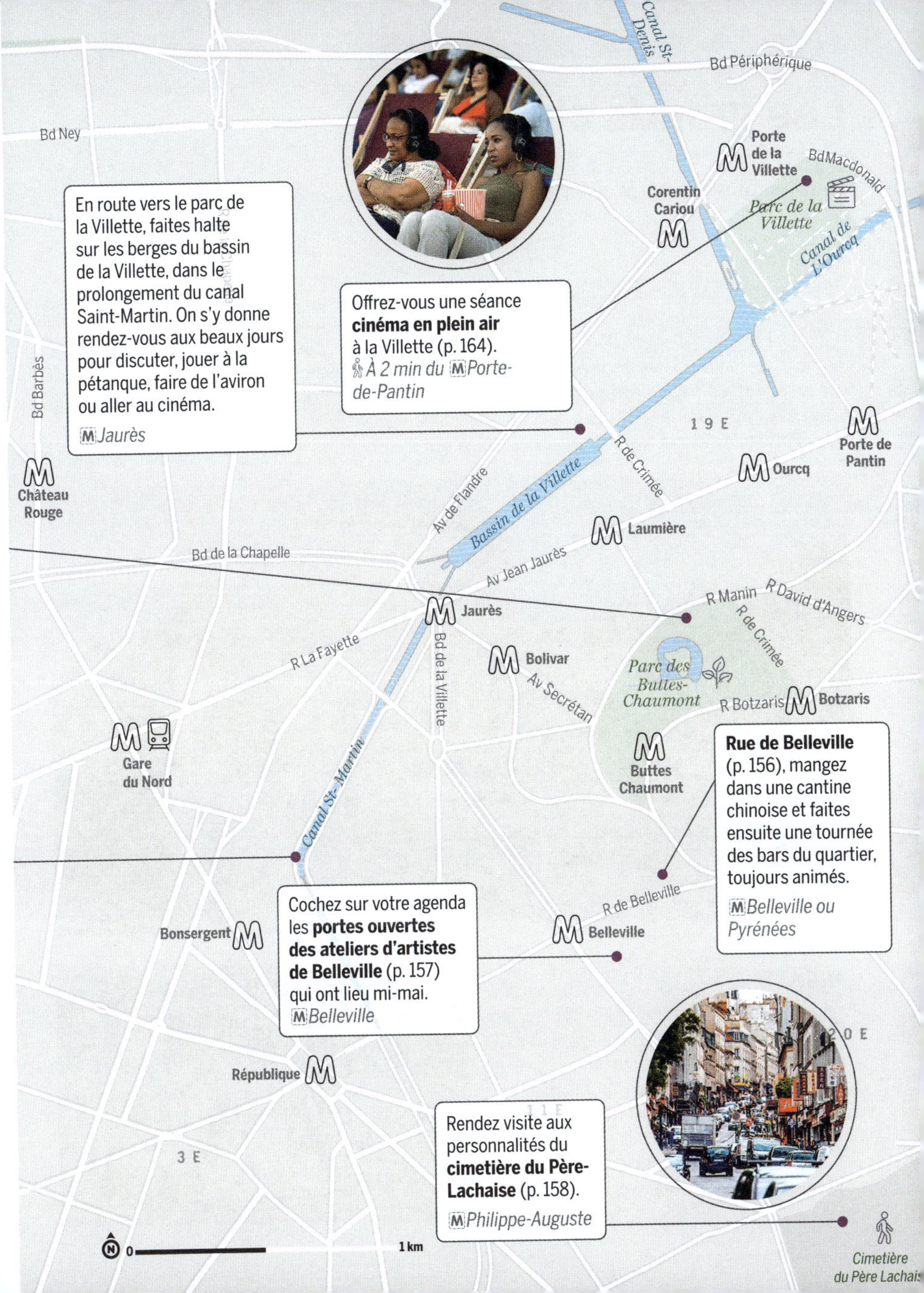

En route vers le parc de la Villette, faites halte sur les berges du bassin de la Villette, dans le prolongement du canal Saint-Martin. On s'y donne rendez-vous aux beaux jours pour discuter, jouer à la pétanque, faire de l'aviron ou aller au cinéma.

M *Jaurès*

Offrez-vous une séance **cinéma en plein air** à la Villette (p. 164).

À 2 min du M Porte-de-Pantin

Rue de Belleville (p. 156), mangez dans une cantine chinoise et faites ensuite une tournée des bars du quartier, toujours animés.

M *Belleville ou Pyrénées*

Cochez sur votre agenda les **portes ouvertes des ateliers d'artistes de Belleville** (p. 157) qui ont lieu mi-mai.

M *Belleville*

Rendez visite aux personnalités du **cimetière du Père-Lachaise** (p. 158).

M *Philippe-Auguste*

Les grands classiques

Pour les infos pratiques de chaque site, reportez-vous au carnet d'adresses p. 166.

La Villette

Ce singulier parc paysager (voir aussi p. 164) établi sur des anciens abattoirs – la Grande Halle est un ancien marché aux bœufs construit en 1867 par un élève de Victor Baltard – est le trésor du Nord-Est parisien ! Conçu par Bernard Tschumi, il est formé de prairies, d'allées ombragées et de 11 jardins thématiques. Ponctué de 26 édifices rouges (les "Folies") et de mobilier urbain signé Philippe Starck, il est traversé par le canal de l'Ourcq. Expos, ateliers, jeux pour enfants : les journées passent vite ici, tant il se passe toujours quelque chose à la Villette ! Le parc se fréquente aussi le soir, pour ses salles de concert et de spectacle.

FRDRIC/ADOBESTOCK ©

Belleville

Ce quartier pluriculturel de Paris, où vivent notamment des communautés chinoise et maghrébine, fait la liaison entre le XIe, le XIXe et le XXe. Un marché populaire, du street art (notamment rue Dénoyez), le beau parc de Belleville (p. 154) et de bonnes adresses – cantines asiatiques et bistrots à la parisienne –vous y attendent.

EQROY/SHUTTERSTOCK ©

EKATERINA POKROVSKY/SHUTTERSTOCK ©

Canal Saint-Martin

Hôtel du Nord, de Marcel Carné, évoquait à merveille ce quartier populaire, façonné par les tanneries, papeteries et fabriques de faïences. Aujourd'hui ultratendance, avec ses cafés et ses boutiques de mode, ce canal creusé en 1825, ponctué de passerelles métalliques et d'écluses, est un agréable lieu de promenade (p. 152).

KMIRAGAYA/ADOBESTOCK ©

Cimetière du Père-Lachaise

Balzac (ci-dessus), Apollinaire, Colette, Jim Morrison, Piaf… Du beau monde repose dans le plus grand cimetière de la capitale (p. 158), ouvert en 1804. À l'angle sud-est de ce site verdoyant aux 70 000 tombes : le mur des Fédérés, contre lequel les derniers combattants de la Commune furent fusillés en 1871.

CHRISTIAN MUELLER/SHUTTERSTOCK ©

Parc des Buttes-Chaumont

Les pelouses qui dévalent les pentes des anciennes carrières de gypse sont une bénédiction pour les flâneurs et les citadins avides de déjeuner sur l'herbe. Aménagé en 1867, ce parc regorge de touches néoromantiques : lac et cascade, temple de la Sibylle sur l'île du Belvédère (d'où l'on aperçoit Montmartre), passerelle suspendue de Gustave Eiffel…

25 Balade sur le CANAL SAINT-MARTIN

BALADE I SHOPPING I BONNES ADRESSES

Bordé de quais ombragés et enjambé de passerelles en acier, le canal Saint-Martin traverse tout le Nord-Est parisien, du bassin de la Villette à celui de l'Arsenal. Vous apprécierez de suivre le canal en bateau, mais c'est à pied, le long des anciens chemins de halage et en s'arrêtant dans les cafés, boutiques, restaurants et adresses originales que l'on comprend pourquoi les Parisiens s'y sentent si bien.

DABOOST/ADOBESTOCK ©

Au fil du canal

Envisagé par Napoléon Ier, en même temps que la création des canaux de l'Ourcq et de Saint-Denis, le canal a finalement été creusé en 1825 pour approvisionner Paris en eau potable. Du bassin de la Villette, il poursuit sa route à ciel ouvert, ponctué par 9 écluses, avant d'entamer un trajet souterrain de 1,8 km jusqu'au bassin de l'Arsenal (p. 190).

En pratique

S'y rendre La station de métro République (lignes 3, 5, 8, 9, 11) est centrale. Les stations Château-d'Eau, Jacques-Bonsergent et Gare-de-l'Est sont également bien situées pour accéder au canal.

Information Le canal Saint-Martin, long de 4,5 km, est navigable. Pour les sorties en bateau, voir p. 214 et p. 219.

À savoir Les quais de Jemmapes et de Valmy sont fermés à la circulation les dimanches et jours fériés.

Ci-dessus Canal Saint-Martin **page de droite** quai de Valmy

PAGE DE DROITE : MAPMAN/SHUTTERSTOCK ©

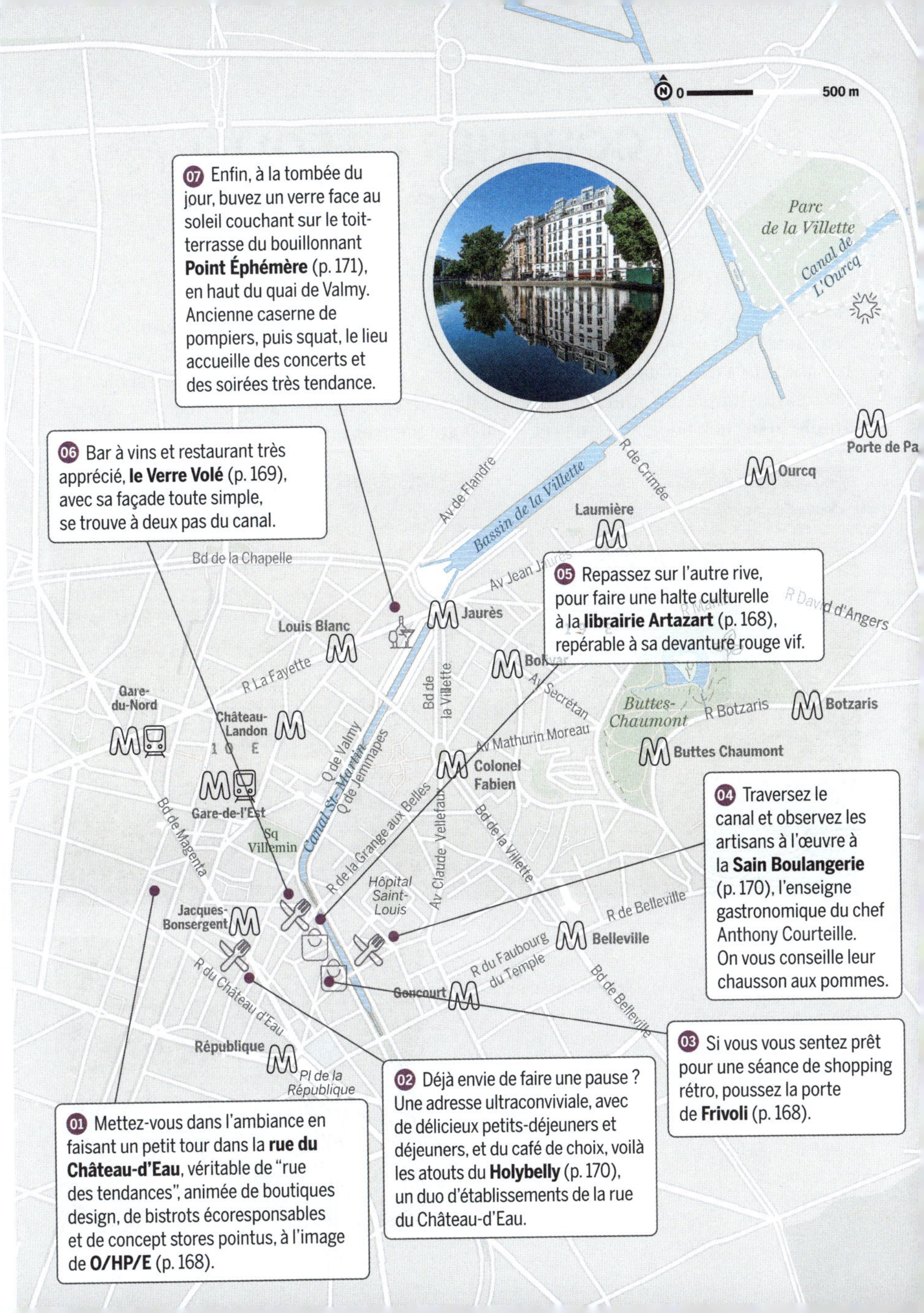

01 Mettez-vous dans l'ambiance en faisant un petit tour dans la **rue du Château-d'Eau**, véritable de "rue des tendances", animée de boutiques design, de bistrots écoresponsables et de concept stores pointus, à l'image de **O/HP/E** (p. 168).

02 Déjà envie de faire une pause ? Une adresse ultraconviviale, avec de délicieux petits-déjeuners et déjeuners, et du café de choix, voilà les atouts du **Holybelly** (p. 170), un duo d'établissements de la rue du Château-d'Eau.

03 Si vous vous sentez prêt pour une séance de shopping rétro, poussez la porte de **Frivoli** (p. 168).

04 Traversez le canal et observez les artisans à l'œuvre à la **Sain Boulangerie** (p. 170), l'enseigne gastronomique du chef Anthony Courteille. On vous conseille leur chausson aux pommes.

05 Repassez sur l'autre rive, pour faire une halte culturelle à la **librairie Artazart** (p. 168), repérable à sa devanture rouge vif.

06 Bar à vins et restaurant très apprécié, **le Verre Volé** (p. 169), avec sa façade toute simple, se trouve à deux pas du canal.

07 Enfin, à la tombée du jour, buvez un verre face au soleil couchant sur le toit-terrasse du bouillonnant **Point Éphémère** (p. 171), en haut du quai de Valmy. Ancienne caserne de pompiers, puis squat, le lieu accueille des concerts et des soirées très tendance.

26 COUCHER DE SOLEIL à Belleville

JARDINS I HISTOIRE I STREET ART

Avec sa colline et ses rues pentues, ses terrasses de café et ses restaurants familiaux, Belleville change agréablement des lieux hypertouristiques. Pour découvrir ce Paris plus populaire et décontracté, direction le XXe arrondissement : allez pique-niquer au coucher du soleil dans le parc de Belleville ou baladez-vous simplement, nez au vent, dans ses ruelles tortueuses entrecoupées d'escaliers.

THIERRY OUGEN/GETTY IMAGES ©

En pratique

S'y rendre Ⓜ Couronnes (pour le bas du parc) ou Ⓜ Pyrénées (pour le haut).

Quand Au printemps ou en été pour la végétation, mais surtout par temps clair et ensoleillé, pour profiter du coucher du soleil depuis le haut de la colline.

Heures d'ouverture À partir de 8h lun-ven ; 9h sam-dim. Les horaires de fermetures varient en fonction de la période de l'année.

Ça monte ! Le parc de Belleville est le plus haut et le plus escarpé de Paris.

CHRISTIAN MUELLER/SHUTTERSTOCK ©

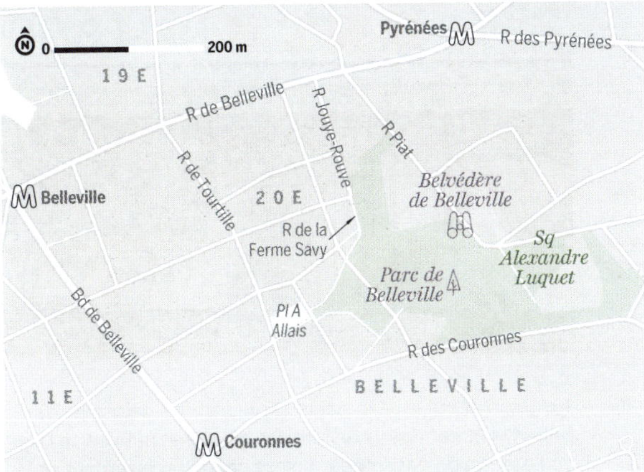

La plus haute colline de la ville

Le point culminant de Paris n'est pas Montmartre, mais le sommet du parc de Belleville (129 m). Jusqu'au XIXe siècle, Belleville était un village agricole et viticole. Difficile à croire aujourd'hui, mais les animaux paissaient sur les pentes de la colline. Il y avait une ferme d'élevage juste en dessous du métro Belleville. On en voit encore de discrets indices rue de la Présentation.

Le belvédère du couchant

Une ambiance totalement différente y règne aujourd'hui. Le parc de Belleville, créé en 1988, offre un espace idéal pour faire de l'exercice, soit en grimpant ses marches soit en flânant à l'ombre des arbres jusqu'à la cascade. Les enfants adorent l'aire d'escalade en forme de paquebot. Ne manquez pas le belvédère de Belleville (de son vrai nom : belvédère Willy Ronis en hommage au photographe), rue Piat, décoré de nombreuses peintures murales (de Seth) et de mosaïques. C'est "la plus belle vue sur Paris", disent les gens du quartier : jugez-en par vous-même au coucher de soleil !

La fresque de la Commune de Paris

En bas du parc, remarquez, sur le mur extérieur donnant rue de la Ferme-de-Savy, la fresque grandeur nature qui commémore les combats de la Commune de Paris (1871). Cette révolte de 72 jours s'est terminée par de sanglants combats dans les rues de Belleville. Un événement tragique et emblématique qui a marqué l'esprit rebelle parisien.

En haut à gauche Vue depuis le belvédère de Belleville **En bas à gauche** Marches, parc de Belleville

Un refuge pour tous

Les Bellevillois aiment croire que Belleville n'est pas Paris et ne l'a jamais été. Le quartier est marqué par une longue histoire de population ouvrière et d'immigration qui a façonné son paysage, sa vie économique et son esprit. Ce qui me plaît le plus, c'est la façon dont Belleville est resté populaire et, dans une certaine mesure, un refuge pour tous. J'ai conçu un circuit pour découvrir la communauté chinoise de Belleville, mais aussi l'histoire de la Commune de Paris et Belleville en musique et en chansons... Bientôt, j'en ferai un sur le Belleville méditerranéen. N'oubliez jamais : Belleville, c'est Belleville !

Donatien Schramm, *qui habite depuis longtemps Belleville, est un guide touristique autodidacte*

WILL SALTER/LONELY PLANET ©

Belleville cosmopolite

UNE BRÈVE HISTOIRE DES COMMUNAUTÉS D'IMMIGRÉS À BELLEVILLE

On dit qu'il y a 100 nationalités différentes à Belleville. De fait, en sortant de la station de métro Belleville, on sent tout de suite une énergie différente de celle d'autres quartiers de Paris. Mais comment Belleville est-il devenu si cosmopolite ?

De gauche à droite Magasin d'alimentation chinois, rue de Belleville ; marché de Belleville ; des terrasses très courues, ici Aux Folies, rue de Belleville

Jusqu'au début du XXe siècle, la plupart des habitants de Belleville étaient issus de familles ouvrières natives de Paris ou de la région parisienne. Jusque-là, l'accroissement de la population était dû à l'arrivée d'ouvriers chassés des vieilles rues du centre de Paris par les travaux d'Haussmann ou venus de plus loin attirés par la proximité des usines. Les logements bon marché en avaient fait un quartier de prédilection pour les travailleurs de l'industrie.

Puis, à partir des années 1920, Belleville vit arriver des vagues successives d'étrangers persécutés dans leur pays d'origine ou poussés par la misère. Après la Première Guerre mondiale, ce sont des Polonais, des Arméniens fuyant la Turquie, des Belges et des Italiens. Dans les années 1930, l'arrivée de juifs ashkénazes venus d'Europe de l'Est marque le développement du "Belleville yiddish" et de son industrie de la chaussure. Plusieurs synagogues, en bordure du parc de Belleville, témoignent de cette période. Elles sont maintenant partagées avec des juifs sépharades, arrivés dans les années 1960, principalement de Tunisie.

Un quartier d'immigration

Les années 1950-1960 marquent un tournant dans l'histoire de l'immigration à Belleville. La combinaison des loyers bas, d'un besoin de main-d'œuvre accru au lendemain de la Seconde Guerre mondiale, puis, en 1962, de la fin de la guerre d'Algérie a entraîné d'importantes vagues d'immigration en provenance des pays d'Afrique du Nord. Très présentes dans les commerces et bénéficiant d'un fort réseau de relations, ces communautés étaient si visibles que, dans les années 1980, le quartier était majoritairement considéré comme arabe.

PAUL MAGUIRE/SHUTTERSTOCK ©

CHRISTIAN MUELLER/SHUTTERSTOCK ©

Contrairement au ressenti de certains Bellevillois, les nouveaux migrants n'ont pas repoussé les descendants des autres communautés. En fait, il s'est passé à Belleville ce qui se passe souvent : lorsque la deuxième ou la troisième génération devient plus aisée, elle quitte les quartiers moins chers qui avaient accueilli ses parents. D'autres populations en quête de logements bon marché viennent alors habiter ces quartiers.

> Leur solide infrastructure communautaire [...] a attiré d'autres membres de la communauté, ce qui, en retour, a incité les populations d'immigrés à demeurer sur place.

L'essor du Belleville chinois

Dans les années 1980, malgré la dégradation du quartier, les logements bon marché ont attiré à Belleville des immigrés venus d'Asie, ainsi que des pays africains, puis, dans les années 1990, des personnes originaires du Pakistan et de l'ancienne Yougoslavie. Aujourd'hui, l'impact le plus manifeste est celui des Chinois. Leur solide infrastructure communautaire – comprenant magasins, restaurants, cercles de jeux, groupes et activités culturels, réseaux de santé – a attiré d'autres membres de la communauté, ce qui, en retour, a incité les populations d'immigrés à demeurer sur place alors qu'auparavant elles n'auraient séjourné que temporairement.

Remonter la rue de Belleville, c'est comme plonger dans une ville-monde : commerces et cantines asiatiques côtoient de vieux zincs parisiens et des épiceries pakistanaises dans une atmosphère bourdonnante d'animation.

Un quartier aimé par les artistes

Mi-mai, plus de 200 peintres, sculpteurs et autres créateurs des quelque 100 ateliers de Belleville ouvrent leurs portes aux flâneurs ! Plus d'info sur ateliers-artistes-belleville.fr.

27 Fameux CIMETIÈRE

ART | HISTOIRE | NATURE

Conçu comme un jardin à l'anglaise par l'architecte néoclassique Alexandre-Théodore Brongniart, le cimetière du Père-Lachaise abrite plus de 3 000 arbres et 500 espèces animales. C'est aujourd'hui non seulement le plus grand cimetière de Paris (44 ha), mais aussi l'une des plus importantes réserves de biodiversité de la ville.

VALERIYA/GETTY IMAGES ©

En pratique

S'y rendre
Ⓜ Philippe-Auguste (ligne 2), Père-Lachaise (lignes 2, 3) ou Gambetta (ligne 3).

Entrée principale
Sortez au métro Philippe-Auguste pour commencer la visite par la principale allée du cimetière.

Prenez un plan Des plans sont souvent disponibles à l'entrée.

Soyez respectueux Bien que dessiné comme un parc, c'est avant tout un lieu de souvenir, qui exige le respect.

JOEL SAGET/AFP VIA GETTY IMAGES ©

DANIEL THIERRY/GETTY IMAGES ©

En haut à gauche Mausolée et pierres tombales, Père-Lachaise **En bas à gauche** Tombeau d'Héloïse et Abélard **Ci-contre à gauche** Monument funéraire de Théodore Géricault

La nature à l'honneur

Lorsque Napoléon Bonaparte décréta que "chaque citoyen avait le droit d'être enterré dignement", Brongniart fut chargé, en 1804, de concevoir le premier cimetière laïc de France. La mode étant aux jardins à l'anglaise, il créa un parc tout en courbes, jouant sur les dénivelés du terrain et l'abondance de la nature.

Le "secteur romantique"

Des érables abritent en partie le "secteur romantique", le plus ancien du cimetière. C'est là que vous verrez les tombes d'artistes comme Chopin et Géricault, mais aussi le tombeau néogothique des amants médiévaux Héloïse et Abélard (leurs restes furent transférés ici en 1817 pour promouvoir ce cimetière), ou la tombe de Jim Morrison, mort en 1971, l'une des plus visitées du cimetière. Repérez au passage les chênes verts, symboles de longévité, sur l'avenue menant à l'impressionnant monument aux morts d'Albert Bartholomé ; et les ifs, symboles d'immortalité, près de la tombe d'Honoré de Balzac. Au printemps, vous verrez des fleurs sauvages entre les pavés, des vols de papillons et des écureuils roux. De nombreux chats vivent ici et même des renards.

La pelouse des cendres

Pour ceux qui préfèrent être incinérés et ne veulent pas de tombe tout en restant dans la nature, l'urne renfermant les cendres peut être déposée dans un mur végétalisé du **colombarium** ou les cendres dispersées sur une pelouse réservée à cet effet, le **Jardin du Souvenir**.

Faux squelettes ou vrais fantômes?

Comme tout cimetière, le Père-Lachaise est entouré d'histoires surnaturelles. Une tombe, cependant, est liée à une histoire de fantômes véridique. C'est la tombe, ornée de crânes, d'Étienne-Gaspard Robertson. Abbé, peintre, dessinateur et physicien, ce fut un maître dans l'art de la fantasmagorie : un spectacle ingénieux utilisant des lanternes pour faire surgir des fantômes. Ses spectacles aux jardins de Tivoli (aujourd'hui Saint-Lazare), au cours desquels il animait squelettes et démons en les projetant sur les murs grâce à des lanternes magiques, faisaient frissonner les foules.

28 Paris VILLAGE

PATRIMOINE I FLÂNERIE I ART DE VIVRE

Suivez le guide pour retrouver l'esprit village des XIXᵉ et XXᵉ arrondissements ! Il se cache sur les hauteurs, pas très loin des deux grands parcs que sont les Buttes-Chaumont ou Belleville. Rues pavées, jardins cachés et maisons pittoresques font le charme de ces micro-quartiers préservés, appréciés par les promeneurs et les célébrités du monde du spectacle et des arts qui y vivent.

FRANCOIS/ADOBESTOCK ©

En pratique

S'y rendre Ⓜ Botzaris pour la Mouzaïa ; Ⓜ Colonel-Fabien ou Ⓜ Buttes-Chaumont pour la butte Bergeyre ; Ⓜ Pyrénées pour la rue des Cascades

À savoir L'accès se fait à pied, souvent par des rues escarpées ou de longs escaliers. Soyez bien chaussés et aiguisez votre sens de l'orientation !

STUDIO LAURE/ADOBESTOCK ©

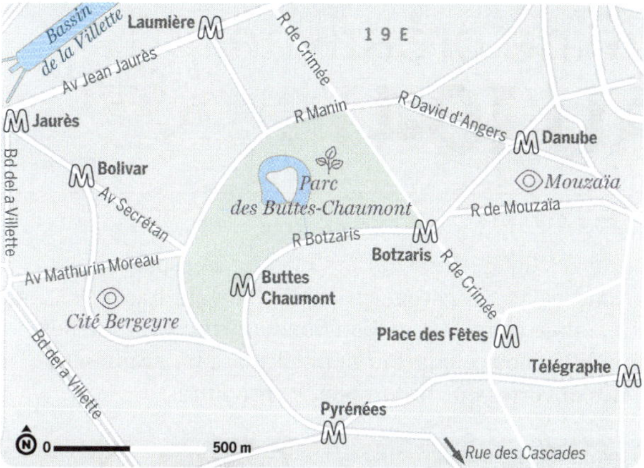

Quartier de la Mouzaïa

Plus d'un Parisien rêve d'habiter ces ruelles en pente tout en maisonnettes, avec roses trémières, chèvrefeuilles et glycines ! Structuré autour de la rue de la Mouzaïa, le quartier fut construit à la fin du XIXe pour la population ouvrière, sur d'anciennes carrières de gypse. D'autres maisons plus bourgeoises virent le jour par la suite. Pour le découvrir, il faut grimper ! Longez le parc des Buttes-Chaumont avant de suivre la rue du Général-Brunet et de vous perdre dans les ruelles en pente, appelées ici "villas".

Butte Bergeyre

Non loin de la place du Colonel-Fabien, sur les hauteurs de l'ancien Belleville, la butte Bergeyre cultive son charme à l'abri des regards indiscrets, du bruit et de l'agitation – jolies ruelles pavées, bordées de maisons au style disparate, et jardin partagé accolé à un petit vignoble, le clos des Chaufourniers. Accès à pied par la rue Georges-Lardennois ou par deux longs escaliers rue Rémy-de-Gourmont ou rue Philippe-Hecht. Belvédère avec un beau panorama de Paris.

Rue des Cascades

La rue des Cascades, dans le quartier de Belleville, doit son nom aux cascades, composées de trois regards, aménagées pour recueillir et filtrer les eaux des sources descendant de la colline de Belleville les quartiers en contrebas. Certains de ces regards et fontaines sont visibles dans le jardin des Petites-Rigoles (accès par le 47 rue des Cascades).

Page de gauche, en haut Quartier de la Mouzaïa **En bas** Butte Bergeyre

Des carrières aux jardins

Le quartier situé derrière Belleville, entre la rue Manin, la rue de Mouzaïa et le parc des Buttes-Chaumont, est appelé "Amérique". Ce nom n'a rien à voir avec les États-Unis même si la légende raconte que le gypse extrait des carrières locales était expédié outre-Atlantique. Ce nom provient probablement du fait que l'endroit était éloigné et difficilement accessible aux travailleurs. Quoi qu'il en soit, il abrite aujourd'hui un jardin atypique de 25 ha : le **parc des Buttes-Chaumont** (p. 151), inauguré en 1867. Un parc à l'anglaise éminemment pittoresque avec son lac, son île, son temple et de paysages variés inspirés de différentes régions de France.

29 Pleine créativité AU 104

CRÉATION I LIEU OUVERT I ARTS VIVANTS

Les pompes funèbres de la Ville de Paris ont fait place à cet espace de création et de diffusion de “tous les arts vers tous les publics”. Ce qui frappe ici, c’est une architecture monumentale couplée à un bouillonnement créatif. Ce lieu de vie original a trouvé son public dans ce quartier populaire : sa programmation pointue laisse place aux scènes ouvertes où chacun peut se produire.

BRUNO BLEU/ADOBESTOCK ©

En pratique

S’y rendre Ⓜ Riquet. Le CentQuatre se situe 104 rue d’Aubervilliers, XIXe. L’accès grand public se fait au 5 rue Curial.

Infos pratiques Entrée libre ; mar-ven 14h-18h, sam-dim 12h-18h (plus tard les soirs de spectacle), fermé en août. Tarif réduit jusqu’à 30 ans !

Information Agenda sur www.104.fr. Billetterie en ligne.

À savoir Aux abords du 104, l’original parc d’Eole a souffert de la présence de consommateurs de cracks. La situation s’améliore mais restez prudent le soir.

QUENTIN CHEVRIER ©

Page de gauche, en bas Entrée du CentQuatre ; **en bas** Une sculpture de l'artiste Luke Jerram, représentant la planète Mars, Biennale internationale des arts numériques de la Région Île-de-France, produite par le CentQuatre **Ci-contre** La vie du centre artistique

Découvrez une architecture à la Baltard...

Pendant plus de 120 ans (de 1874 à 1997), l'immense bâtiment des pompes funèbres de Paris s'étendait de la rue des Vertus (actuelle rue d'Aubervilliers) à la rue Curial. Construit sous la tutelle de Victor Baltard dans le style de l'architecture industrielle de l'époque, l'ensemble se compose de deux grandes halles dotées de verrières, l'une sur la rue Curial, l'autre sur la rue d'Aubervilliers, de quais de déchargement, de cours, d'écuries et de caves (l'actuelle superficie du site approche les 25 000 m²). De 1 000 à 1 400 personnes y travaillaient, organisant 150 convois mortuaires quotidiens, d'abord tirés par des chevaux (les services funèbres ne seront motorisés qu'après 1945). À la fin des années 1990, le site est classé au titre des monuments historiques et la mairie choisit d'en faire un lieu artistique.

... et une programmation plurielle

L'actuel CentQuatre, inauguré en 2008, fait se côtoyer pôles économiques et création artistique. Y sont ainsi organisés expos, concerts, spectacles, festivals. On y vient aussi pour profiter de l'effervescence de l'endroit, où se croisent artistes en résidence et jeunes danseurs de hip-hop du quartier et d'ailleurs, pour se ravitailler au **marché bio** (sam 11h-14h), guincher sous les lampions du bal pop, s'initier au wutao ou chiner dans la **boutique Emmaüs** (mer-sam après-midi)... Après des débuts difficiles et un temps taxé d'élitiste, le CentQuatre semble avoir gagné le pari de la mixité culturelle et sociale.

Une petite faim

Ce lieu multifacettes vous retiendra également en cas de fringale, qu'il s'agisse du délicieux Café caché ou de Grand Central, une vaste et belle brasserie moderne, pratique si vous êtes en groupe ou avec des enfants (plats 13-21 €, moules-frites le week-end 14,50 €). Sur place aussi, un bon camion à pizzas au feu de bois (10-14 € ; à déguster dans la cour).

30 Une journée à LA VILLETTE

PARC | SCIENCES | MUSIQUE

Certes, il y a la Cité des sciences, la Cité de la musique et la Géode. Mais la Villette, ce sont aussi 55 hectares de pelouses et de jardins, traversés par le canal de l'Ourcq et sillonnés de larges allées accessibles à pied et à vélo. Ce parc fourmille de salles de spectacle, d'expositions et d'aires de jeux, et la programmation (cirque, concerts, cinéma en plein air...) satisfait tous les goûts.

OLRAT/SHUTTERSTOCK ©

En pratique

S'y rendre Les stations de métro Porte-de-la-Villette et Porte-de-Pantin se situent chacune à une extrémité du parc. Les stations Ourcq et Corentin-Cariou sont peu éloignées.

Information Sur le site du parc (lavillette.com), un plan interactif permet de préparer sa visite ; il donne la programmation de tous les lieux du parc.

À savoir Dans la partie nord de la Cité des sciences, Villup (villup.com ; tlj) est un espace de loisirs proposant cinémas, jeux indoor et simulateur de chute libre.

TOMMY LAREY/SHUTTERSTOCK ©

Page de gauche, en haut Cité de la Musique ; **en bas** Jardin du dragon ; **Ci-contre** La Géode, Cité des sciences

Culture et nature

Créé sur l'emplacement des anciens abattoirs de Paris, le parc de la Villette associe plusieurs jardins thématiques à la fraîcheur de l'eau, celle des canaux de l'Ourcq et de Saint-Denis, des bassins et des fontaines. Ouvert (aucune barrière n'en empêche l'accès le soir venu), ce parc paysager conçu par l'architecte franco-suisse Bernard Tschumi est ponctué de 26 constructions rouges (les "Folies") et de salles de concerts et de spectacle – Péniche-Cinéma, Cabaret sauvage, Zénith, Grande Halle, Trabendo ou chapiteaux de cirque. Les soirs d'été, la prairie du Triangle se mue en cinéma à ciel ouvert – et c'est gratuit !

Grande Halle, Cité de la musique et Cité des sciences

Située à l'entrée sud du parc, proche de la Cité de la musique, la **Grande Halle** est un ancien marché aux bestiaux, fleuron de l'architecture de fer et de verre du XIXe siècle.

Accolé à la **Philharmonie de Paris** (p. 167), signée des Ateliers Jean Nouvel, le bâtiment de la **Cité de la musique**, conçu par Christian de Portzamparc (1995), vaut à lui seul le déplacement. Ne manquez pas le fabuleux **musée de la Musique** (p. 167) pour ses parcours interactifs et sonores et sa collection de plus de 900 instruments du XVIIe siècle à nos jours.

La science interactive et ludique est reine dans la gigantesque **Cité des sciences et de l'industrie** (p. 166), qui donne les clés pour mieux comprendre l'univers, les lois de la physique, les secrets du corps humain, les défis technologiques et énergétiques… Elle comprend la Cité des enfants, la Géode et un planétarium.

Le long du canal de l'Ourcq

En suivant les berges du canal, cafés et restaurants vous feront les yeux doux. Sur le quai de l'Oise, **les Bancs Publics** (☎09 80 76 36 71 ; 2 rue de Nantes, XIXe ; ⏲12h-15h, 19h30-23h lun-sam, 12h-15h dim ; wifi) propose une cuisine savoureuse et inventive. Bohème, le **Café Odilon** (☎01 40 36 18 22 ; 16 quai de la Marne, XIXe ; ⏲10h-2h mer-dim ; wifi) est parfait à l'heure de l'apéro, avec ses assiettes et pizzas à partager (à partir de 11,50 €/pers) autour d'un verre de vin.

Carnet d'adresses

Les grands classiques

Parc de la Villette

Voir p. 150. Les stations Porte-de-la-Villette (ligne 7) et Porte-de-Pantin (ligne 5) se situent chacune à une extrémité du parc. (lavillette.com ; M Porte-de-Pantin/ Porte-de-la-Villette)

Parc de Belleville

Voir p. 154. (M Couronnes/Pyrénées)

Canal Saint-Martin

Voir p. 152. (M République, Jacques-Bonsergent ou Jaurès)

Cimetière du Père-Lachaise

Voir p. 158. (01 55 25 82 10 ; www.pere-lachaise.com ; 16 rue du Repos et 8 bd de Ménilmontant, XXe ; 8h-18h lun-ven, 8h30-18h sam, 9h-18h dim mi-mars à oct, jusqu'à 17h30 tlj nov à mi-mars ; M Père-Lachaise ou Gambetta)

Parc des Buttes-Chaumont

Un parc vallonné, romantique, avec un lac artificiel, des bars, des restaurants et des pelouses en pente douce pour s'allonger ou pique-niquer. Voir aussi p. 151. (rue Manin et rue Botzaris, XIXe ; 7h-22h mai-juin et sept, 24h/24 ven-dim juil-août, 7h-20h oct-avr ; M Buttes-Chaumont ou Botzaris)

Arts et techniques

Atelier des Lumières

Une ancienne fonderie du XIXe siècle muée en un centre d'expositions immersives. Quèsako ? Des projections envoûtantes d'œuvres d'art sur les murs et le sol, en musique. Une expérience à 360° ! On déambule librement dans cet espace monumental, puis on s'assied ou s'allonge par terre pour profiter du spectacle, et essayer d'oublier qu'on est loin d'être seuls dans la salle. Chaque année, des personnalités de l'histoire de l'art sont le sujet du spectacle principal (Cézanne et Kandinsky en 2022), tandis qu'une plus petite salle est dédiée à la création contemporaine. Attention, le week-end, il faut obligatoirement acheter ses billets sur Internet. Et le lieu est déconseillé aux moins de deux ans. (01 80 98 46 00 ; www.atelier-lumieres.com ; 38-40 rue Saint-Maur, XIe ; tarif plein/5-25 ans/famille 16/11/48 € ; 10h-18h lun-jeu, 10h-22h ven-sam, 10h-19h dim ; M Voltaire ou M Rue-Saint-Maur)

CentQuatre

Voir p. 162. (www.104.fr ; 5 rue Curial, XIXe ; M Riquet, M Crimée ou M Stalingrad)

Cité des sciences et de l'industrie

Voir p. 164. (01 40 05 80 00 ; www.cite-sciences.fr ; 30 av. Corentin-Cariou, XIXe, parc de la Villette ; adulte/enfant 12/9 € par site ; 10h-18h mar-sam, 10h-19h dim, la Géode 10h30-20h30 mar-dim ; ; M Porte-de-la-Villette).

Grande Halle de la Villette

Ce vaste complexe au service de la culture et des arts présente concerts, spectacles de danse, installations et expos d'art

JULIA/ADOBESTOCK ©

Atelier des Lumières

contemporain. La Grande Halle jouxte la vaste prairie qui accueille en été les séances de **cinéma en plein air** (de mi-juil à mi-août, à partir de 22h30, gratuit). (lavillette.com ; Ⓜ Porte-de-Pantin)

Musée Édith Piaf

Le musée Édith Piaf, installé dans un petit appartement où la chanteuse a vécu en 1933, raconte sa vie à travers des objets personnels conservés par une famille d'amis. Née dans la misère à Ménilmontant, la Môme a mené une vie mouvementée avant de briller à l'international. Découvrez un peu du Paris qu'elle a connu au milieu du XXe siècle et l'hommage que les Parisiens continuent de lui rendre. (01 43 55 52 72 ; 5 rue Crespin-du-Gast, XIe ; entrée libre ; 13h-18h lun-mer, 10h-12h jeu, sur rendez-vous uniquement ; Ⓜ Ménilmontant)

Le Plateau

Cet espace, l'un des deux lieux d'exposition du Fonds régional d'art contemporain (Frac) d'Île-de-France, est dévolu aux arts visuels contemporains (peinture, vidéo, performances, installations, etc.). Défricheur, il montre souvent des artistes émergents, encore inédits. Et présente une fois tous les deux ans une fraction de sa propre collection. N'hésitez pas à poser des questions aux médiateurs présents dans les salles. (01 76 21 13 41 ; www.fracidf-leplateau.com ; 22 rue des Alouettes, XIXe ; entrée libre [sauf certains concerts et spectacles] ; mer-dim 14h-19h, jusqu'à 21h le 1er mer du mois ; Ⓜ Jourdain ou Ⓜ Buttes-Chaumont)

Philharmonie de Paris-Cité de la musique et musée de la Musique

Voir p. 164. (01 44 84 44 84 ; www.philharmoniedeparis.fr ; 221 av. Jean-Jaurès, XIXe ; 12h-18h mar-ven, 10h-18h sam-dim ; pour le musée de la Musique : tarif plein/réduit 8/6 €, 12/9-6 € en période d'expos, gratuit -6 ans Ⓜ Porte-de-Pantin)

Grande Halle de la Villette

Curiosités et patrimoine

Passage Brady

Des passages couverts parisiens (voir aussi p. 96), c'est le plus exotique, avec ses échoppes indiennes. Tout en couleurs, en saveurs, en effluves... même si les plats qui y sont servis sont de moins bonne facture que dans les restaurants situés autour du métro La Chapelle. Au cœur de ce passage Brady, datant de 1828, la grande épicerie Velan (n°83-87 ; tlj 10h-20h30) affiche mille et un trésors pour une poignée d'euros – feuilles de moringa, cardamome verte, encens "erotic", épices korma, bol kansu, pan masala à croquer après le repas, ou encore savon au curcuma et clou de girofle... On voyage ! (46 rue du Faubourg-Saint-Denis, Xe ; Ⓜ Château-d'Eau ou Ⓜ Strasbourg-Saint-Denis)

Place de la République

En dépit du manque de végétation sur cette esplanade très gris béton, les Parisiens se sont réapproprié cet espace, où ils viennent volontiers boire un verre, faire du skate, jouer, patauger, et toujours, bien sûr, revendiquer. Mais aussi se souvenir, en particulier depuis les attentats de 2015. En son centre trône depuis les années 1880 une statue de Marianne de près de 10 m de hauteur, arborant un rameau d'olivier, symbole de la paix. Elle est posée sur un piédestal d'environ 15 m orné de trois autres statues – la Liberté, l'Égalité et la Fraternité. Tout en bas, le lion symbolise le suffrage universel. (M République)

Espaces verts

Jardin naturel Pierre-Emmanuel

Un petit jardin dédié aux plantes sauvages telles qu'on pouvait en voir localement quand Paris était moins urbanisée. Juste à côté du cimetière du Père-Lachaise, à l'extrémité sud. (112 rue de la Réunion, XXe ; selon la saison ; M Alexandre-Dumas)

Shopping

O/HP/E

Un concept store, proche du canal Saint-Martin, vendant objets de déco, cosmétiques, papeterie, cadeaux et gourmandises. Voir p. 153. (01 42 41 58 16 ; www.facebook.com/ohpeparis10 ; 27 rue du Château-d'Eau, Xe ; 14h-19h mar, 8h30-19h mer-jeu, 8h30-19h30 ven, 9h30-19h30 sam, 9h30-17h30 dim ; M Jacques-Bonsergent)

Frivoli

Pour chiner parmi les portants de fripes classées par couleur. Voir p. 153. (www.facebook.com/frivolidepot ; 26 rue Beaurepaire, Xe ; 13h-19h lun, 11h-19h mar-sam, 14h-19h sam-dim ; M République, Jacques-Bonsergent)

Artazart

Située en face d'un pont tournant du canal Saint-Martin, cette librairie spécialisée dans le design et l'art organise des expositions, des séances de signatures et de rencontre avec les auteurs, et vend aussi des objets décalés, des affiches, etc. Voir p. 153. (www.artazart.com ; 83 quai de Valmy, Xe ; 10h30-19h30 lun-ven, 11h-19h30 sam, 13h-19h30 dim ; M Jacques-Bonsergent)

Cantines de Belleville

Chez Alex Wenzhou — €

Un restaurant, à l'accueil chaleureux, vivement recommandé pour sa cuisine de Wenzhou, ville du sud-est de la Chine. Essayez les brioches frites, les aubergines sautées et les *xiao long bao* (raviolis au bouillon). (01 46 36 56 33 ; www.restaurantwenzhou.fr ; 24 rue de Belleville, XXe ; plat à partir de 6,90 € ; 11h30-22h30 ven-mer ; M Belleville)

Guo Xin — €

Ce restaurant familial prépare des raviolis maison tout frais, parmi les meilleurs de Paris. Farces au choix : porc haché et légumes, céleri et bœuf, œuf et crevette ou juste légumes. (01 42 38 17 53 ; 47 rue de Belleville, XIXe ; raviolis à partir de 6 € ; 12h-15h et 19h-23h mar-dim ; M Belleville)

Chez Trois — €

Pour amateurs de soupes épicées. Ce restaurant sert des plats du nord de Pékin généreux en piment. À l'angle d'Aux Folies. (01 81 29 42 09 ; 9 rue Denoyez, XXe ; plat à partir de 13 € ; 12h-14h30 et 19h-22h30 mer-dim ferme à 22h lun ; M Belleville)

Best Tofu — €

Cette boutique vend un délectable tofu traditionnel. Optez pour la vente à emporter car la boutique est toujours bondée de gens du quartier qui attendent leur tofu frais du

KIEVVICTOR/SHUTTERSTOCK ©

L'Inde à Paris : le passage Brady

jour. (01 42 06 80 84 ; 9 bd de la Villette, Xe ; 8h-20h ven-mer ; M Belleville)

Bistrots et bars à vins

Le Pavillon du Lac €€

Ambiance relax et espace aéré pour ce restaurant du parc des Buttes-Chaumont où l'on savoure une cuisine méditerranéenne moderne et raffinée. Aux beaux jours, terrasse et bar en extérieur. (01 42 00 07 21 ; www.lepavillondulac.fr ; pl. Armand-Carrel, XIXe ; formule déj en sem 23 € ; 10h-minuit mer-sam, 10h-20h dim ; M Laumière)

Le Verre Volé

L'un des bars à vins-restaurants les plus appréciés de Paris. On y vend de remarquables vins naturels et non filtrés accompagnés de conseils d'expert. Les plats du jour sans prétention sont excellents ; parmi les spécialités de saison figurent les oursins et leur émulsion au safran, le sashimi de calamar et les huîtres. Dernières commandes en cuisine à 22h30. Voir aussi p. 153. (01 48 03 17 34 ; www.leverrevole.fr ; 67 rue de Lancry, Xe ; plats 12-25 € ; 12h30-14h30 et 19h30-1h ; ; M Jacques-Bonsergent)

Double Dragon €

Épices à gogo et produits bio : les sœurs Tatiana et Katia Levha, qui gèrent le bistrot voisin le Servan, se font plaisir dans cet établissement branché. Cœurs de canard grillés au barbecue, moules poêlées, raviolis d'oreille de cochon croustillants ou simples curries rouges végétariens sont les plats classiques du menu en évolution permanente. Parmi les délicieux accompagnements, citons le chou frit au wok, le satay de crevettes avec laitue craquante et cacahuètes ou encore le savoureux riz aux herbes. Réservation impossible (attente à prévoir). (52 rue Saint-Maur, XIe ; menu déj 3 plats 18 €, plats 15,50-28 € ; 12h-14h30 mer, 12h-14h30 et 19h30-22h30 jeu-dim ; M Rue-Saint-Maur)

RRRAINBOW/SHUTTERSTOCK ©

Le Pavillon du lac, dans le parc des Buttes-Chaumont

Le Servan €€

Les plafonds couleur crème ornés de moulures, les peintures murales aux tons pastel, les grandes baies vitrées et le parquet donnent une impression de clarté même par temps gris. Le maquereau saisi accompagné d'une sauce yuzu et miso ainsi que les raviolis au canard et à la coriandre font partie des créations subtiles au menu. Réserver vous évitera une déconvenue. (01 55 28 51 82 ; www.leservan.fr ; 32 rue Saint-Maur, XIe ; menu déj 3 plats 28 €, plats 25-38 € ; 8h30-10h, 12h-14h et 19h30-22h ; M Voltaire, Rue-Saint-Maur ou Père-Lachaise)

Cafés et brunchs

Café Méricourt €

Avec sa jolie façade vert menthe et sa salle spacieuse remplie de plantes, ce café est une charmante surprise au détour d'une ruelle. Le petit-déjeuner (pancakes ricotta au miel-ananas rôti, épinards farcis aux œufs et à la feta, entre autres délices) est servi jusqu'à 15h, et le déjeuner à partir de 11h. Côté boissons, la carte propose entre autres café torréfié, bière au gingembre et limonade maison, vins naturels, Bloody Mary et mimosa. (www.cafemericourt.com ; 22 rue de la Folie-Méricourt, XIe ; menu 2 plats en semaine 15 €, plats 9,50-16 € ; 9h-16h30 ; M Saint-Ambroise)

Du Pain et des Idées €

Cette boulangerie traditionnelle, dotée d'un bel intérieur de 1889, est réputée pour son pain au levain, sa brioche à la fleur d'oranger et ses escargots sucrés (3,60 €). Ses mini-pavés reblochon-figues ou chèvre-sésame-miel sont parfaits pour déjeuner sur le pouce. (01 42 40 44 52 ; www.dupainet desidees.com ; 34 rue Yves-Toudic, X^{e} ; pains 1,20-7 €, pâtisseries 2,50-6,50 € ; 7h-19h30 lun-ven, fermé en août ; M Jacques-Bonsergent)

Holybelly €

Une atmosphère conviviale, des plats pêchus pour le petit-déjeuner et le déjeuner et du café haut de gamme : voici les points forts de ce duo au succès fulgurant, dans le secteur branché du Xe. Au n°5, Holybelly propose toute la journée des pancakes et des œufs, tandis qu'au n°19, l'établissement d'origine sert des plats de saison plus créatifs, à partager. Dernières commandes à 16h. Pas de réservation. Voir aussi p. 153. (www.holybellycafe.com ; 5 et 19 rue Lucien-Sampaix, X^{e} ; plats 3,50-13,50 € ; 9h-17h ; ; M Jacques-Bonsergent)

Sain Boulangerie €

Voir p. 153. (07 61 23 49 44 ; www.sain-boulangerie.com ; 15 rue Marie-et-Louise, X^{e} ; viennoiseries à partir de 1,50 € ; 7h30-14h30 et 16h15-20h mar-sam, 8h-13h dim ; M Goncourt, Jacques-Bonsergent)

Yumi €

Pour un savoureux *chai latte*, un jus de gingembre corsé, un petit-déjeuner composé d'un bol de pudding de chia aux fruits frais ou un brunch gargantuesque truffé de légumes bio, ce café nouvelle génération et cantine est un concentré d'énergie. Grâce aux baies vitrées du sol au plafond, l'intérieur de style délabré-chic est baigné de lumière ; les fleurs fraîches dans les vases contribuent au charme ambiant de cette adresse végétarienne. (01 86 76 72 29 ; www.yumi.fr ; 27 rue du Château-d'Eau, X^{e} ; sandwichs, soupes et bols 3-10,80 € ; 8h30-18h lun-ven, 10h-18h sam-dim ; ; M Jacques-Bonsergent, Château-d'Eau)

Bars animés et clubs

Aux Folies

Jeune, la "môme Piaf" chantait Aux Folies, alors un cabaret au bas de la rue de Belleville. Devenu un bistrot-bar, Aux Folies a conservé sa popularité locale. (06 28 55 89 40 ; 8 rue de Belleville, XXe ; 7h-2h ; M Buttes-Chaumont, Belleville)

La Bellevilloise

Un lieu très populaire pour danser, boire un verre et bruncher le dimanche sur fond de jazz. La Bellevilloise accueille concerts, expositions, conférences et bals. (01 46 36 07 07 ; www.labellevilloise.com ; 19-21 rue Boyer, XXe ; 19h-1h mer-jeu, 19h-2h ven, 11h-2h sam, 11h30-minuit dim ; ; M Gambetta, Ménilmontant)

La Sardine

Sur une petite place aux airs de village, un bar parfait pour observer la rue en sirotant un verre en début de soirée et pour "refaire le monde" au cours de conversations passionnées. (01 42 49 19 46 ; 32 pl. Sainte-Marthe, XXe ; 9h-2h ; ; M Belleville)

La Java

L'une des plus anciennes salles de Paris qui a vu défiler entre autres Django Reinhardt, Maurice Chevalier ou Édith Piaf, dissimulée au fond d'une galerie classée au titre des monuments historiques. Ici, ni carré VIP ni *dress code* tyrannique. On vient pour les concerts (éclectiques) de première partie de soirée (12-15 €) ou les soirées *clubbing* du week-end (dominante house et techno ; souvent 5 € le jeudi, 10 € le vendredi et le samedi). (01 42 02 20 52 ; www.la-java.fr ; 105 rue du Faubourg-du-Temple, X^{e} ; club jeu-sam ; M Goncourt ou Belleville)

Le Pavillon des Canaux

Au bord du bassin de la Villette, un joli café sur plusieurs étages dans une ancienne demeure au mobilier ancien. Savourez votre tasse de thé ou de café dans la chambre ou dans la baignoire lové sur des coussins colorés. (☎0173718290 ; www.pavillondescanaux.com ; 39 quai de la Loire, XIXe ; ⏲10h-minuit mar-jeu, 10h-2h ven-sam, 10h-23h dim ; Ⓜ Laumière, Riquet)

Le Perchoir Ménilmontant

Idéal pour prendre un verre au soleil après le travail, ce *roof-top* fut le premier du genre dans le quartier. Il est aujourd'hui très couru et, bien que spacieux, se remplit vite dès qu'il fait beau. (☎01 48 06 18 48 ; www.leperchoir.tv ; 14 rue Crespin-du-Gast, XIe ; ⏲18h-2h mar-sam ; wifi ; Ⓜ Ménilmontant)

Le Point Éphémère

Un ancien entrepôt de matériaux de construction, au bord du canal Saint-Martin, transformé en centre de "dynamiques artistiques", ça donne des salles de concerts, de spectacles, de conférences et d'expositions, des studios de répétition, des DJ sets et un bar-snack. Autant dire qu'il se passe toujours quelque chose dans ce lieu aux allures de squat fréquenté par un public arty-bohème. Tout est généralement en entrée libre sauf les concerts (5-20 €) et les cours de danse ou de yoga. Aux beaux jours, on se détend sur les transats et fauteuils en palettes du *roof-top*. (☎01 40 34 02 48 ; www.pointephemere.org ; 200 quai de Valmy, X^e ; ⏲lun-sam 12h30-2h, dim 12h30-23h ; Ⓜ Jaurès)

New Morning

Cette salle accueille depuis 35 ans les plus grandes pointures que comptent le jazz, le funk, le blues et la soul. Dizzy Gillespie, Pat Metheny, Chet Baker ou encore Prince y sont passés. Mais world music et électro sont aussi de la partie régulièrement. Ne vous fiez pas à la façade assez peu engageante qui évoque

DAVID WOLFF - PATRICK/REDFERNS/GETTY IMAGES ©

Artiste, La Bellevilloise

plus un garage qu'une salle de concerts à la programmation brillante. (www.newmorning.com ; 7-9 rue des Petites-Écuries, X^e ; ⏲concerts souvent à 21h lun-sam, parfois dim ; entrée 12-30€ ; Ⓜ Château-d'Eau)

Paname Brewing Company

Brasserie artisanale installée sur le canal de l'Ourcq qui sert des pressions maison et de copieux plats façon pub. Par beau temps, prenez place sur la terrasse flottante à l'avant. (☎01 40 36 43 55 ; www.panamebrewingcompany.com ; 41 bis quai de la Loire, XIXe ; ⏲11h-2h ; wifi ; Ⓜ Crimée, Laumière)

Pavillon Puebla

Bar relax et chic au cœur des Buttes-Chaumont, avec une vaste terrasse ombragée pour savourer en été un cocktail et des amuse-bouche méditerranéens à l'apéro. En hiver, ambiance retour des pistes et vins chauds. (☎01 42 39 34 20 ; www.facebook.com/Pavillonpuebla ; 39 av. Simon-Bolivar, XIXe, parc des Buttes-Chaumont ; ⏲18h-minuit mer-sam, 12h-21h dim ; wifi ; Ⓜ Buttes-Chaumont, Ⓜ Pyrénées)

Petite Halle de la Villette

Idéal pour prendre un verre (tables sur le jardin en été) en écoutant un concert dans le parc de la Villette, près de la Grande Halle. (www.lapetitehalle.com ; ⏲tlj sauf lun soir ; Ⓜ Porte-de-Pantin)

LE MARAIS ET BASTILLE

PATRIMOINE I CULTURE I SHOPPING TENDANCE

LE MARAIS ET BASTILLE à la carte

INCONTOURNABLES ET TRÉSORS CACHÉS

Ancien quartier royal, le Marais a longtemps accueilli la population juive de Paris, décimée durant la Seconde Guerre mondiale. Réhabilité à partir des années 1960, le Marais médiéval est aujourd'hui un quartier chic et branché. Autour de la Bastille, les rues ont conservé leur ambiance populaire avec de nombreuses boutiques, des bars et des restaurants. Subsistent aussi des cours verdoyantes et des passages abritant ateliers d'artistes et d'artisans.

Le quartier en bref

Points forts Le shopping, les musées installés dans des hôtels particuliers, les cours secrètes, les jardins urbains, la vie nocturne.

Transport Ⓜ Hôtel-de-Ville ou Saint-Paul pour le Marais, Ⓜ Bastille ou Charonne pour le quartier Bastille.

Circuler Mieux vaut circuler à pied pour ne pas rater les passages et les courettes où jeter un coup d'œil.

Notre conseil Pour une ambiance plus décontractée, direction les bars et les cafés au nord de la place de la Bastille – autour de Parmentier.

LE MARAIS ET BASTILLE À LA CARTE

Faites vos courses et déjeunez au **marché des Enfants-Rouges** (p. 199), le plus ancien marché couvert de Paris.
À 6 min du M Filles-du-Calvaire
Réservez une soirée opéra, concert ou ballet à l'**Opéra Bastille** (p. 191).
M Bastille
Flânez sous les arcades de la **place des Vosges** (p. 177).
À 12 min du M Saint-Paul
Choisissez un bar **rue de Lappe** pour une soirée festive.
À 5 min du M Bastille
Achetez produits frais et épicerie fine au **marché Beauvau** (p. 194), place d'Aligre.
À 5 min du M Ledru-Rollin
Réfléhissez sur le monde de demain au **Ground Control** (p. 189).
À 2 min du M Gare-de-Lyon
Allez pique-niquer dans les jardins du **bassin de l'Arsenal** (p. 190) en regardant les bateaux amarrés au port.
À 5 min du métro Bastille
Découvrez les artisans d'art et designers du **Viaduc des Arts** (p. 188).
À 10 min de Bastille
Bd de Belleville
Av de la République
Bd de Ménilmontant
20 E
Filles du Calvaire
R de Bretagne
R de Turenne
Richard Lenoir
11 E
Bd Beaumarchais
R St-Antoine
R de Lappe
R de Charonne
Pl de la Bastille
Bastille
Bd Henri IV
Ledru-Rollin
12 E
R de Charenton
R de Lyon
Bd Bourdon
Bd de la Bastille
R de Prague
Pl d'Aligre
Promenade Plantée
Av Daumesnil
Gare de Lyon
Voie Mazas

Les grands classiques

Pour les infos pratiques de chaque site, reportez-vous au carnet d'adresses p. 196.

Musée Picasso

Ce musée, qui occupe l'hôtel Salé (XVIIe siècle), permet d'avoir une vision globale du travail de Pablo Picasso (1881-1973). La collection, exceptionnelle, compte plus de 5 000 œuvres – des peintures bien sûr, mais aussi des sculptures, dont la célèbre *Tête de taureau*, des dessins, des gravures et des céramiques –, ainsi que des milliers de pièces d'archives. Le musée abrite aussi la collection personnelle de l'artiste comprenant, notamment, des œuvres de Braque, de Cézanne et des objets d'art africain.

EQROY/SHUTTERSTOCK ©

Centre Pompidou

"Beaubourg", c'est d'abord un édifice aux allures futuristes conçu en 1977 par Renzo Piano et Richard Rogers, avec le souhait d'"exhiber à l'extérieur les tripes du bâtiment" (voir p. 186). C'est aussi un fabuleux musée national d'Art moderne et contemporain qui présente ses collections sur deux étages, des galeries d'expositions, des salles de cinéma et de spectacle... Et une vue sur tout Paris !

SAIKO3P/SHUTTERSTOCK ©

MARINA DATSENKO/SHUTTERSTOCK ©

Place des Vosges

Inaugurée en 1612 sous le nom de place Royale, la place des Vosges (p. 178), d'une élégante symétrie, est la plus ancienne de Paris. Parmi les hôtels particuliers figure l'hôtel de Rohan-Guéméné, où Victor Hugo (1802-1885) loua un appartement de 1832 à 1848 ; un musée dédié à l'écrivain occupe désormais les lieux.

FRANCK LEGROS/ADOBESTOCK ©

Musée Carnavalet-Histoire de Paris

Ce musée récemment rénové consacré à l'histoire de la capitale, de l'époque gallo-romaine à nos jours, est installé dans deux superbes hôtels particuliers : l'hôtel Carnavalet (1560) et l'hôtel Le Peletier de Saint-Fargeau (1688).

SIGURCAMP/SHUTTERSTOCK ©

Place de la Bastille

Il ne reste plus rien de la prison assiégée le 14 juillet 1789, mais on ne peut passer à côté de la colonne de Juillet, coiffée du *Génie de la Liberté* ! Des victimes des combats révolutionnaires de 1830 et 1848 reposent sous la colonne (dont l'intérieur et les parties basses viennent d'être ouverts au public). La place (voir aussi p. 190) est une destination incontournable pour les manifestations politiques mais aussi pour se rendre à l'opéra, puisqu'elle accueille le second Opéra de Paris (1989).

31 Cercles et intrigues dans LE MARAIS

HISTOIRE | ARCHITECTURE | SOCIÉTÉ

Le Marais a connu différentes périodes dans son histoire avant d'être aujourd'hui l'un des quartiers les plus branchés de Paris. Au XVIIe siècle, ses hôtels particuliers abritèrent des notables influents. Certains contribuèrent à l'épanouissement des arts et des lettres, d'autres tissèrent des intrigues de cour...

En pratique

S'y rendre Ⓜ Saint-Paul, Pont-Marie ou Bastille.

Zone piétonne Tous les dimanches, 10h-18h (19h30 l'été).

Rues étroites Circulation difficile, en particulier le week-end quand il y a foule.

Réservations Si vous souhaitez visiter musées ou bâtiments historiques, il est préférable de réserver.

En haut à gauche Place des Vosges (p. 177)
En bas à gauche Village Saint-Paul
Ci-dessous Vestiges de l'enceinte de Philippe Auguste

L'affaire des Poisons

En 1666, une affaire de meurtre secoue la cour de Louis XIV. Tout commence avec la marquise de Brinvilliers à l'**hôtel d'Aubray** (12 rue Charles-V, fermé au public), la demeure de son mari dans le Marais. Afin de mener la grande vie avec son amant, elle empoisonne son propre père et ses frères. Après avoir été retrouvée, elle sera torturée et décapitée. Cependant, son procès révélera tout un réseau d'empoisonneurs, avec des ramifications au sein de la noblesse. L'enquête approfondie menée par La Reynie aboutira à l'exécution de 36 personnes près de 15 ans plus tard.

Les passages secrets

Caché près de l'hôtel particulier de la marquise de Brinvilliers, le **Village Saint-Paul** (p. 200) abrite une douzaine d'antiquaires.

Au cœur de l'histoire de Paris

Le Marais est l'un des quartiers de Paris où, en sachant regarder, on peut encore voyager à travers mille ans d'histoire. Ainsi, rue des Jardins-Saint-Paul, on voit encore des vestiges de l'enceinte de Philipe Auguste, datant du XIIe siècle.

Par Bohémond Josseran de Kerros, *historien, guide touristique et ancien tailleur de pierre natif de Paris. @Interkultur.fr*

Continuez par le **passage Saint-Paul**, qui mène à l'intérieur de l'église par une porte latérale. Traversez ensuite l'hôtel de Sully. Au fond du jardin, repérez le passage qui débouche sous les arcades de la **place des Vosges** (p. 177). Construite en 1605-1612 sur l'ordre d'Henri IV, la place Royale – c'est en 1800 qu'elle fut appelée place des Vosges, pour honorer le département qui s'acquitta le premier de ses impôts pendant la Révolution – est le cœur du Marais. Elle est bordée d'arcades donnant sur 36 petits hôtels particuliers aux toits d'ardoises percés de grandes lucarnes. Au XVIIe siècle, les beaux esprits échangeaient des idées dans les superbes appartements de cette place. Souvent tenus par des femmes, ces salons étaient aussi le théâtre de moult intrigues.

"Salons" et femmes influentes

Françoise d'Aubigné, future Madame de Maintenon, tenait son cercle au nord de la place Royale, non loin de l'actuel jardin Arnaud-Beltrame. Parmi les habituées figurait Madame

Reine des cercles littéraires

Au **n°36 rue des Tournelles**, derrière la place des Vosges, Ninon de Lenclos tenait tous les jours un cercle littéraire. Ses célèbres "cinq à neuf" furent bientôt extrêmement renommés. Elle-même devint le symbole de ces aristocrates libertines et cultivées des XVIIe et XVIIIe siècles. Belle et libre de mœurs, elle ravit tous les cœurs. Indépendante d'esprit, elle ouvrit son salon aux plus grands hommes politiques, artistes et écrivains de son temps, dont La Fontaine, Perrault, Lully, Madame de Sévigné, Racine et même Philippe d'Orléans, futur régent de France.

À gauche Ninon de Lenclos
Ci-dessous Hôtel de Sully

de Montespan, maîtresse de Louis XIV. Dix ans plus tard, c'est Madame de Maintenon qui devint la maîtresse du roi et l'épousa même en secret.

Autre grande salonnière, Madame de Scudéry tenait des réunions prisées **rue de Beauce**, une rue étroite nichée derrière le **marché des Enfants-Rouges** (p. 199). En vous y rendant, vous passerez devant l'hôtel de Lamoignon, où se tenait un salon apprécié par les grands esprits de l'époque, dont Madame de Sévigné. Rejoignez la petite place de Thorigny par la rue Payenne et vous arriverez au marché. À l'arrière, une ruelle mène à un autre jardin caché, en hommage à Madeleine de Scudéry.

La Voisin

Dénoncée par des comparses lors de l'affaire des Poisons, Catherine Montvoisin, dite La Voisin, était réputée pour ses pratiques occultes, ses avortements et sa fabrication de poisons. Elle ne vivait pas dans Le Marais mais rendit des services à nombre de courtisans de haut rang, dont Madame de Montespan. Arrêtée en 1680, La Voisin fut accusée d'empoisonnements et de sorcellerie, crime gravissime dans la société de l'époque. Catherine Montvoisin fut brûlée vive sur l'ancienne place de Grève, où se trouve aujourd'hui l'**Hôtel de Ville** (p. 198).

32 Passé et présent de la RUE DES ROSIERS

HISTOIRE I GASTRONOMIE I CULTURE

Le Pletzl ("petite place" en yiddish), centré autour de la rue des Rosiers, est le fief de la communauté juive du Marais, l'une des plus anciennes de Paris. Après son apogée au XIXe siècle, elle fut la plus touchée par les rafles sous l'Occupation. Aujourd'hui, le tourisme a transformé le secteur mais certains restaurants et boutiques rappellent son héritage juif.

THEENDUP/SHUTTERSTOCK ©

En pratique

S'y rendre M Saint-Paul ou Pont-Marie.

Quand Tous les dimanches de 10h à 18h (19h30 en été), la majeure partie du Marais devient une zone réservée aux piétons.

Notre conseil Il n'est pas facile de circuler dans les rues étroites du Marais, surtout le week-end où il y a souvent foule, car c'est un quartier de prédilection pour le shopping.

MASSIMO BORCHI/ATLANTIDE PHOTOTRAVEL/GETTY IMAGES ©

Page de gauche, en haut Rue des Rosiers **En bas** La Boutique Jaune de Sacha Finkelsztajn, rue des Rosiers

L'héritage visible du Pletzl

Paris compte l'une des plus grandes communautés juives d'Europe et, aujourd'hui, des Ashkénazes d'Europe de l'Est et des Sépharades d'Afrique du Nord vivent ensemble dans le quartier. Rares pourtant sont les familles juives à vivre encore dans le Marais.

Dans la rue des Rosiers, arrêtez-vous devant la petite Boutique Jaune (p. 202) de Sacha Finkelsztajn : vous y verrez d'appétissants *sernik* (gâteaux au fromage), des strudels polonais et viennois et des roulés au pavot. De l'autre côté de la rue, jetez un coup d'œil à la librairie Chir Hadach (p. 199) et à ses pièces souvent amusantes en vitrine. Un peu plus loin dans la rue, le Café des Psaumes est un lieu de discussion et d'échanges où juifs pratiquants ou non sont les bienvenus.

Traces et souvenirs de la guerre

Le quartier garde un souvenir très fort des événements tragiques de la Seconde Guerre mondiale. La rue des Écouffes, l'une des plus pauvres de l'époque, fut la plus frappée en 1942. Au n°17 rue des Rosiers se cache une synagogue dont les occupants ont été épargnés lors de la rafle du Vél d'Hiv. Rue Geoffroy-l'Asnier, le **mémorial de la Shoah** (p. 198) offre un espace d'une sobre élégance pour se souvenir des heures sombres. Un peu plus loin, mais encore dans le Marais, le **musée d'art et d'histoire du Judaïsme** (p. 198) évoque, à travers des documents mais aussi des œuvres d'art, la vie des communautés juives de France.

Une synagogue Art nouveau

Dans la rue Pavée, la **synagogue de l'Agoudas Hakehilos** (Union des Communautés) est le seul édifice religieux conçu par l'architecte parisien Hector Guimard, dont la femme était juive. Figure importante de l'Art nouveau, Guimard est notamment connu pour ses entrées de métro en fonte – il en reste 87 de nos jours. La façade ondulante aux lignes verticales de la synagogue affiche un style Art nouveau épuré inspiré par la nature. Le quartier compte cinq autres synagogues, dont l'une juste derrière la place des Vosges.

33 IMMERSION dans le haut Marais

SHOPPING | MODE ET DESIGN | PROMENADE

Perdez-vous dans le haut Marais et découvrez de plus près les étoiles montantes et les talents confirmés qui font le dynamisme de la scène de la mode et du design à Paris. Ces entrelacs de ruelles concentrent ateliers de créateurs, galeries d'art, friperies et boutiques d'accessoires ou de décoration. Il s'y ouvre toujours de nouvelles adresses, y compris des boutiques éphémères.

STUDIO LAURE/ADOBESTOCK ©

En pratique

S'y rendre L'itinéraire commence au magasin Merci, Ⓜ Saint-Sébastien-Froissart, et se termine au Mary Céleste, Ⓜ Filles-du-Calvaire.

Distance / durée 2 km / 1 heure 30.

Notre conseil Il n'est pas facile de circuler dans les rues étroites du Marais, surtout le week-end où il y a souvent foule car c'est un quartier de prédilection pour le shopping.

PORNPAWIT/ADOBESTOCK ©

Ci-dessus Carreau du Temple **Ci-contre** Macramé

PAGE DE DROITE : LANAV/SHUTTERSTOCK IMAGES ©

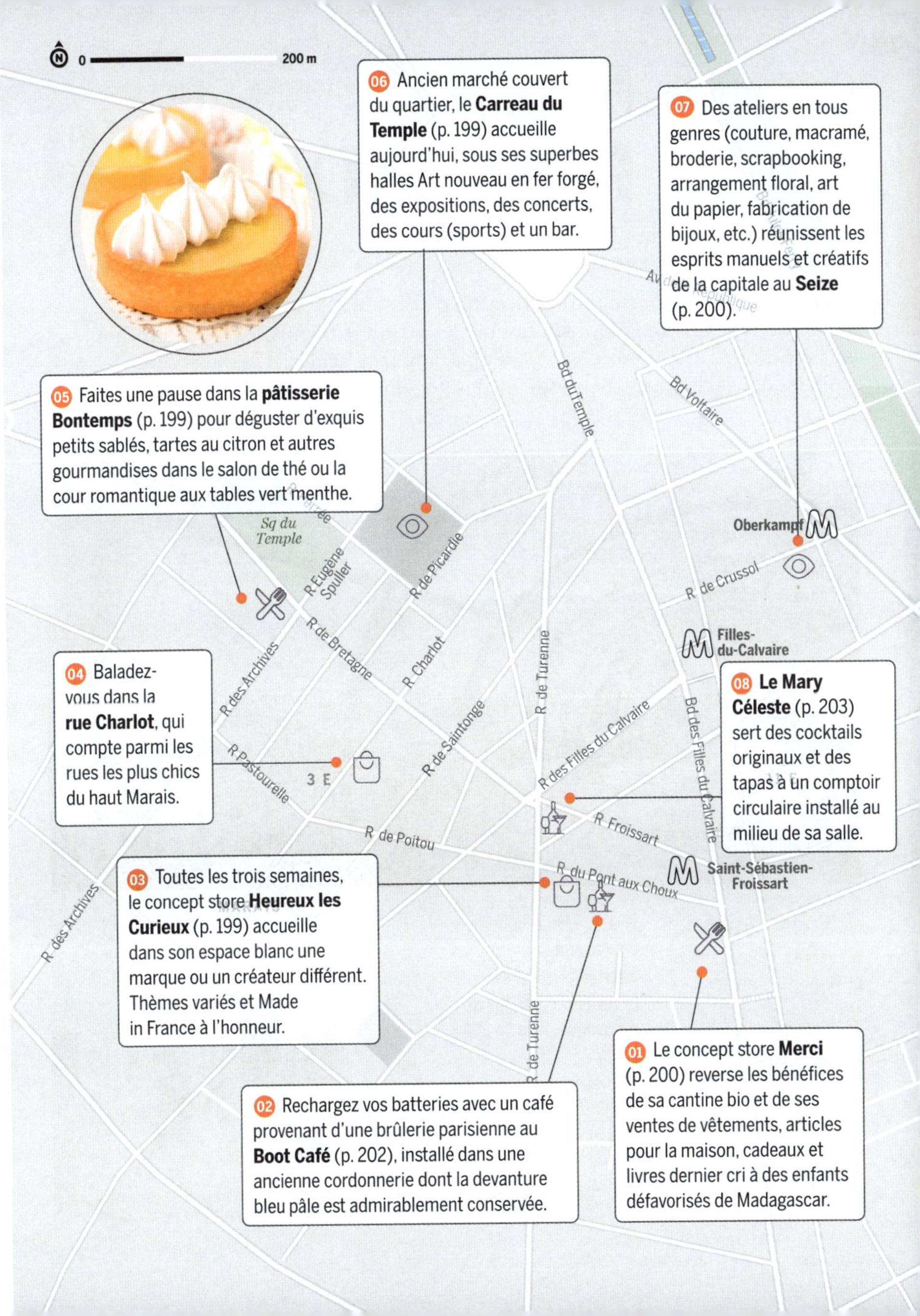

01 Le concept store **Merci** (p. 200) reverse les bénéfices de sa cantine bio et de ses ventes de vêtements, articles pour la maison, cadeaux et livres dernier cri à des enfants défavorisés de Madagascar.

02 Rechargez vos batteries avec un café provenant d'une brûlerie parisienne au **Boot Café** (p. 202), installé dans une ancienne cordonnerie dont la devanture bleu pâle est admirablement conservée.

03 Toutes les trois semaines, le concept store **Heureux les Curieux** (p. 199) accueille dans son espace blanc une marque ou un créateur différent. Thèmes variés et Made in France à l'honneur.

04 Baladez-vous dans la **rue Charlot**, qui compte parmi les rues les plus chics du haut Marais.

05 Faites une pause dans la **pâtisserie Bontemps** (p. 199) pour déguster d'exquis petits sablés, tartes au citron et autres gourmandises dans le salon de thé ou la cour romantique aux tables vert menthe.

06 Ancien marché couvert du quartier, le **Carreau du Temple** (p. 199) accueille aujourd'hui, sous ses superbes halles Art nouveau en fer forgé, des expositions, des concerts, des cours (sports) et un bar.

07 Des ateliers en tous genres (couture, macramé, broderie, scrapbooking, arrangement floral, art du papier, fabrication de bijoux, etc.) réunissent les esprits manuels et créatifs de la capitale au **Seize** (p. 200).

08 **Le Mary Céleste** (p. 203) sert des cocktails originaux et des tapas à un comptoir circulaire installé au milieu de sa salle.

34 Un jour à POMPIDOU

ART I ARCHITECTURE I CULTURE

Avec son extraordinaire collection d'art moderne et son architecture audacieuse, le Centre Pompidou fascine les visiteurs depuis son inauguration en 1977. L'offre artistique y est dense et stimulante : galeries, expositions, ateliers, danse, librairie, boutique de design, cinémas et bibliothèque.

EUG PNG/SHUTTERSTOCK ©

En pratique

S'y rendre M Rambuteau ; pl. Georges-Pompidou, IVe

Quand 11h-21h mer-lun, expositions 11h-23h jeu

Informations www.centrepompidou.fr

Tarifs Billet musée, expositions et vue adulte/-18 ans 14 €/gratuit, vue de Paris uniquement 5 €/gratuit

À savoir Fermeture du Centre pour travaux de rénovation de la fin 2023 à début 2027.

Bon plan La galerie des Enfants et le Studio 13/16 initient les plus jeunes à la musique, au design, à la mode, au numérique, etc.

LAPAS77/SHUTTERSTOCK ©

LAPAS77/SHUTTERSTOCK ©

Page de gauche, en haut Couloir vitré du Centre Pompidou **En bas** Dans le musée national d'Art moderne **Ci-contre** Fontaine Stravinsky

Tout l'art du XXe siècle

Vaste espace avec mezzanines ouvert à la libre circulation, le forum invite à la découverte. Au niveau -1, la galerie de photographies (accès libre) présente des expositions qui permettent au musée de faire découvrir la richesse de son fonds. Situé dans les étages (accès par les escalators) le **musée national d'Art moderne** (MNAM ; p. 197) possède une collection exceptionnelle : plus de 100 000 œuvres (peintures, sculptures, dessins, photos, films, vidéos, installations) de 1905 à nos jours. Poursuivez la visite avec celle de l'Atelier du sculpteur Brancusi, reconstitué par Renzo Piano sur le parvis du Centre Pompidou.

Tout Paris vu de la terrasse

La vue sur Paris offerte depuis le 6e et dernier étage est saisissante. Une vue que l'on savoure progressivement en accédant à la terrasse panoramique par la chenille transparente des escalators.

Toute une vie sur le parvis

Devant l'entrée principale du Centre, le large parvis en pente douce de la place Georges-Pompidou est un lieu animé, où se donnent rendez-vous musiciens, mimes, jongleurs et artistes de rue. À droite du bâtiment, sur la place Igor-Stravinsky, les fontaines mécaniques très colorées de Niki de Saint Phalle et de Jean Tinguely, réalisées en 1983, font référence à l'œuvre du musicien Igor Stravinsky. Alentours, boutiques, terrasses de cafés et restaurants participent de la vie permanente du quartier.

Une architecture qui fit date

Structure d'acier que l'on repère de loin, avec une façade transparente qui laisse voir la chenille des escalators, et d'immenses gaines de circulation visibles de l'extérieur et peintes de couleurs vives (bleu pour l'air, vert pour l'eau, jaune pour l'électricité et rouge pour les humains et la sécurité), l'audacieux bâtiment signé Renzo Piano et Richard Rogers fit scandale à son inauguration ; ses détracteurs l'ayant surnommé l'"usine à gaz". À l'intérieur, la signalétique est également colorée : rouge pour les espaces d'expositions, jaune pour les cinémas et salles de spectacles, bleu pour le musée, blanc pour les annexes (billetterie, librairie, boutique...).

35 BALADE sur la Coulée verte

MARCHE I JARDINS I STREET ART

La coulée verte René-Dumont offre un bel exemple de reconversion d'une infrastructure industrielle du XIXe siècle. Les anciennes voies ferrées ont été reconverties en un chemin paisible et verdoyant de 4,5 km où l'on peut se promener à pied – et en partie à vélo – entre le centre-ville et la banlieue. Ateliers d'artistes, street art et jardins collaboratifs jalonnent la promenade.

BRUNO DE HOGUES/GETTY IMAGES ©

En pratique

S'y rendre Ⓜ Bastille (extrémité ouest) ou Ⓜ Porte-Dorée (extrémité est). Nombreux points d'accès possibles le long de la Coulée verte.

Quand Printemps et été.

Horaires d'ouverture À partir de 8h lun-ven, de 9h sam-dim. Les horaires de fermeture varient en fonction de la période de l'année.

Espace de jogging Pour vous balader tranquillement, allez-y plutôt en semaine, car le week-end, il y a beaucoup de joggeurs.

ALAIN KUBACSI/GAMMA-RAPHO VIA GETTY IMAGES ©

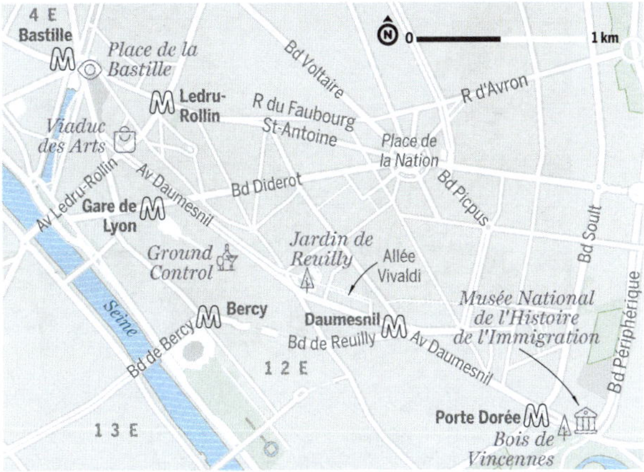

Page de gauche, en haut Viaduc des Arts **En bas** La Coulée verte

Coulée verte et Viaduc des Arts

La Coulée verte, première promenade surélevée au monde, a été créée en 1993 sur une ancienne voie de chemin de fer. Elle a été en partie aménagée sur un viaduc, en surplomb de la rue entre Bastille et du jardin de Reuilly. Les arches du viaduc ont été reconverties en une série d'ateliers-galeries, le **Viaduc des Arts** (p. 200). N'hésitez pas à descendre – puis à remonter – pour découvrir le travail de designers et d'artisans d'art.

Souvenirs ferroviaires

Entre le jardin de Reuilly et le square Charles-Péguy, la promenade laisse voir des vestiges de l'ancienne voie ferrée. En avançant un peu sur l'allée Vivaldi, remarquez le bâtiment aux volets turquoise : c'est une ancienne gare. Après quelques tunnels décorés de street art, guettez un vieux bâtiment vert et blanc au toit hexagonal : c'est l'ancien château d'eau où les trains à vapeur s'arrêtaient pour faire le plein d'eau.

Petite Ceinture

D'autres anciennes voies ferrées ont été transformées en promenades : la Petite Ceinture qui faisait le tour de Paris est encore en cours d'aménagement. Elle n'est pas évidente à repérer, mais la Coulée verte croise une autre promenade à l'ancienne jonction des deux lignes. La branche la plus au sud mène au **musée national de l'Histoire de l'immigration** (p. 198), et l'autre au bois de Vincennes, où vous pourrez canoter sur le lac Daumesnil.

Un tiers-lieu dans une friche de la SNCF

Installé près de la gare de Lyon, dans une ancienne halle de tri postal de la SNCF, vaste de 6 500 m², **Ground Control** (p. 196) accueille des stands de nourriture, des expositions d'art, des magasins éphémères, des événements culturels et des DJ. Ground Control étant engagé en faveur du développement durable, les restaurants privilégient circuits courts et produits de saison. Venez y prendre un verre en début de soirée pour trouver une place assise avant que l'endroit ne soit bondé et qu'il vous faille faire la queue pour un cornet de frites.

Les vies de la Bastille

VOYAGE DANS LE TEMPS SUR LA CÉLÈBRE PLACE

Place de la Bastille, les strates de l'histoire se chevauchent. Détruit et reconstruit à plusieurs reprises, ce lieu symbolique de la Révolution française est aujourd'hui un centre historique où rayonne la culture. Pour qui sait observer, il révèle plus d'un chapitre de l'histoire de Paris.

Vous souhaitez explorer Paris sous un angle inhabituel ? Voici un mode d'emploi pour voyager dans le temps. Aidez-vous d'une carte et de votre imagination.

Point de départ : place de la Bastille

Placez-vous vers le centre de la place. Imaginez que pendant des siècles, la zone où vous vous trouvez n'avait rien d'une place. La forteresse de la Bastille se dressait dans la partie ouest avec ses huit tours et ses larges fossés alimentés par l'eau de la Seine. L'eau coulait à découvert. La Bastille a été rasée, la place a été aménagée et le canal Saint-Martin a été en partie couvert. Aujourd'hui, l'eau coule sous vos pieds et sous la colonne de Juillet qui se dresse au centre de la place. Faites face à l'ouest, vers la rue Saint-Antoine.

Position 1. Rue Saint-Antoine (XIVe-XVIIIe siècle)

En 1370, Charles V fait ériger ici une forteresse pour protéger la ville. Perdant au fil des siècles son rôle défensif, la Bastille devient une prison d'État sous Louis XIV et, pour le peuple, le symbole de l'arbitraire royal. Aussi, la prise de la Bastille par les émeutiers le 14 juillet 1789 s'imposera à son tour comme le symbole de la Révolution (même si ce que la Fête nationale commémore aujourd'hui est le 14 juillet 1790, c'est-à-dire la fête de la Fédération et l'unité nationale). L'édifice sera rasé, donnant naissance à la place. Une plaque visible au n°3 place de la Bastille rappelle son existence. Faites une rotation de 80 degrés pour regarder vers le sud-ouest.

Position 2. Bassin de l'Arsenal (XVIe-XVIIIe siècle)

Ce bassin qui relie le canal Saint-Martin à la Seine a été creusé dans les fossés qui entouraient l'enceinte de

De gauche à droite Rue Saint-Antoine vers 1910 ; bassin de l'Arsenal ; colonne de Juillet

JEROME LABOUYRIE/SHUTTERSTOCK ©

JEAN MARC ROMAIN/GETTY IMAGES ©

Charles V. Il doit son nom à l'Arsenal (fabrique de poudre) qui bordait ce fossé entre le XVIe et le XVIIIe siècle. Port de commerce après la Révolution, le bassin a été transformé en 1983 en port de plaisance, agrémenté d'un jardin public prisé des pique-niqueurs. Faites une rotation de 180 degrés, face au nord.

Position 3. Colonne de Juillet (XVIIIe-XIXe siècle)

La place, dégagée, restait à l'aménager. Napoléon Ier voulait y ériger une fontaine monumentale en forme d'éléphant. Finalement, c'est la colonne de Juillet qui sera élevée par Louis Philippe. Surmontée du *Génie de la Liberté*, elle abrite dans son piédestal des caveaux où reposent les victimes des révolutions de 1830 et de 1848. Faites une rotation de 100 degrés et regardez vers le sud-est.

> La prise de la Bastille le 14 juillet 1789 s'imposera comme le symbole de la Révolution. L'édifice sera rasé, donnant naissance à la place.

Position 4. Opéra Bastille (XIXe siècle-aujourd'hui)

Vous voilà maintenant face à ce qui était une gare ferroviaire jusqu'en 1969. Pendant un siècle, les travailleurs arrivaient ici depuis les villages environnants. En fin de semaine, les habitants du faubourg Saint-Antoine faisaient le trajet inverse pour aller faire la fête dans les guinguettes au bord de l'eau. La gare a été démolie, et la construction de l'Opéra Bastille a commencé en 1984. C'est aujourd'hui un haut lieu de la culture avec ses opéras, ses ballets et ses concerts.

Une Révolution anachronique

Avant de sortir du métro à la station Bastille (ligne 1, direction La Défense), rares sont les voyageurs qui prennent le temps d'observer, sur le quai, la fresque illustrant la Révolution française, faite de 2 000 carreaux de grès émaillé. Plus rares encore sont ceux qui remarquent que les artistes Odile Jacquot et Liliane Belembert ont fait porter à plusieurs personnages des lunettes modernes ! Pourquoi donc ces lunettes, anachroniques pour l'époque ? Est-ce une allusion à l'aveuglement des rois face à la clairvoyance du peuple ? Ou bien un simple clin d'œil aux voyageurs du métro trop pressés pour voir ?

36 Les cours D'ARTISANS

CIRCUIT PÉDESTRE I ARTISANAT I ARCHITECTURE

La longue tradition d'artisanat du faubourg Saint-Antoine remonte au XVe siècle. D'abord les menuisiers et les fabricants de meubles, puis les chaudronniers et les faïenciers travaillaient avec art dans les ruelles, les passages et les cours. Aujourd'hui encore subsistent de nombreux ateliers qui sont progressivement réinvestis par des artistes et des artisans modernes.

BRUNO DE HOGUES/GAMMA-RAPHO VIA GETTY IMAGES ©

En pratique

S'y rendre Départ à la station Ⓜ Bastille (lignes 1, 5, 8) ; retour par la station Ⓜ Ledru-Rollin (ligne 8).

Quand Les ateliers des vieux artisans sont souvent fermés le week-end. Si vous ne voulez pas risquer de trouver porte close, allez-y en semaine.

Soyez discret en visitant les ruelles privées, qu'elles soient résidentielles ou bordées d'ateliers. Ne gênez pas en prenant des photos.

Les révoltés du faubourg

Principalement habité par des artisans et des ouvriers, le quartier du faubourg Saint-Antoine était un foyer d'agitation notoire. Chaque fois qu'une révolte éclatait, les barricades fleurissaient dans le quartier. Lors de la prise de la Bastille en 1789, près de 70% des émeutiers étaient des travailleurs de ce quartier.

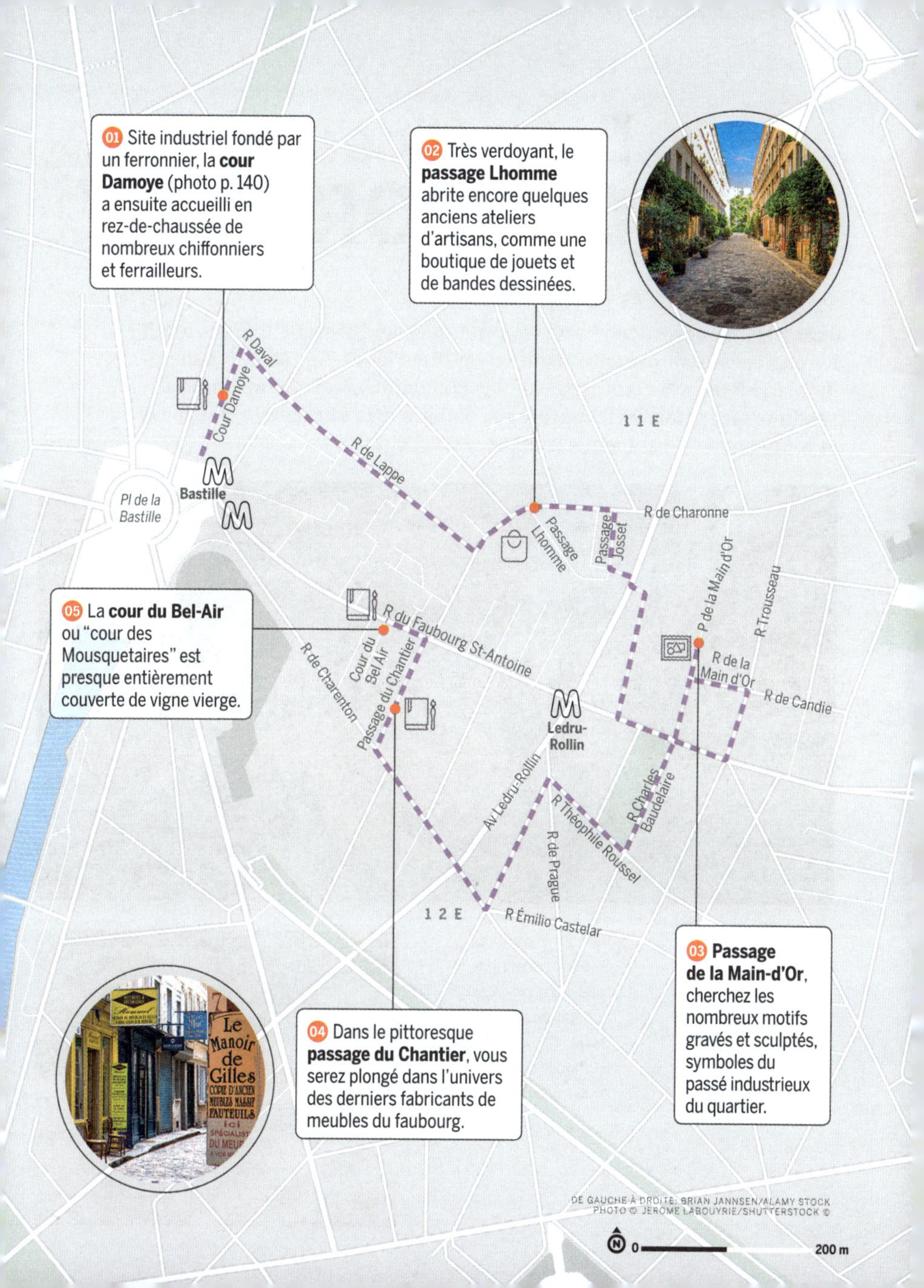

01 Site industriel fondé par un ferronnier, la **cour Damoye** (photo p. 140) a ensuite accueilli en rez-de-chaussée de nombreux chiffonniers et ferrailleurs.

02 Très verdoyant, le **passage Lhomme** abrite encore quelques anciens ateliers d'artisans, comme une boutique de jouets et de bandes dessinées.

05 La **cour du Bel-Air** ou "cour des Mousquetaires" est presque entièrement couverte de vigne vierge.

03 **Passage de la Main-d'Or**, cherchez les nombreux motifs gravés et sculptés, symboles du passé industrieux du quartier.

04 Dans le pittoresque **passage du Chantier**, vous serez plongé dans l'univers des derniers fabricants de meubles du faubourg.

37 Les délices D'ALIGRE

CIRCUIT GOURMAND I BOISSONS I CULTURE

Le marché d'Aligre est l'"âme du quartier". Presque tous les matins, les commerces alimentaires mettent en place leurs étals sous la halle du marché Beauvau. La partie la plus populaire, avec notamment des produits bio, s'étale à ciel ouvert rue d'Aligre. Le petit marché aux puces et tout le reste s'installent sur la place semi-circulaire.

BRUNO DE HOGUES/GETTY IMAGES ©

En pratique

S'y rendre Ⓜ Ledru-Rollin, Gare-de-Lyon ou Bastille.

Horaires 7h30-13h30 mar-ven, 7h30-14h30 sam-dim.

Délices à emporter
Outre les produits frais, vous pouvez acheter au marché de délicieux produits à emporter, venus d'ailleurs.

CHRISTINEGATES/GETTY IMAGES ©

En haut à gauche Rue commerçante, Aligre **En bas à gauche** Pain sur l'étal du marché

Petit déjeuner-shopping à Aligre

À partir de 7h30, le quartier d'Aligre est idéal pour les gourmands qui veulent goûter et sentir l'atmosphère du faubourg Saint-Antoine.

Un café-croissant sur la place

Commencez votre balade gourmande matinale par un croissant ou une tartine beurrée à la terrasse d'un café autour de la **place d'Aligre**, en observant les gens, comme les Parisiens adorent le faire. Puis entrez dans le **marché Beauvau** au toit de tuiles rouges, dont le bâtiment a été classé au titre des monuments historiques en 1982.

Pas seulement un marché couvert

Après une plongée au milieu des appétissants étals d'alimentation, ne manquez pas le petit marché aux puces sur la place semi-circulaire : antiquités, masques africains, livres, bijoux… Réveillez en vous l'âme de chineur ! Cette tradition remonte à un édit royal autorisant les pauvres à venir vendre ce qu'ils voulaient sur la place d'Aligre.

Ne négligez pas non plus les boutiques et les cafés alentour telle **la Graineterie du Marché** (8 pl. d'Aligre), une graineterie-épicerie comme il n'en existe plus guère à Paris. Déjà midi ! Mangez une crêpe… ou un couscous. Pour les gourmands, une journée de rêve !

Aligre alternatif

L'ambiance villageoise du quartier d'Aligre ne tient pas seulement à son marché mais aussi à son esprit de communauté. L'association Commune Libre d'Aligre organise toutes sortes d'actions culturelles, conviviales et solidaires dans le quartier. Elle a notamment ouvert un café associatif rue d'Aligre (horaires variables). Dans la même rue, d'autres commerces comme La Petite Affaire – un petit supermarché connu pour encourager la vente de produits proches de la date limite de consommation en pratiquant des prix beaucoup plus bas – entretiennent cet esprit de solidarité qui caractérise le quartier d'Aligre, à la longue tradition ouvrière.

Carnet d'adresses

Les grands classiques

Musée Picasso

L'hôtel Salé (XVIIe siècle), au cœur du Marais, est un superbe exemple de l'architecture classique du quartier, à l'histoire ancienne et parfois douloureuse. Il constitue un cadre intime idéal pour une collection exceptionnelle d'œuvres de Picasso. Voir p. 176. (☎01 85 56 00 36 ; www.museepicassoparis.fr ; 5 rue de Thorigny, IIIe ; tarif plein/réduit 14 €/gratuit ; 10h30-18h mar-ven, 9h30-18h sam-dim ; M Chemin-Vert, Saint-Paul)

Musée Carnavalet-Histoire de Paris

Voir p. 176. (☎01 44 59 58 58 ; www.carnavalet.paris.fr ; 23 rue de Sévigné, IIIe ; M Saint-Paul, Chemin-Vert)

Centre Pompidou

Voir p. 176. (www.centrepompidou.fr ; place Georges-Pompidou, IVe ; billet musée, expositions et vue de Paris adulte/-18 ans 14 €/gratuit, vue de Paris uniquement 5 €/gratuit ; 11h-21h mer-lun, expositions 11h-23h jeu ; M Rambuteau)

Place des Vosges et musée Victor Hugo

Voir p. 177. (IVe ; M Bastille, Chemin-Vert)

Pour le musée Victor-Hugo (☎01 42 72 10 16 ; www.maisonsvictorhugo.paris.fr ; 6 pl. des Vosges, IVe ; M Bastille)

Place de la Bastille

Voir p. 177. (M Bastille)

Arts et cultures contemporaines

Fondation Henri-Cartier-Bresson

Créée selon la volonté du photographe, de son épouse et de leur fille, cette fondation présente le travail du photographe humaniste Henri Cartier-Bresson ou d'autres artistes par le biais d'expositions. (☎01 40 61 50 50 ; www.henricartierbresson.org ; 79 rue des Archives, IIIe ; tarif plein/réduit 9/5 €, gratuit -18 ans ; 11h-19h mar-dim ; M Hôtel-de-Ville)

Gaîté lyrique

En lieu et place de l'ancien théâtre mythique (1792), un espace pluridisciplinaire dédié aux cultures numériques et autres nouvelles formes d'art. Ludique et léger… On y vient tant pour les expos temporaires, qui questionnent notre société et les innovations technologiques, que pour les soirées concerts et clubbing et les brunchs du week-end, dans le splendide foyer historique. L'entrée est libre à l'espace jeux vidéo, où sont présentés des jeux indépendants rigoureusement sélectionnés. (☎01 53 01 52 00 ; www.gaite-lyrique.net ; 3 bis rue Papin, IIIe ; 12h-20h mar-sam, 12h-18h dim, fermeture annuelle mi-août à mi-sept ; M Réaumur-Sébastopol)

Ground Control

Voir p. 189. (www.groundcontrolparis.com ; 81 rue du Charolais, XIIe ; midi-minuit mer-jeu, 12h-1h ven-sam, 12h-22h30 dim ; M Gare-de-Lyon, Reuilly-Diderot, Montgallet)

Lafayette Anticipations

En 2018, les Galeries Lafayette ont ouvert ce centre pluridisciplinaire unique dédié à

Musée de la Chasse et de la Nature

l'art contemporain, au design et à la mode. Transformé par l'architecte néerlandais Rem Koolhaas, l'édifice de 1891 possède désormais 2 500 m² d'espace d'exposition et une spectaculaire tour de verre de 18 m de hauteur. Trois ou quatre expositions sont organisées chaque année ; il y a également des spectacles et des ateliers. (Fondation d'entreprise Galeries Lafayette ; ☎01 57 40 64 17 ; www.lafayetteanticipations.com ; 9 rue du Plâtre, IVe ; entrée libre ; ⏲expositions 11h-19h lun, mer, sam-dim, 11h-21h jeu-ven, hors expositions 11h-19h30 mer-lun ; Ⓜ Rambuteau)

Maison européenne de la photographie

Un passage quasi obligé pour les amateurs de photographie contemporaine. Le fonds de la MEP couvre la période de la fin des années 1950 (à partir de la série *Les Américains* de Robert Frank) à nos jours et l'ensemble des pratiques artistiques. Il fait l'objet d'expositions temporaires, le plus souvent monographiques. (☎01 44 78 75 00 ; www.mep-fr.org ; 5-7 rue de Fourcy, IVe ; tarif plein/réduit 10/6 € ; ⏲11h-20h mer et ven, 11h-22h jeu, 10h-20h sam-dim ; Ⓜ Saint-Paul)

Musée Cognacq-Jay

Amateurs d'art du XVIIIe siècle, le fondateur des grands magasins de la Samaritaine, Ernest Cognacq, et sa femme, Marie-Louise Jay, ont légué leur collection à la Ville. Celle-ci est présentée dans un hôtel particulier magnifiquement restauré. De grands noms se succèdent : Fragonard, Vigée Le Brun, Watteau, et les Italiens Tiepolo, Canaletto ou Guardi. (☎01 40 27 07 21 ; museecognacqjay.paris.fr ; 8 rue Elzévir, IIIe ; expos temporaires tarif plein/réduit 8/6 €, collections permanentes gratuites ; ⏲10h-18h mar-dim ; Ⓜ Saint-Paul ou Chemin-Vert)

Musée national d'Art moderne (MNAM)

Dans le Centre Pompidou (p. 186 et p. 196). Les collections du MNAM comprennent des œuvres des figures incontournables du XXe siècle (Braque, Brancusi, Duchamp, Dubuffet, Kandinsky, Léger, Matisse, Miró, Picasso, Pollock, Hartung...) et des grands courants artistiques (fauvisme, surréalisme, cubisme, abstraction, création depuis 1980). Un **espace médiation** (☎01 44 78 65 79) peut répondre à vos questions.Vous pouvez opter pour une **visite guidée** (1 heure 30 ; tarif plein/réduit 4,50/3,50 € ; ⏲sam 16h, dim 12h et 16h, 1er dim du mois gratuit, rdv niveau 0) à la découverte des œuvres.

ISOGOOD_PATRICK/SHUTTERSTOCK ©

Hôtel de Soubise

Musée de la Chasse et de la Nature

Ce musée installé dans les somptueux **hôtels de Guénégaud** (XVIIe siècle) **et de Mongelas** (XVIIIe siècle) interroge les relations de l'homme et de l'animal à travers l'art, et rencontre en effet un succès croissant grâce aux interventions d'artistes contemporains qui investissent les collections de trophées, de mobilier ou de toiles champêtres et animalières. (☎01 53 01 92 40 ; www.chassenature.org ; 62 rue des Archives, IIIe ; Ⓜ Hôtel-de-Ville)

Patrimoine et mémoire

Hôtel de Soubise

Le superbe hôtel de Soubise abrite les Archives nationales. Expositions temporaires et documents remarquables des Archives. Incontournable : la visite des salons princiers du XVIIIe siècle. (☎01 40 27 60 96 ; www.archives-nationales.culture.gouv.fr ; 60 rue des Francs-Bourgeois, IIIe ; tarif plein/réduit 3/2 €, 8/5 € en période d'expos temporaires, gratuit -26 ans ; 10h-17h30 lun et mer-ven, 14h-17h30 sam-dim ; M Rambuteau)

Hôtel de Ville

Incendié lors de la Commune, en 1871, l'Hôtel de Ville a été reconstruit en 1874-1882 en reprenant à l'identique sa façade des XVIe et XVIIe siècles. Occupé par les bureaux de la mairie de Paris, le bâtiment abrite au rez-de-chaussée un espace d'information et une boutique de produits du patrimoine, ainsi que d'intéressantes expositions temporaires. Bordée de fontaines et piétonnière, la place de l'Hôtel-de-Ville ne laisse pas deviner que, sous le nom de place de Grève, elle fut aussi le théâtre d'insurrections et d'exécutions. (www.paris.fr ; pl. de l'Hôtel-de-Ville, IVe ; 10h-19h lun-sam ; M Hôtel-de-Ville)

Mémorial de la Shoah

L'ancien mémorial du Martyr juif inconnu, devenu le mémorial de la Shoah, se veut un lieu de mémoire, de rencontres et de recherches sur la Shoah. Une exposition permanente retrace l'histoire des juifs pendant la Seconde Guerre mondiale. Le "mur des Noms" porte gravés les noms de 76 000 juifs, dont 11 000 enfants, déportés de France dans le cadre des plans d'extermination nazis. Dans la crypte brûle une flamme du souvenir à la mémoire des milliers de juifs disparus. Le mur des Justes, inauguré en 2006, porte le nom de près de 3 400 hommes et femmes qui, au péril de leur vie, ont contribué au sauvetage de juifs pendant la Seconde Guerre mondiale. (01 42 77 44 72 ; www.memorialdelashoah.org ; 17 rue Geoffroy-l'Asnier, IVe ; 10h-18h ven et dim-mer, 10h-22h jeu ; M Saint-Paul) GRATUIT

Musée d'art et d'histoire du Judaïsme

Installé dans le remarquable **hôtel de Saint-Aignan**, ce musée retrace la vie des communautés juives de France à travers des œuvres d'art de Chagall, de Modigliani et de Soutine, des manuscrits, des objets liturgiques, des archives de l'affaire Dreyfus... Excellentes expositions temporaires. Pour en savoir plus sur l'histoire juive du Marais : des balades guidées dans le quartier (avec l'entrée au musée 25/16 €, dates à consulter sur le site) sont proposées. (01 53 01 86 60 ; www.mahj.org ; 71 rue du Temple, IIIe ; tarif plein/réduit 10/7 €, gratuit -18 ans ; 11h-18h mar-ven, 10h-18h sam-dim ; M Rambuteau)

Musée des Arts et Métiers

Gazomètres de Lavoisier, cinématographe des Frères Lumière, pendule de Foucault, machine à vapeur de Watt, pile de Volta... sont quelques-uns des fleurons de ce musée qui présente les grandes inventions du XVIe siècle à nos jours. Il est installé dans l'ancien prieuré royal de Saint-Martin-des-Champs. (01 53 01 82 74 ; www.arts-et-metiers.net ; 60 rue de Réaumur, IIIe ; collections permanentes tarif plein/réduit 8/5,50 €, gratuit -18 ans et jeu 18h-21h30, 9/4 € en période d'expos, audioguide 5 € ; 10h-18h mar-mer et ven-dim, 10h-21h30 jeu ; M Arts-et-Métiers)

Musée national de l'Histoire de l'immigration

Dans le palais de la Porte dorée, les bas-reliefs de la façade, les fresques de la salle d'apparat, tout rappelle la vocation première du lieu, un musée des colonies construit à l'occasion de l'Exposition coloniale de 1931.

FRDRIC/SHUTTERSTOCK ©

Mémorial de la Shoah

Le musée de l'Histoire de l'immigration parle des vagues migratoires et de leur apport à la nation française. Voir aussi p. 138. (www.histoire-immigration.fr ; palais de la porte Dorée, 293 av. Daumesnil, XIIe ; bâtiment accès libre, musée expo tarif plein/réduit 8/5 €, gratuit 1er dim du mois ; 10h-17h30 mar-ven, 10h-19h sam-dim ; M Porte-Dorée)

Passages du Faubourg-Saint-Antoine

Pour imaginer à quoi ressemblait le quartier au XVIIIe siècle, quand toute l'Europe ne jurait que par les meubles du faubourg Saint-Antoine, aventurez-vous dans ses passages et cours où pullulaient jadis les ateliers. Voyez la cour des Bourguignons et sa cheminée (au 74), la cour de la Maison-Brûlée (au 89) et le passage du Chantier (entre le 66 et le 68), mais aussi le passage Lhomme, rue de Charonne (au 26), et celui du Cheval-Blanc, rue de la Roquette (au 2). (M Bastille et Ledru-Rollin)

Pavillon de l'Arsenal

Construit en 1879 et dès l'origine à vocation de musée, ce superbe bâtiment au toit vitré et aux poutres en fer forgé n'en devint un que plus d'un siècle après, consacré à l'urbanisme et à l'architecture de Paris. Ses expositions montrent le passé, le présent et le futur de la ville. La visite est passionnante pour toute personne intéressée par l'évolution du paysage urbain de la capitale. Visite guidée gratuite de l'exposition permanente tous les samedis et dimanches à 15h. Au rez-de-chaussée, une petite mais excellente librairie vend des livres d'architecture. (01 42 76 33 97 ; www.pavillon-arsenal.com ; 21 bd Morland, IVe ; 11h-19h mar-dim ; M Sully-Morland) GRATUIT

Balade et shopping

Bontemps

Voir p. 184. (01 42 74 10 68 ; www.facebook.com/bontempspatisserie ; 57 rue de Bretagne, IIIe ; pâtisserie avec thé ou café 20 € ; 11h-19h30 mer-ven, 10h-19h30 sam, 10h-18h dim ; M Temple)

Carreau du Temple

Voir p. 184. (01 83 81 93 30 ; www.carreaudutemple.eu ; 2 rue Perrée, IIIe ; 10h-22h lun-ven, 9h-22h sam, billetterie 10h-18h lun-sam ; M Temple)

Empreintes

Plus d'un millier de pièces uniques, ou fabriquées en petite série, d'artistes et de créateurs français. (www.empreintes-paris.com/fr/concept-store-empreintes ; 5 rue de Picardie, IIIe ; 11h-13h et 14h-19h mar-sam ; M Filles-du-Calvaire)

Heureux les Curieux

Voir p. 184. (www.heureuxlescurieux.com ; 23 rue du Pont-aux-Choux, IIIe ; 11h-19h mar-sam, 12h-18h dim ; M Saint-Sébastien-Froissart)

Les Fleurs

Dans un ancien atelier niché dans un passage, cette charmante boutique propose un choix de jolis articles variés : jouets, accessoires, bijoux, objets pour la maison, vêtements et papeterie. (www.boutiquelesfleurs.com ; 5 rue Trousseau et 6 passage Josset, XIe ; 11h-19h30 mar-sam ; M Ledru-Rollin)

Librairie Chir Hadach – Librairie du temple

Voir p. 182. (01 42 72 38 00 ; librairiedutemple.fr ; 1 rue des Hospitalières-Saint-Gervais, angle 52 rue des Rosiers, IVe ; 9h30-19h30 dim-jeu, 9h30-13h30 ven ; M Saint-Paul, Hôtel-de-Ville)

Mapoésie

Née d'une créatrice amoureuse des motifs et des textiles, cette boutique vend vêtements, foulards, accessoires et décorations jouant sur les couleurs et la géométrie. (01 73 73 37 34 ; mapoesie.fr ; 69 rue du Chemin-Vert, XIe ; 11h-19h mar-sam ; M Saint-Ambroise, Voltaire)

Marché couvert des Enfants-Rouges

Ouvert en 1615, le plus ancien marché couvert de Paris est un secret bien gardé, derrière sa discrète grille verte. Des étals alimentaires y sont disséminés, proposant des plats du monde entier à emporter. Une bonne adresse où flâner et se mêler aux Parisiens en goûtant un couscous marocain ou une spécialité antillaise aux tables communes. (39 rue de Bretagne et 33 bis rue Charlot, IIIe ; 8h30-19h30 mar-sam, 8h30-14h dim, horaires variables selon les étals ; M Filles-du-Calvaire)

Merci

Unique en son genre et devenu culte depuis sa création en 2009 dans le Marais. Les bénéfices sont reversés à une association dédiée aux enfants défavorisés de Madagascar. Voir aussi p. 184. (merci-merci.com/ ; 111 bd Beaumarchais, IIIe ; 11h-19h30 lun-jeu, 11h-20h ven-sam, 11h-19h dim ; M Saint-Sébastien-Froissart)

Papier Tigre

Outre sa collection de carnets et autres articles renouvelée chaque saison, cette marque de papeterie créative vous propose aussi de concevoir vos propres carnets sur mesure. (papiertigre.fr ; 5 rue des Filles-du-Calvaire, IIIe ; 11h30-19h30 lun-ven, 11h-20h sam, 14h-19h dim ; M Filles-du-Calvaire)

Promenade plantée / Coulée verte

Voir p. 188. (www.promenade-plantee.org ; XIIe ; 8h-coucher du soleil lun-ven, à partir de 9h sam-dim ; M Bastille, Gare-de-Lyon, Daumesnil)

Seize

Voir p. 184. (01 48 06 86 19 ; https://seizeparis.com/ ; 16 rue de Crussol, XIe ; 14h-19h mar-ven, 11h-19h sam ; M Oberkampf)

Viaduc des Arts

Voir p. 188. (www.leviaducdesarts.com ; 1-129 av. Daumesnil, XIIe ; horaires variables ; M Bastille, Gare-de-Lyon)

Village Saint-Paul

Niché au cœur du Marais, ce charmant dédale de passages et de cours pavées abrite boutiques (antiquité, brocante, design, artisanat...) et galeries d'art. (levillagesaintpaul.com ; rue Saint-Paul, IVe ; 9h-19h selon les commerces ; M Saint-Paul, Pont-Marie, Sully-Morland)

Bistrots et petites tables

À l'Ami Pierre — €

Un bistrot traditionnel apprécié dans le quartier pour son authenticité et son accueil chaleureux. On y sert des plats du terroir comme les escargots et l'andouillette. (01 47 00 17 35 ; www.lamipierre.fr ; 5 rue de la Main-d'Or, XIe ; plats 15-20 € ; 16h-2h mar-sam ; M Ledru-Rollin)

Café de l'Industrie — €

Deux restaurants spacieux et un bar à vins. Un menu simple, mais savoureux, qui change rarement : une valeur sûre pour la cuisine française avec un zeste d'originalité. Excellent service. (01 47 00 13 53 ; www.cafedelindustrieparis.fr ; 16 rue Saint-Sabin, XIe ; formule déj lun-ven 17 €, plats 13-23 € ; 9h-2h ; M Bréguet-Sabin)

Bofinger — €€

Une brasserie emblématique, servant des plats alsaciens. Allez-y pour l'atmosphère et le décor Art nouveau tout en miroirs et en verrières. (01 42 72 87 82 ; www.bofingerparis.com ; 5-7 rue de la Bastille, IVe ; menus 2/3 plats 19,90/33 €, plats 18,50-37 € ; 12h-15h et 18h30-minuit lun-ven, 12h-15h30 et 18h30-minuit sam, 12h-23h dim ; M Bastille)

Mokonuts

Mokonuts €€

Ce petit resto familial sert le petit-déjeuner et une cuisine fusion raffinée au déjeuner (réservation vivement conseillée). Vous serez charmé par l'accueil chaleureux et le talent d'Omar et de Moko. (09 80 81 82 85 ; www.mokonuts.com ; 5 rue Saint-Bernard, XIe ; pâtisseries 2,50-7 €, plats 12-25 € ; 9h-14h30 lun-ven, fermé en août ; Faidherbe-Chaligny)

Privé de Dessert €€

Un concept original : on commence par le dessert ! Ou presque. En réalité, le chef a l'art de concocter des entrées et des plats au nom et à l'aspect de desserts, et vice versa. (01 43 47 12 98 ; www.privededessert.com ; 7 rue Théophile-Roussel, XIIe : plats 16,50-19 €, dessert 7,50-8,50 € ; 19h-23h lun-ven, 12h-14h30 et 19h-23h sam-dim ; Ledru-Rollin)

The Friendly Kitchen €

Découvrez les recettes 100% végétaliennes et sans gluten, bio et de saison de Fanny, aux inspirations moyen-orientales. Ici, on propose brunch, déjeuner et dîner, et tout est joli. (01 43 57 33 42 ; www.the-friendly-kitchen.com ; 8 rue Popincourt, XIe ; formule déj 19-20,50 € ; 19h-21h30 mar, 12h-13h30 et 19h-21h30 mer-sam ; Voltaire)

Aï Hsu Table €€

Une toute petite adresse, avec un menu limité. Aï sert une cuisine familiale japonaise complétée parfois d'étonnants ingrédients. Réservation conseillée. (09 53 92 51 31 ; www.facebook.com/aihsu75011 ; 16 rue Saint-Sébastien, XIe ; 12h-15h et 19h-22h lun-sam ; Saint-Sébastien-Froissart)

Le Café Mulot €

Dans le musée Victor-Hugo, un café-restaurant au cadre cosy. (01 82 83 03 80 ; www.cafe-mulot.com/cafe ; 6 pl. des Vosges ; mar-dim 10h-17h45 ; Bastille)

SYLVIE MEDEIROS/SHUTTERSTOCK ©

Bofinger

Le Clown Bar €€

L'ancien restaurant du personnel du Cirque d'hiver (1852) est un monument historique doté de céramiques aux couleurs vives faisant référence au thème des clowns, de fresques au plafond et d'un zinc d'origine. Cuisine française moderne fabuleuse, qui offre entre autres un merlan (pêché à la ligne) aux bulots et un pigeon de Mesquer farci aux anchois. (01 43 55 87 35 ; www.clown-bar-paris.com ; 114 rue Amelot, XIe ; plats 28-34 € ; restaurant 12h-14h30 et 19h-22h30 mer-dim, bar 9h-2h mer-sam, 12h-2h sam ; Filles-du-Calvaire)

Le Grand Bréguet €

Restaurant-bar bio. Spacieux et chaleureux, il accueille aussi des ateliers et des événements locaux. Ouvert toute la journée, c'est un endroit idéal pour une pause rafraîchissement. (01 43 55 74 92 ; 17 rue Bréguet, XIe ; 8h-minuit lun-mer, 8h-2h jeu-sam, 10h-18h dim ; Bréguet-Sabin, Chemin-Vert, Voltaire)

Tata Burger €

Un amusant restaurant où l'on peut se faire servir des burgers très suggestifs par des serveurs fort aimables. Tout est bon et on y passe toujours un bon moment. (01 48 87 48 71 ; tataburger.fr ; 54 rue Sainte-Croix-de-la-Bretonnerie, IVe ; restaurant 11h-23h30 ; Hôtel-de-Ville)

Cafés, gâteaux, brunchs

Aujourd'hui Demain €€

Ce restaurant végan sert d'excellents brunchs et gâteaux. C'est aussi un concept store végan comprenant épicerie, mode, soins de beauté et papeterie. (09 81 65 20 01 ; www.aujourdhui-demain.com ; 42 rue du Chemin-Vert, XIe ; 11h-19h lun, 11h-22h30 mar-dim ; M Richard-Lenoir)

Bontemps La Pâtisserie €€

Délicieux salon de thé-restaurant-pâtisserie à l'ambiance presque champêtre avec son jardin secret. Ses sablés et ses tartes de saison sont irrésistibles. Qualité des ingrédients et combinaison des saveurs, tout est parfait. (01 42 74 10 68 ; www.facebook.com/bontempspatisserie ; 57 rue de Bretagne, IIIe ; pâtisserie avec thé ou café 20 € ; 11h-19h30 mer-ven, 10h-19h30 sam, 10h-18h dim ; M Temple)

La Boutique Jaune – Sacha Finkelsztajn

Voir p. 182. (01 42 72 78 91 ; www.laboutiquejaune.fr ; 27 rue des Rosiers, IVe ; 10h-18h mer-jeu, 10h-19h ven-sam, 10h30-19h dim ; M Saint-Paul)

La Briée €

Une boutique spécialisée dans les brioches des différentes régions de France. À manger sur place ou à emporter. L'atelier ouvert permet de suivre les étapes de la fabrication. (09 71 46 00 62 ; labriee.com ; 69 rue Sedaine, XIe ; 8h-18h mar-dim ; M Bréguet-Sabin, Voltaire)

La Cave à Dessert €€

Vin ou dessert... pourquoi choisir ? L'équipe d'Aurore aime (et vend) les deux. Ses gâteaux créatifs sont inspirés par des proches... et portent parfois même leur nom. (09 81 22 68 58 ; la-cave-a-desserts.fr ; 35 rue Popincourt, XIe ; 11h-19h mar-mer et ven-sam, 11h-13h dim ; M Voltaire)

Le Loir dans la Théière €€

Au cœur du Marais, un salon de thé très prisé pour son grand choix de gâteaux et de tartes aux fruits. Formidable tarte au citron avec une couche de meringue quatre fois plus épaisse que celle de citron ! (www.leloirdanslatheiere.com ; 3 rue des Rosiers, IVe ; 9h-19h30 ; wifi ; M Saint-Paul)

Une Glace à Paris €€

Fondé par deux pâtissiers passionnés, ce glacier-salon de thé prépare de délicieuses glaces, ainsi que des pâtisseries glacées pleines de créativité. (01 49 96 98 33 ; uneglaceaparis.fr ; 15 rue Sainte-Croix-de-la-Bretonnerie, IVe ; 13h-19h30 mer-dim, salon de thé fermé dim ; M Hôtel-de-Ville, Saint-Paul ; autre adresse 16 place des Abbesses, XVIIIe)

Passager €

À côté de ruelles pavées, un café idéal pour un brunch décontracté avec un délicieux choix de pancakes, ainsi que des tartines et des bagels. (www.facebook.com/PassagerCafe ; 107 av. Ledru-Rollin, XIe ; 8h30-18h30 mar-sam, 10h-18h30 dim ; M Ledru-Rollin)

Bars et caves à vins animés

Agrology

Épicerie fine spécialisée dans les produits méditerranéens avec une savoureuse sélections de spiritueux et de vins naturels. Également bar et cave à vins dans un cadre chaleureux près du marché d'Aligre. (01 58 51 05 49 ; 15 rue de Prague, XIIe ; 17h-23h mar, 11h-23h mer-sam ; M Ledru-Rollin)

Boot Café

Voir p. 184. (19 rue du Pont-aux-Choux, IIIe ; 10h-18h ; wifi ; M Saint-Sébastien- Froissart)

Duplex Bar

Vivement recommandé pour une soirée décontractée. Ambiance chaleureuse et un peu artistique, avec souvent des peintures exposées au mur. (01 42 72 80 86 ; 25 rue Michel-le-Comte, IIIe ; 19h-3h dim-jeu, 19h-5h ven-sam ; M Rambuteau)

La Fusée

Une adresse conviviale et décontractée à la terrasse animée, à deux du Centre Pompidou. On peut aussi y manger rapidement. (01 42 76 93 99 ; 168 rue Saint-Martin, IIIe ; 9h-2h lun-ven, 10h-2h sam-dim ; M Rambuteau, Étienne-Marcel)

Le Mary Céleste

Dans ce très prisé bar à cocktails (et restaurant) au décor de brique et de bois adouci par des couleurs pastel, privilégiez un tabouret autour du comptoir ou réservez (en ligne) l'une des quelques tables disponibles. Les cocktails imaginatifs associent des ingrédients aussi merveilleux qu'inattendus (feuilles de curry, cardamome verte, citron iranien séché, sirop de curcuma), et il y a aussi une belle carte de vins naturels. Accompagnement idéal, les petites assiettes de tapas à partager. On peut aussi y déjeuner. (www.lemaryceleste.com ; 1 rue Commines, IIIe ; 12h-15h et 18h-2h lun-ven, 12h-2h sam-dim ; M Rambuteau, Étienne-Marcel)

Le Troll Café

Ce bar convivial propose plus de 100 types de bières différentes. Très apprécié dans le quartier, il peut être bondé, aussi prévoyez vos tournées. (01 43 42 10 75 ; www.letrollcafe.com ; 27 rue de Cotte, XIIe ; 17h-2h lun-sam, 11h-2h dim ; M Ledru-Rollin)

Le Gamin

Ce bar de la rue de Lappe a pour spécialité le whisky et le rhum, avec un choix de plus de 300 bouteilles. Décontractée en début de soirée, l'ambiance devient de plus en plus festive. (01 40 21 01 82 ; www.legaminbastille.fr ; 34 rue de Lappe, XIe ; 18h-2h ; M Bréguet-Sabin)

Le Freedj

Un petit bar/night-club gay, recommandé pour un public jeune, mais où tout le monde est bienvenu. Deux niveaux de bonne musique, avec une ambiance très festive.

NAME/CREDIT ©

Opéra Bastille

(01 48 04 95 14 ; www.freedj.fr ; 35 rue Sainte-Croix-de-la-Bretonnerie, IVe ; 18h-4h ; M Hôtel-de-Ville)

Sherry Butt

Les experts en mixologie apprécieront ce bar à cocktails branché du Marais, à l'ambiance tamisée et souvent bondé le soir. (09 83 38 47 80 ; www.sherrybuttparis.com ; 20 rue Beautreillis, IVe ; mar-sam 18h-2h, dim-lun 18h-minuit ; M Sully-Morland, Saint-Paul)

Musique live et opéra

Les Disquaires

À 5 minutes à pied de la rue de Lappe, ce café-concert au programme éclectique est réputé pour ses soirées jazz, soul and funk, africaines, caraïbes et brésiliennes. (01 40 21 94 60 ; www.lesdisquaires.com ; 4-6 rue des Taillandiers, XIe ; entrée libre ; 17h-2h mar-jeu, dim, 17h-5h ven-sam ; M Ledru-Rollin, Bastille)

Opéra Bastille

Une visite guidée d'environ 1 heure 15 permet d'en découvrir les différents aspects : la vue panoramique du foyer situé au 7e étage, la grande salle de 2 700 places et la scène côté coulisses. Voir aussi p. 191. (08 92 89 90 90 ; www.operadeparis.fr ; pl. de la Bastille, XIe ; visites adulte/enfant 17/12 € ; sept à mi-juil, dates et horaires des visites par tél ; billetterie 12h-18h30 lun-sam, 1 heure avant le spectacle dim ; M Bastille)

ÎLE DE LA CITÉ ET ÎLE SAINT-LOUIS

BALADES FLUVIALES | MONUMENTS | HISTOIRE

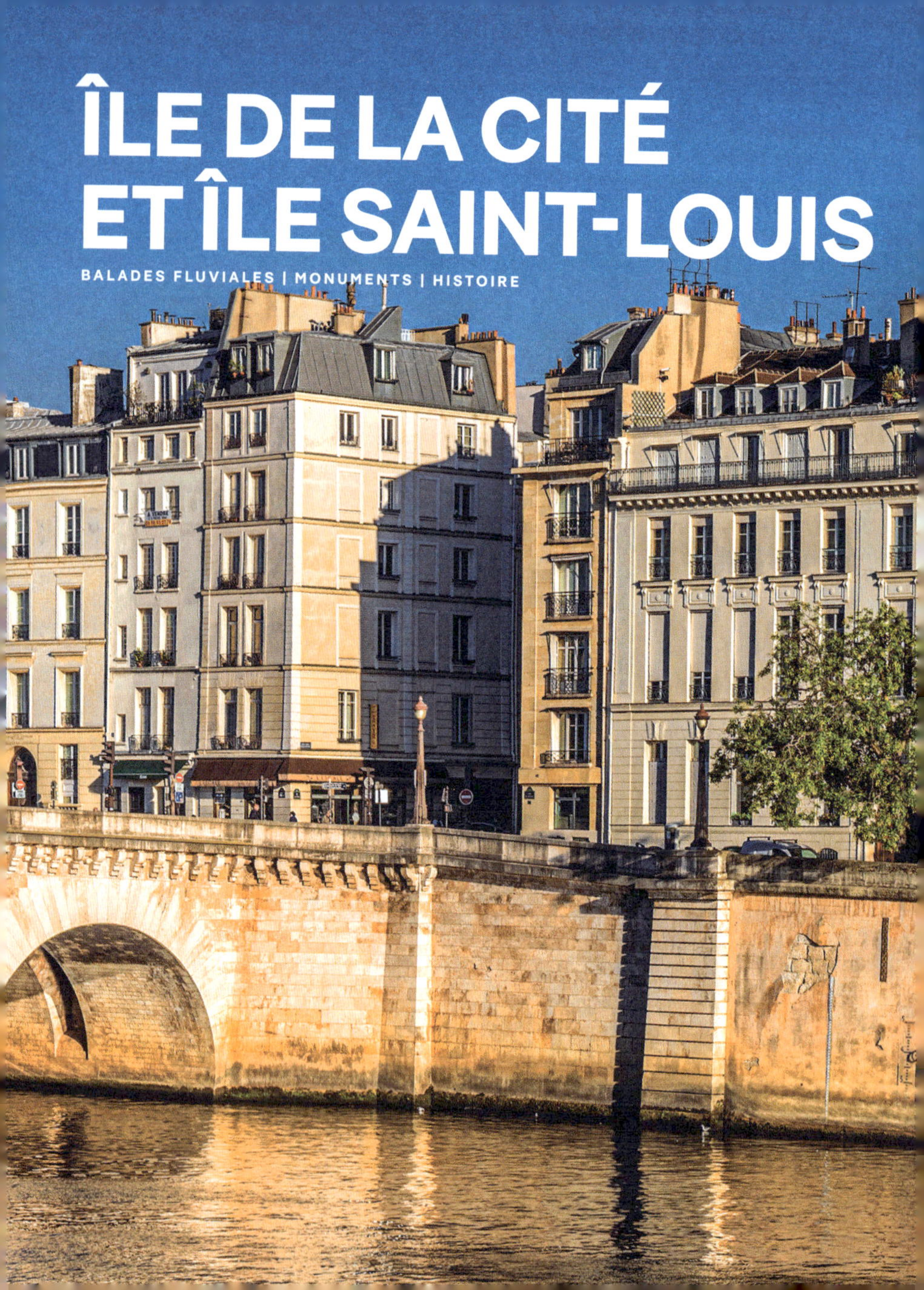

ÎLE DE LA CITÉ ET ÎLE SAINT-LOUIS à la carte

INCONTOURNABLES ET TRÉSORS CACHÉS

Les deux îles voisines qui s'étendent au milieu de la Seine dans le centre de Paris sont toutes deux chargées d'histoire et pleines de charme. Mais l'île de la Cité est vraiment le cœur historique de la capitale, tandis que l'île Saint-Louis, entièrement bâtie au XVIIe siècle d'élégantes demeures, reste un monde à part un peu hors du temps.

En pratique

Points forts Le plaisir de flâner en revisitant l'histoire et en se mêlant aux autres promeneurs.

Transport Ⓜ Cité (ligne 4), la seule station insulaire sur l'île de la Cité et la plus pratique pour aller à Notre-Dame. Ⓜ Pont-Marie (ligne 7), sur la rive droite, la station la plus proche de l'île Saint-Louis. Le Batobus s'arrête en face de Notre-Dame, rive gauche.

Circuler À pied.

Notre conseil Prévoyez une demi-journée : ces îles sont petites mais riches en merveilles.

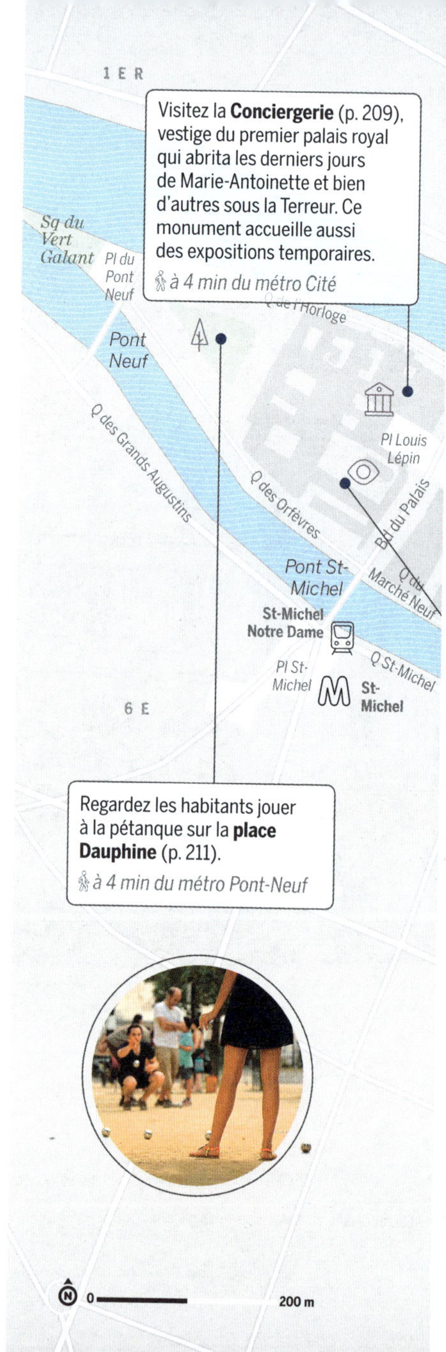

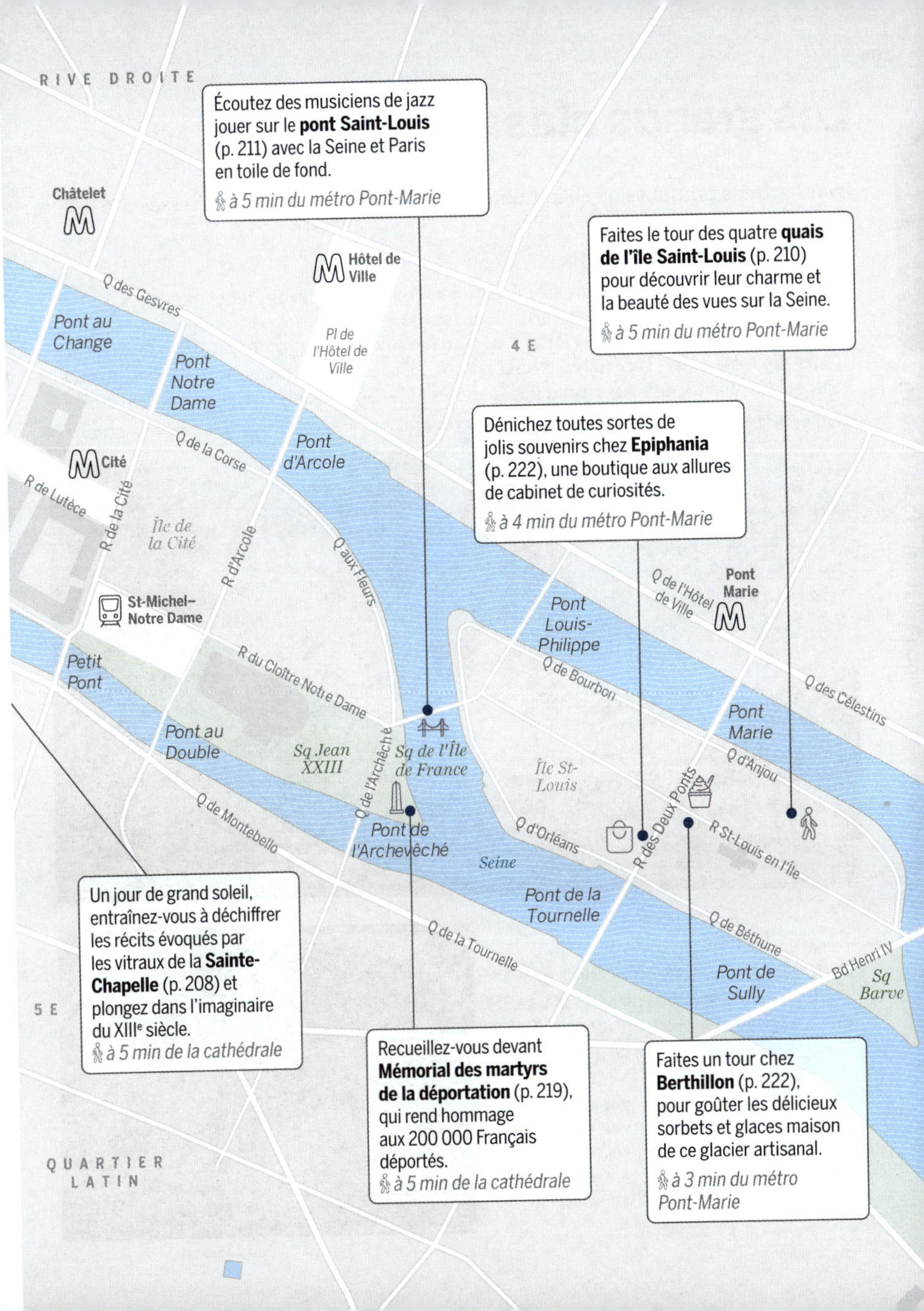
RIVE DROITE
Écoutez des musiciens de jazz jouer sur le **pont Saint-Louis** (p. 211) avec la Seine et Paris en toile de fond.
à 5 min du métro Pont-Marie
Châtelet
Hôtel de Ville
Faites le tour des quatre **quais de l'île Saint-Louis** (p. 210) pour découvrir leur charme et la beauté des vues sur la Seine.
à 5 min du métro Pont-Marie
Q des Gesvres
Pont au Change
Pl de l'Hôtel de Ville
4 E
Pont Notre Dame
Dénichez toutes sortes de jolis souvenirs chez **Epiphania** (p. 222), une boutique aux allures de cabinet de curiosités.
à 4 min du métro Pont-Marie
Q de la Corse
Pont d'Arcole
Cité
R de Lutèce
R de la Cité
Île de la Cité
R d'Arcole
Q aux Fleurs
Q de l'Hôtel de Ville
Pont Marie
St-Michel–Notre Dame
Pont Louis-Philippe
Petit Pont
R du Cloître Notre Dame
Q de Bourbon
Q des Célestins
Pont au Double
Sq Jean XXIII
Q de l'Archêché
Sq de l'Île de France
Île St-Louis
R des Deux Ponts
Pont Marie
Q d'Anjou
Q de Montebello
Pont de l'Archevêché
Q d'Orléans
R St-Louis en l'Île
Seine
Pont de la Tournelle
Un jour de grand soleil, entraînez-vous à déchiffrer les récits évoqués par les vitraux de la **Sainte-Chapelle** (p. 208) et plongez dans l'imaginaire du XIIIe siècle.
à 5 min de la cathédrale
Q de la Tournelle
Q de Béthune
Pont de Sully
Bd Henri IV
Sq Barye
5 E
Recueillez-vous devant **Mémorial des martyrs de la déportation** (p. 219), qui rend hommage aux 200 000 Français déportés.
à 5 min de la cathédrale
Faites un tour chez **Berthillon** (p. 222), pour goûter les délicieux sorbets et glaces maison de ce glacier artisanal.
à 3 min du métro Pont-Marie
QUARTIER LATIN

Les grands classiques

Pour les infos pratiques de chaque site, reportez-vous au carnet d'adresses p. 218.

Cathédrale Notre-Dame de Paris

Incontournable, ce chef-d'œuvre d'architecture gothique était un des monuments les plus visités de la capitale jusqu'à ce qu'en 2019 les flammes le dévorent partiellement. Ses 14 millions de visiteurs annuels doivent aujourd'hui se contenter d'admirer de l'extérieur ses tours gardées par des gargouilles et ses façades drapées d'échafaudages. Rassurez-vous : la cathédrale renaîtra, ses trésors ont été épargnés et la reconstruction a commencé en 2021.

MISTERVLAD/SHUTTERSTOCK ©

Sainte-Chapelle

Situé dans l'enceinte du Palais de Justice (l'ancien palais de la Cité de Louis IX), ce joyau du gothique rayonnant, construit en 7 ans et consacré en 1248, baigne dans une lumière presque surnaturelle créée par les vitraux les plus anciens de Paris. La Sainte-Chapelle fut commandée par Louis IX pour accueillir des reliques, dont la Couronne d'épines, et sa réalisation reste une prouesse architecturale sans égale !

NEIRFY/SHUTTERSTOCK ©

Pont-Neuf

Le plus ancien pont de Paris, inauguré par Henri IV en 1604, et le premier à avoir été construit en pierre et sans habitation. Imposant avec ses 12 arches ornées de 384 mascarons, il traverse les deux bras de la Seine à l'extrémité ouest de l'île de la Cité. Il donne accès au square du Vert-Galant, où l'ambiance est romantique à toute heure de la journée, et à la place Dauphine, une enclave de charme jalousement préservée par ses habitants.

PASCALE GUERET/ADOBESTOCK ©

La Conciergerie

La Conciergerie est l'un des vestiges du premier palais royal parisien – la vaste salle des Gens d'Armes du XIVe siècle est impressionnante. Quand les rois s'établirent au Louvre et à Vincennes, l'édifice devint une prison. Elle servit aussi pendant la Terreur, le tribunal révolutionnaire s'étant installé dans le Palais de Justice voisin.

NEIRFY/SHUTTERSTOCK ©

38 Explorer LES ÎLES

VIE LOCALE | CIRCUIT PÉDESTRE | CULTURE

Cet itinéraire vous fera découvrir les deux îles en vous arrêtant aux endroits les plus remarquables. Suivez-le à un rythme tranquille pour apprécier tout le charme de ces îles. Vous pouvez même consacrer une journée entière à goûter la beauté des lieux, une respiration au milieu de votre périple parisien.

ISOGOOD_PATRICK/SHUTTERSTOCK ©

Hôtels particuliers

L'**hôtel Lambert**, au 1 quai d'Anjou, fut construit par Charles Le Vau, l'architecte du château de Versailles. Il a été le théâtre des fêtes du Tout-Paris. L'**hôtel de Lauzun**, au n°17 (photo), accueillit dans les années 1840 le club des Hashischins, dont les membres, tels Théophile Gautier, Victor Hugo ou Baudelaire, expérimentaient les drogues.

En pratique

S'y rendre Ⓜ Cité (ligne 4).

Quand Mieux vaut éviter les week-ends où il y a une foule de promeneurs.

Notre conseil De nombreux établissements de l'île Saint-Louis vendent aussi des glaces Berthillon (vous verrez le logo), ce qui est bien pratique les jours où la maison **Berthillon** (p. 222) de la rue Saint-Louis est elle-même fermée !

01 Pratiquement sans voiture, la petite **place Dauphine**, entourée d'élégants bâtiments, est l'une des plus jolies et des plus anciennes places de Paris. Un endroit idéal pour observer les rares habitants qui jouent à la pétanque.

02 Vestige du palais royal médiéval devenu prison, la **Conciergerie** a servi durant la Révolution à enfermer nombre de personnalités, dont Marie-Antoinette.

03 Lieu de promenade sans voiture, le **pont Saint-Louis**, qui relie les deux îles, offre des vues spectaculaires sur la Seine, Notre-Dame et l'Hôtel de Ville. Les artistes de rue ajoutent à son charme.

04 Le **quai d'Orléans** offre la plus belle perspective sur l'île Saint-Louis et la Seine.

05 Artère principale de l'île, la **rue Saint-Louis-en-l'Île** est jalonnée de boutiques et de restaurants. Explorez aussi les rues transversales qui recèlent d'autres trésors.

06 L'île Saint-Louis est bordée de quatre quais, dont le **quai d'Anjou** aux superbes hôtels particuliers du XVIIe siècle.

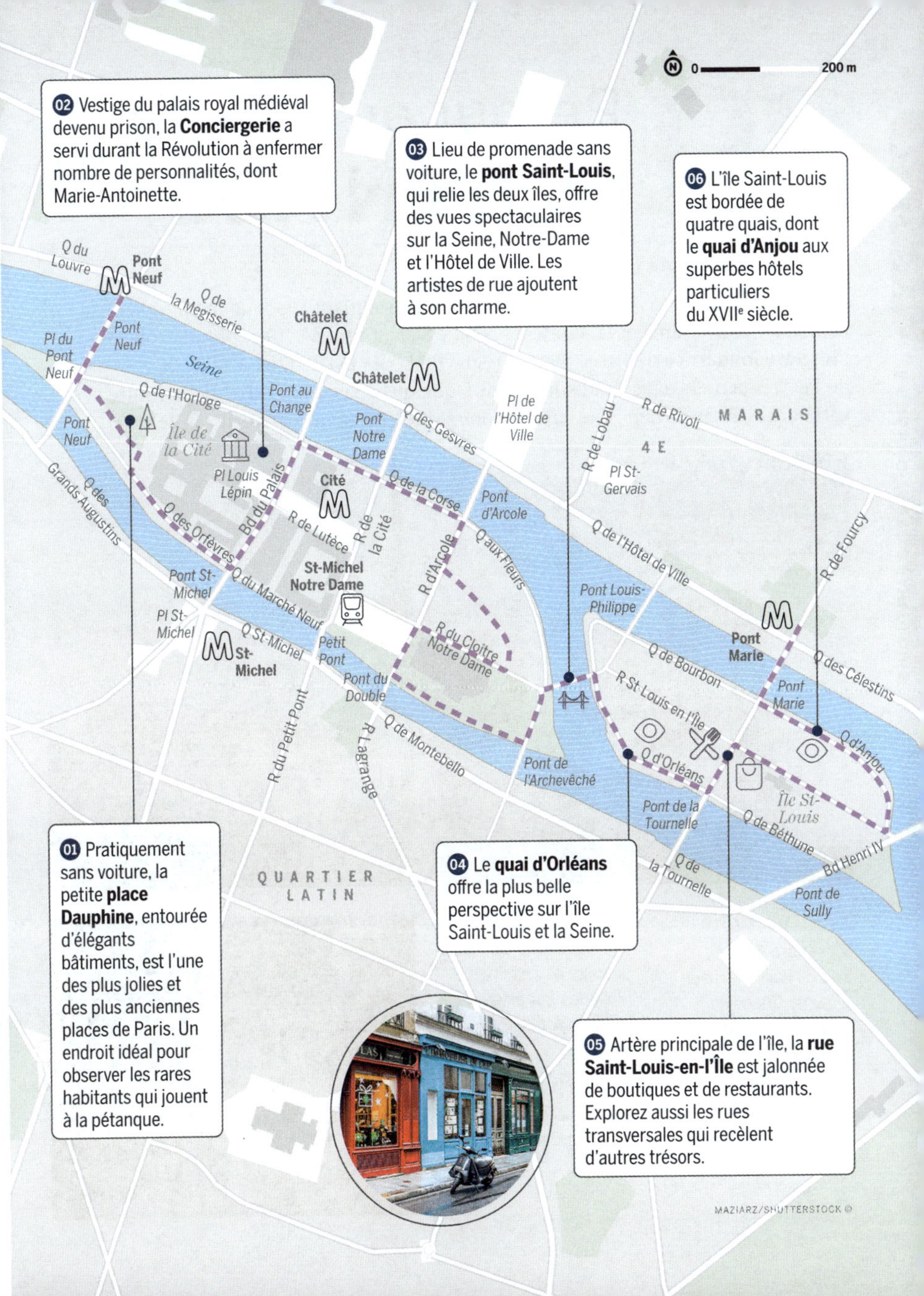

39 Retour au MOYEN ÂGE

ART I ARCHITECTURE I HISTOIRE

L'île de la Cité compte deux monuments évoquant l'époque médiévale de la capitale : Notre-Dame et la Sainte-Chapelle. S'en approcher, c'est prendre pied dans l'histoire fondatrice de Paris. Sous le règne de Louis IX, de 1226 à 1270, dont le palais de la Cité (actuel Palais de Justice) était à quelques pas du chantier de la future cathédrale, Paris devient une capitale puissante et élégante, ouverte sur les arts.

EVANNOYOSTRO/ADOBESTOCK ©

En pratique

S'y rendre Ⓜ Cité ; 8 bd du Palais, Ier, pour la Sainte-Chapelle.

Quand 9h-19h avr-sept, 9h-17h oct-mars, pour la Sainte-Chapelle.

Notre conseil Avant la visite, téléchargez l'application "Vitraux Sainte-Chapelle" pour lire les histoires bibliques. Sur place, louez un audioguide (3 €).

À savoir Des concerts sont donnés dans la Sainte-Chapelle.

SIBYLLE/ADOBESTOCK ©

Page de gauche, en haut Notre-Dame avant l'incendie
En bas Sainte-Chapelle
Ci-contre Gargouille de la cathédrale

Imaginez Notre-Dame sans les échafaudages

Louis IX, futur Saint Louis, vit Notre-Dame sortir de terre. Édifiée entre 1200 et 1250, la façade principale frappe par la pureté de sa composition géométrique. La puissance verticale des deux tours est contrebalancée par l'horizontalité de la grande galerie à colonnettes et de la galerie des rois de Juda. La rosace centrale inscrit le cercle, symbole de l'infini divin, au cœur du carré, symbole du monde terrestre.

Les reliques de Notre-Dame et ses œuvres d'art inestimables ont survécu aux flammes en 2019 ! Ce trésor a été transféré dans les réserves du Louvre, pour d'éventuelles restaurations.

Entrez dans un vaisseau de lumière !

Le roi Louis IX fit édifier la Sainte-Chapelle dans l'enceinte de son palais de la Cité vers 1241 pour abriter des reliques de la Passion du Christ (Couronne d'épines et morceau de la Croix, notamment), rachetées à l'empereur de Constantinople.

Haut de 42,50 m, sans compter la flèche, l'édifice comporte deux niveaux : la chapelle basse, aux allures de crypte, et la chapelle haute, merveille de légèreté et d'élégance, qui abritait les reliques et communiquait avec les appartements du roi. Ce vaisseau de lumière multicolore haut de 20,50 m est presque entièrement ajouré de verrières scandées par de minces faisceaux de colonnettes qui supportent la voûte d'ogives – en tout, 15 verrières du XIIIe siècle et une rosace (à l'ouest) du XVe siècle. Les vitraux de la nef illustrent les textes bibliques de la Genèse jusqu'à l'Apocalypse, mais aussi la translation des reliques.

Sauvée par Esméralda et le bossu de Notre-Dame

La cathédrale, qui subit d'importants dégâts lors de la Révolution, dut en grande partie sa redécouverte au roman *Notre-Dame de Paris* (1831) de Victor Hugo. Quelques années plus tard, l'architecte Eugène-Emmanuel Viollet-le-Duc entreprit d'importantes rénovations entre 1845 et 1864. Il alla même jusqu'à construire une nouvelle flèche plus haute (96 m) et à ajouter des chimères, dont la célèbre Stryge.

40 Un jour sur L'EAU

BATEAU I MUSIQUE I BAIGNADE

Les bateaux-mouches qui sillonnent la Seine rencontrent toujours un grand succès auprès des visiteurs. Mais il y a bien d'autres façons d'apprécier la majesté du fleuve qui coule au cœur de Paris, mais aussi le canal Saint-Martin et celui de l'Ourcq qui lui sont reliés. Et que dire des lacs où l'on peut canoter et des piscines en plein air ?

En pratique

Louer un bateau Depuis son kiosque sur le quai de la Seine, Marin d'Eau Douce (p. 219) loue des bateaux électriques pilotables sans permis pour explorer à votre rythme le bassin de la Villette et le canal de l'Ourcq. Il loue même des boules de pétanque pour jouer là où vous accostez.

Bateaux-mouches Les coordonnées des compagnies figurent p. 219.

Pétanque ou baignade ?

Les quais aménagés avec buvettes, tables de jeux, espaces de détente ou de sport sont l'occasion d'heureux moments !

La pétanque se pratique beaucoup le long du **canal de l'Ourcq** (p. 150, p. 164). L'été, des parties se disputent sur ses rives. Le BarOurcq, un petit bar du quai de la Loire, fournit chaises longues et jeux de pétanque à ses clients.

Chaque été, **Paris Plages** (p. 17) fait son apparition le long du fleuve et des canaux avec transats, palmiers, sable, buvettes et animations. Si, depuis 1923, la baignade était interdite, les Parisiens, en 2017, ont pu à nouveau plonger dans le **bassin de la Villette** (p. 148), le large tronçon

En haut à droite Bateau Marin d'Eau Douce, canal de l'Ourcq
En bas à droite Paris Plages

Des trésors au fond de l'eau...

Le **canal Saint-Martin** (p. 152) est vidé tous les 10-15 ans pour un nettoyage complet. Le dernier a eu lieu en 2016 et parmi les objets insolites trouvés sur son fond figuraient plus de 100 vélos Vélib', un pistolet, une carabine, un mannequin de couture, un fauteuil roulant et une chaussure de ski...

reliant le canal de l'Ourcq et le canal Saint-Martin. Des bassins de baignade y sont désormais ouverts chaque été et accessibles gratuitement. La Ville de Paris prévoit même de dépolluer la Seine afin de pouvoir y nager pour les Jeux olympiques de 2024 ! Autre spot de rêve : la **piscine Joséphine-Baker** (p. 285), quai François-Mauriac, avec son bassin en plein air.

Un concert sur un bateau ?

De nombreux bateaux et péniches amarrés le long des voies navigables de Paris vous accueillent pour un verre ou un concert : c'est le cas d'**El Alamein** (p. 289), orné de plantes, du **Bateau Phare** (p. 289), qui joue le lounge chic avec DJ, et du **Petit Bain** (p. 289), qui privilégie les concerts indie et punk.

PONTS
de Paris

01

02

03

04

01 Pont Bir-Hakeim
Original avec ses deux niveaux, l'un pour les voitures, vélos et piétons, l'autre pour le métro. Belle perspective soulignée par sa rangée de luminaires Art déco.

02 Passerelle Debilly
Construite pour l'Exposition universelle de 1900, comme le pont Alexandre-III.

03 Pont de l'Alma
Un pont datant de 1854. Fameux pour *La Flamme* (p. 70) mais aussi ses 4 statues, dont celle du *Zouave*, qui illustrent les 4 régiments ayant combattu durant la guerre de Crimée.

04 Pont Alexandre-III
La star des ponts sur la Seine ! Magnifique avec ses pégases dorés, son exubérance et sa vue sur la tour Eiffel, les Invalides, le Petit et le Grand Palais.

05 Pont des Arts
Premier pont en fer construit au XIXe siècle, entre l'Institut de France et le Louvre, exclusivement piétonnier. Rendez-vous des amoureux du monde entier qui accrochaient des cadenas à ses grilles, menaçant de le faire plier ! Des panneaux de verre servent désormais de parapets.

06 Pont-Neuf
Le plus ancien en réalité (voir p. 209).

07 Passerelle Simone-de-Beauvoir
Ce pont au design futuriste est formé de 2 courbes en acier laminé qui se croisent, et ce sans pilier d'appui dans l'eau. Entièrement réservé aux piétons et aux cyclistes.

08 Ponts du canal Saint-Martin
Ces ponts font tout le charme du canal (p. 152) ! Les passerelles piétonnières (1860-1890), en fonte, sont accessibles par des escaliers ; celle des Douanes est la plus ancienne ; celle de la Grange-aux-Belles est située devant la façade classée de l'Hôtel du Nord. Existent aussi deux ponts tournants, routiers, qui pivotent lorsqu'un bateau doit passer.

09 Pont levant de la rue de Crimée
Une curiosité entre le quai de la Marne et celui de l'Oise, à la jonction du bassin de la Villette et du canal de l'Ourcq. Ce pont routier (1885) est doublé par une passerelle piétonnière surélevée.

Carnet d'adresses

Les grands classiques

Cathédrale Notre-Dame de Paris

La construction de Notre-Dame commença en 1163 pour s'achever au début du XIVe siècle. La cathédrale, qui subit d'importants dégâts lors de la Révolution, fut restaurées par l'architecte Eugène-Emmanuel Viollet-le-Duc entre 1845 et 1864. Il reconstitua les sculptures de la galerie des Rois et alla même jusqu'à construire une nouvelle flèche plus haute (96 m) et à ajouter des chimères, dont la célèbre Stryge. L'intérieur de la cathédrale, de dimensions grandioses, mesure 127 m de long sur 48 m de haut et 35 m de large, et peut accueillir environ 6 000 fidèles. Caractéristiques de Notre-Dame, les trois remarquables rosaces qui conservent des éléments des vitraux du Moyen Âge ont heureusement survécu à l'incendie de 2019. La rosace nord, la mieux préservée, représente la Vierge entourée de 80 personnages bibliques. La rosace sud, consacrée au Nouveau Testament, fut offerte par Saint Louis, et restaurée aux XVIIIe et XIXe siècles. La rosace ouest a été restaurée par Viollet-le-Duc. Voir aussi p. 208. (www.notredamedeparis.fr ; 6 parvis Notre-Dame – place Jean-Paul-II, IVe ; fermée pour une durée indéterminée ; M Cité)

Conciergerie

Voir p. 209. Comme pour la Sainte-Chapelle, les modalités d'accès sont modifiées en cas de procès médiatisés. (01 53 40 60 80 ; www.paris-conciergerie.fr ; 2 bd du Palais, Ier ; tarif plein/-18 ans 11,50 €/gratuit, billet combiné avec la Sainte-Chapelle 18,50 €/gratuit ; 9h30-18h ; M Cité)

Pont-Neuf

Voir p. 209. (M Pont-Neuf)

Sainte-Chapelle

Voir p. 208. Sachez que les modalités d'accès sont modifiées si de grands procès se tiennent au Palais de Justice. (01 53 40 60 80, concerts 01 42 77 65 65 ; www.sainte-chapelle.fr ; 8 bd du Palais, Ier ; tarif plein/-18 ans 11,50 €/gratuit, billet combiné avec la Conciergerie 18,50 €/gratuit ; 9h-19h avr-sept, 9h-17h oct-mars ; M Cité)

Autres sites insulaires

Église Saint-Louis-en-l'Île

Sur l'île Saint-Louis, cette église baroque fut construite entre 1664 et 1726. Le dimanche, elle accueille parfois des concerts de musique classique et d'orgue ; consultez le programme en ligne. (01 46 34 11 60 ; www.saintlouisenlile.catholique.fr ; 19 rue Saint-Louis-en-l'Île, IVe ; 9h30-13h et 14h-19h30 lun-sam, 9h-13h et 14h-19h dim ; M Pont-Marie)

Marché aux Fleurs – Reine-Elizabeth II

Le marché aux fleurs, créé en 1808 par Napoléon Ier sur l'île de la Cité, reste l'un des plus vastes au monde. Vous y trouverez des fleurs, des herbes, des arbres et autres végétaux ainsi que des décors pour jardins et terrasses. Des travaux de rénovation sont prévus entre 2023 et 2025, mais le marché devrait rester ouvert. (www.facebook.com/

Rosace, Sainte-Chapelle

marche.aux.fleurs.reine.elizabeth.2 ; place Louis-Lépine et quai de la Corse, IVe ; 9h30-19h lun-sam, 8h-19h dim ; M Cité)

Mémorial des martyrs de la déportation

Situé à la pointe est de l'île de la Cité, ce monument obsédant, conçu par l'architecte Georges-Henri Pingusson et inauguré en 1962, rend hommage aux 200 000 Français déportés et morts dans les camps de concentration nazis pendant la Seconde Guerre mondiale. Une tombe abrite les restes d'un déporté inconnu et des bâtonnets lumineux symbolisent les dizaines de milliers de déportés morts dans les camps nazis. Des urnes contiennent des cendres rapportées des fours crématoires. Aux murs sont inscrits des extraits de poèmes, notamment de Robert Desnos, de Paul Éluard et de Louis Aragon. (01 46 33 87 56 ; sq. de l'Île-de-France, Ier ; entrée libre ; 10h-19h avr-sept, 10h-17h mar-dim oct-mars ; M Cité, RER Saint-Michel–Notre-Dame)

Point zéro des routes de France

Repérez, dans le sol du parvis de la cathédrale, face au portail principal, le médaillon de bronze indiquant la position exacte du point zéro des routes de France. Notre-Dame est en effet le cœur de Paris, à partir duquel les distances entre la capitale et le reste de la métropole sont mesurées. (parvis Notre-Dame – place Jean-Paul-II, IVe ; M Cité)

Square du Vert-Galant

Châtaigniers, ifs, noyers noirs et saules pleureurs embellissent ce parc ravissant, à l'extrémité ouest de l'île de la Cité. Il accueille également de nombreux oiseaux migrateurs, notamment des cygnes muets, des canards plongeurs, des mouettes rieuses et des bergeronnettes. Le niveau du square est situé 7 m plus bas que le niveau actuel des autres parties de l'île, ce qui correspond au niveau que celle-ci avait autrefois. Ce parc est accessible du Pont-Neuf via un escalier.

ROMAS_PHOTO/SHUTTERSTOCK ©

Bateau des Vedettes du Pont-Neuf

L'ambiance est romantique à toute heure de la journée, mais surtout le soir, au couchant. (pl. du Pont-Neuf, Ier ; M Pont-Neuf)

Une journée sur l'eau : balades fluviales et croisières

Bateaux Parisiens

Cette grosse entreprise organise des circuits d'une heure avec commentaires enregistrés (toutes les 30 min 10h-23h avr-sept, toutes les heures 10h30-22h30 oct-mars) et propose diverses croisières à thème avec déjeuner/dîner. (01 76 64 14 45 ; www.bateauxparisiens.com ; port de la Bourdonnais, VIIe ; adulte/enfant 15/7 € ; ; M Bir-Hakeim ou RER Pont-de-l'Alma)

Bateaux-Mouches

La plus grande agence de croisières de Paris est particulièrement appréciée des groupes. Les croisières (1 heure 10) partent de la rive droite, à l'est du pont de l'Alma. (01 42 25 96 10 ; www.bateaux-mouches.fr ; port de la Conférence, VIIIe ; adulte/enfant 14/6 € ; ttes les 30 minutes, 10h-22h30 avr-sept, toutes les 40 minutes 11h-21h20 oct-mars ; M Alma-Marceau)

Marin d'Eau Douce

Voir p. 214. (09 70 71 40 60 ; www.marindeaudouce.fr ; bassin de la Villette, 37 quai de la Seine, XIXe ; M Riquet)

Parc Rives de Seine, rive droite

Le long de la Seine, un tronçon de 3,3 km de la **rive droite**, inscrit au Patrimoine de l'Unesco et interdit aux voitures, est très apprécié des Parisiens : pistes cyclables et pédestres, terrains de pétanque, aires de jeux pour enfants, murs d'escalade et immense tableau noir pour écrire ou dessiner tout son content. Des bars et des hamacs sont installés toute l'année, complétés par des transats et des tables ombragées de parasols en été : la promesse d'un moment de pur détente en milieu urbain. (les quais de Seine entre quai des Tuileries, Ier, et port de l'Arsenal, IVe ; M Pont-Marie, Pont-Neuf) GRATUIT

Paris Canal Croisières

Des croisières de 2 heures 30 sur la Seine et le canal Saint-Martin partent du port de Solférino près du musée d'Orsay et/ou du parc de la Villette. Commentaires à bord instructifs et vivants : vous découvrirez au gré des passerelles et des canaux arborés le fonctionnement des écluses, en plus d'admirer les ponts incontournables de la Seine. (☎ 01 42 40 96 97 ; www.pariscanal.com ; quai Anatole-France, VIIe ; adulte/jeune 15-25 ans/enfant 4-14 ans 22/19/14 € ; ⏲ mars à mi-déc ; M Solférino ou RER Musée-d'Orsay)

Vedettes de Paris

Ces bateaux de petite taille pour des croisières d'une heure offrent une expérience plus intime que ceux des grandes agences. Également des circuits à thème, notamment la "Croisière des mystères de Paris" pour les enfants (adulte/enfant 15/9 €). (☎ 01 44 18 19 50 ; www.vedettesdeparis.fr ; port de Suffren, VIIe ; adulte/enfant 15/7 € ; ⏲ 10h30-20h30 mai-sept, horaires variables oct-avr ; M Bir-Hakeim ou RER Pont-de-l'Alma)

Vedettes du Pont-Neuf

Cette compagnie organise des croisières d'une heure tout au long de l'année, depuis son embarcadère, à l'extrémité ouest de l'île de la Cité. Les billets sont moins chers si vous les achetez à l'avance, en ligne. Consultez le site Internet pour des détails sur les déjeuners-croisières (1 heure adulte/enfant 37/29 €) et les dîners-croisières (2 heures 71/35 €). (☎ 01 46 33 98 38 ; www.vedettesdupontneuf.fr ; square du Vert-Galant, Ier ; adulte/enfant 14/7 €, en ligne 12/5 € ; ⏲ 10h30-22h30 ; M Pont-Neuf)

Bonnes tables insulaires

Ha Noi 1988 €

Embarquez pour Hanoi dans ce restaurant vietnamien. Son menu met à l'honneur la cuisine du nord du Vietnam. Son café vietnamien est un must. (☎ 07 65 21 68 68 ; www.viet-eat.com ; 72 quai des Orfèvres, Ier ; plats 13,80-16,80 €, café 5,50-6,50 € ; ⏲ 12h-15h et 19h-23h lun-ven, 12h-23h sam-dim ; M Pont-Neuf, Cité)

KHANA €

Ce restaurant afghan de l'île Saint-Louis sert des plats traditionnels avec un zeste de modernité. Les portions sont généreuses et le service chaleureux. (☎ 09 51 13 07 02 ; www.khana-ilesaintlouis.com ; 69 rue Saint-Louis-en-l'Île, IVe ; plats 18-25 € ; ⏲ 11h30-minuit ; M Pont-Marie)

Le Caveau du Palais €€

Que ce soit dans ses salles aux poutres apparentes ou sur sa terrasse (par beau

GARDEN PHOTO WORLD/ALAMY STOCK PHOTO ©

Bistrot parisien

temps), le Caveau ne désemplit pas. Saint-jacques poêlées à l'artichaut, ravioles de champignons à l'émulsion de marrons, canard aux figues rôties... on déguste des plats fraîchement préparés et des desserts très parisiens, tels le croustillant millefeuille ou la crème brûlée. (01 43 26 04 28 ; www.caveaudupalais.fr ; 19 pl. Dauphine, Ier ; plats 21-26 € ; 12h-14h30 et 19h-22h ; M Pont-Neuf)

Le Saint-Régis €€

Voici l'un des rares restaurants qui parvient à attirer les Parisiens sur l'île Saint-Louis. Ses plats, servis par un personnel vêtu de longs tabliers blancs, incluent de savoureux classiques (escargots, soupe à l'oignon, steak à cheval...), mais aussi des petits-déjeuners, des burgers, des club-sandwichs et de généreuses salades. Le décor à l'ancienne, avec son plafond carrelé et ses grands miroirs, est charmant. Même si vous n'y mangez pas, cela vaut la peine d'aller y prendre un verre. (01 43 54 59 41 ; www.lesaintregis-paris.com ; 6 rue Jean-du-Bellay, IVe ; petit-déj et snack 3,50-15 €, plats 17-33 € ; 7h-2h, cuisine 8h-minuit ; ; M Pont-Marie)

Le Sergent Recruteur €€€

Avec son restaurant étoilé au Michelin, le chef Alain Pégouret, formé auprès de Joël Robuchon, a contribué à faire de l'île Saint-Louis une destination incontournable pour les gastronomes. (01 43 54 75 42 ; www.lesergentrecruteur.fr ; 41 rue Saint-Louis-en-l'Île, IVe ; menu déj mer-ven 39-49€, menu 5 plats 98 € ; 19h30-minuit mar, 12h30-14h30 et 19h30-minuit mer-sam ; M Pont-Marie)

Les Deux Colombes €

Ce charmant restaurant de l'île de la Cité, qui offre une vue magnifique sur la Seine et l'Hôtel de Ville, propose une cuisine généreuse et savoureuse à base d'ingrédients de qualité. Les formules déjeuner sont copieuses et abordables. (01 42 03 04 32 ; lesdeuxcolombes.fr ; 4 rue de la Colombe, IVe ; plats 16-22 € ; 12h-23h mar-dim ; M Cité)

CHRISTIAN MUELLER/SHUTTERSTOCK ©

Le Saint-Régis

Les Fous de l'Île €€

On vient en famille dans cette brasserie de l'île Saint-Louis, dont la décoration célèbre le coq et les poules ! Goûtez à la cuisine du chef Steven Rouquier, en commandant, par exemple, un tartare de canard fumé avec avocat rôti et algues frites, des sardines marinées à la crème de pois chiches et, pour finir, une tomme d'Abondance bien affinée et de la glace au cidre. (01 43 25 76 67 ; lesfousdelile.becsparisiens.fr ; 33 rue des Deux-Ponts, IVe ; déj 2/3 plats 21/26 €, plats soir 21-27 € ; 12h-23h ; ; M Pont-Marie)

L'Îlot Vache €€

Le nom de ce restaurant rappelle l'ancienne appellation de l'île Saint-Louis, l'île aux Vaches (d'où les statuettes). Dans cette ancienne boucherie, bougies, pierre apparente et poutres donnent le ton. Côté assiette, des plats traditionnels : escargots de Bourgogne au beurre persillé, magret de canard ou encore une exquise tarte Tatin maison. (01 46 33 55 16 ; www.lilotvache.fr ; 35 rue Saint-Louis-en-l'Île, IVe ; menu 45 €, plats 24-39 € ; 19h-23h ; ; M Pont-Marie)

Ma Salle à Manger €€

Ce petit restaurant basque convivial annonce son menu à la craie sur un tableau noir. On y trouve des classiques simples et réussis (magret et charcuteries, gâteau aux cerises noires...), ainsi que des sandwichs et crêpes à emporter. (01 43 29 52 34 ; 26 pl. Dauphine, Ier ; menus 2/3 plats 29,50/37,50 €, plats 21-23 € ; 11h-23h ; ; M Pont-Neuf)

Poget & De Witte €€

Nommé d'après ses propriétaires, le responsable du pôle mer aux Galeries Lafayette Paris et un ostréiculteur, cette boutique-bar à huîtres sert les meilleures coquillages de Paris. (01 42 49 03 81 ; www.poget-dewitte.com ; 5 rue Jean-du-Bellay, IVe ; 10h-22h mer-dim ; M Pont-Marie)

Produits gourmands

Berthillon €

Depuis sa création en 1954, ce célèbre glacier est resté aux mains de la même famille. Les 70 parfums 100% naturels comprennent des sorbets aux fruits (pamplemousse, fraise des bois, rose, etc.) et des glaces onctueuses au lait et aux œufs frais (caramel salé, marrons glacés, pain d'épice ou pignons de pin). Repérez les nouvelles saveurs saisonnières. Voir aussi p. 207. (01 43 54 31 61 ; www.berthillon.fr ; 29-31 rue Saint-Louis-en-l'Île, IVe ; 1/2/3/4 boules à emporter 3/4,50/6/7,50 € ; 10h-20h mer-dim, fermé mi-fév à début mars et août ; M Pont-Marie)

Fleuryan €

La boutique de l'île Saint-Louis pour les produits bio, les repas sains prêts à consommer, les jus et d'autres délices. Vous ne pouvez pas manquer sa lumineuse façade. (60 rue Saint-Louis-en-l'Île, IVe ; M Pont-Marie)

La Ferme Saint-Aubin €

Cet excellent fromager de l'île Saint-Louis saura vous conseiller sans vous intimider. L'aimable patron parle anglais. (01 43 54 74 54 ; 76 rue Saint-Louis-en-l'Île, IVe ; 9h-19h30 mar-mer et ven-dim, 9h-13h et 15h-19h30 jeu ; M Pont-Marie)

Noir Torréfacteur et Coffe Shop €

Un très bel endroit pour déguster du café pure origine et en rapporter chez soi ! (07 80 98 21 97 ; noircoffeeshop.com/ ; 63 rue Saint-Louis-en-l'Île, IVe ; 8h-18h tlj ; M Pont-Marie)

Boutiques insolites

Epiphania

Cette boutique-cabinet de curiosités, ouverte en 2021 sur l'île Saint-Louis, regorge d'objets insolites et de bon goût provenant du monde entier, dont quelques pièces anciennes. (01 89 32 13 44 ; www.epiphania-paris.com ; 5 rue des Deux-Ponts, IVe ; 11h30-19h mar-dim ; M Pont-Marie)

L'Île aux Images

Cette galerie-boutique déborde d'affiches, de photographies d'époque et de lithographies originales, rares pour certaines. Les plus anciennes datent de 1850 et on peut dénicher des œuvres d'artistes comme Man Ray, Salvador Dalí, Paul Gauguin et Pablo Picasso. Beaucoup représentent des scènes de vie parisienne ; encadrement possible. (01 56 24 15 22 ; www.vintage-photos-lithos-paris.com ; 51 rue Saint-Louis-en-l'Île, IVe ; 14h-19h lun-sam et sur rdv ; M Pont-Marie)

Librairie Ulysse

Cette librairie de l'île Saint-Louis consacrée aux voyages vous fera rêver d'aventures.

MITCHHARROLD/SHUTTERSTOCK ©

La devanture du fameux glacier sans la foule habituelle

Vous y trouverez des cartes, des guides de voyages, des livres, des magazines, des cartes postales et autres, en provenance du monde entier. (☎06 27 31 35 95, 01 43 25 17 35 ; www.ulysse.fr ; 26 rue Saint-Louis-en-l'Île, IVe ; ⏲14h-20h mar-ven, matins et sam sur rdv ; Ⓜ Pont-Marie)

Opulence Luxury & Vintage

Cette boutique vintage haut de gamme de l'île Saint-Louis vend des articles de créateurs en parfait état à des prix justifiés. Vous y trouverez une grande sélection de sacs, de bijoux fantaisie, d'accessoires et de vêtements de marques comme Hermès et Chanel. (☎06 48 91 79 86 ; www.opulencevintage.com ; 3 rue Jean-du-Bellay, IVe ; ⏲13h-19h mar-sam ; Ⓜ Pont-Marie)

Papeterie Gaubert

Cette institution parisienne remonte à 1830. La boutique de l'île de la Cité enchantera les amateurs de papeterie. On y trouve encore le papier japon bleu clair, vendu au poids, que Colette achetait exclusivement ici !

ANA DUQUE/SHUTTERSTOCK ©

Cabinet de curiosité

(☎01 42 33 35 86 ; www.gaubert.fr ; 41 quai de l'Horloge et 28 pl. Dauphine, Ier ; ⏲9h-18h lun-ven, variable sam ; Ⓜ Pont-Neuf)

Raphaël Bedos Antiquités

Ce sympathique antiquaire de l'île de la Cité présente une impressionnante collection d'objets rares et insolites dignes d'un musée allant du Moyen Âge au XIXe siècle. (☎06 14 79 31 67 ; raphaelbedos.com ; 41 quai de l'Horloge, Ier ; ⏲10h-19h mar-sam, dim sur rdv ; Ⓜ Pont-Neuf)

QUARTIER LATIN ET SAINT-GERMAIN-DES-PRÉS

VIE ÉTUDIANTE | SHOPPING CHIC | JARDINS

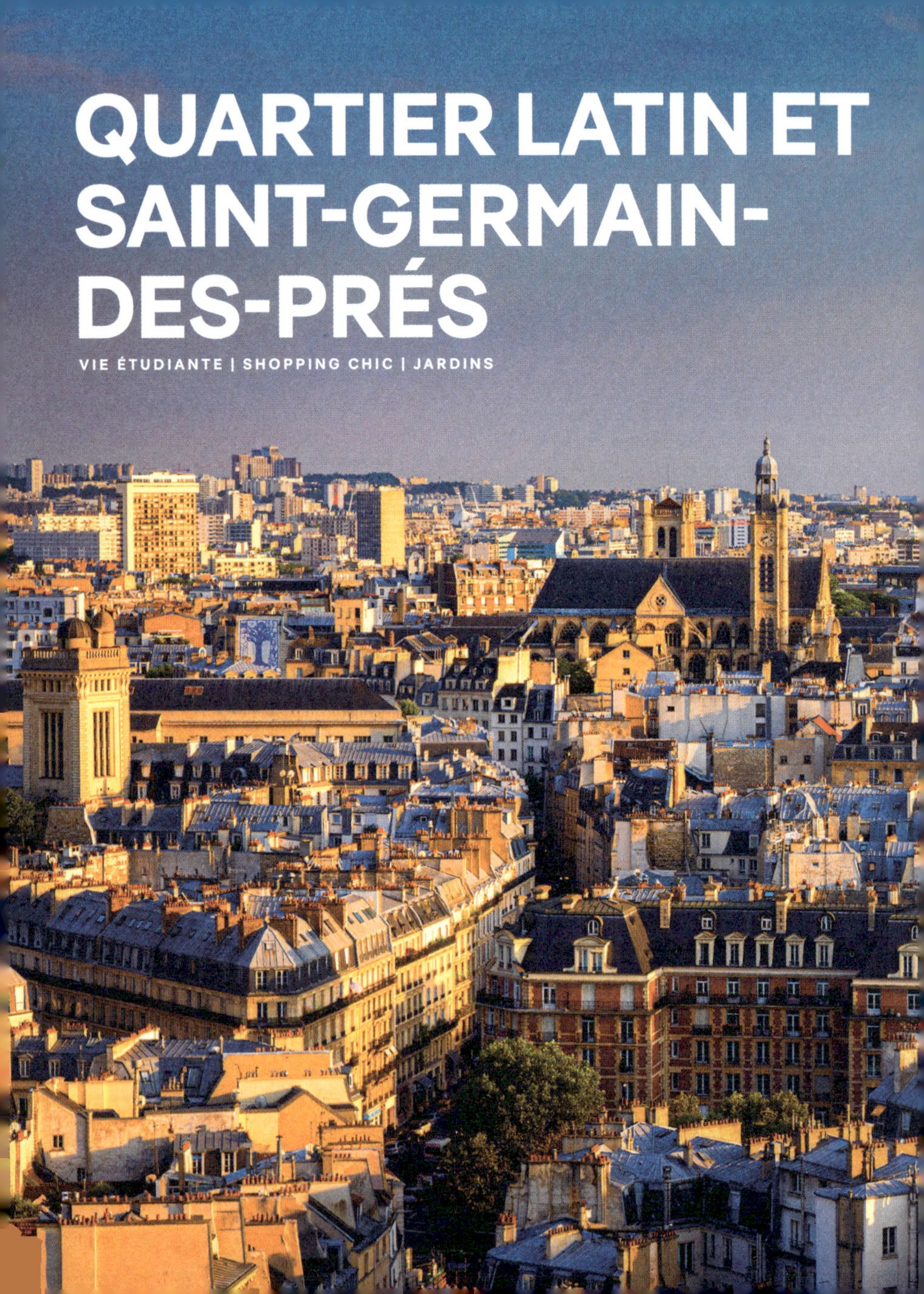

QUARTIER LATIN ET SAINT-GERMAIN-DES-PRÉS
à la carte

INCONTOURNABLES ET TRÉSORS CACHÉS

Ces deux quartiers de la rive gauche possèdent une tradition universitaire et culturelle. Avec ses universités, ses écoles, ses librairies et ses cinémas d'art et d'essai, le Quartier latin reste aujourd'hui le cœur battant de la vie estudiantine et intellectuelle. Emblématique du Paris littéraire, Saint-Germain-des-Prés fut le QG de Sartre, de Beauvoir, de Camus, de Hemingway et de Scott Fitzgerald. Les temps ont bien changé depuis cet âge d'or remontant aux années 1950. Aujourd'hui, les rues de ce quartier mythique regorgent de boutiques chics de mode et de décoration, et comptent bon nombre d'antiquaires et de galeries d'art.

Le quartier en bref

Points forts Flânerie, musées et jardins.

Transport M Place-Monge, Cluny-La Sorbonne, Saint-Michel, Odéon ou Saint-Germain-des-Prés.

Notre conseil Flâner au hasard des rues reste le meilleur moyen de ressentir le charme de ces vieux quartiers.

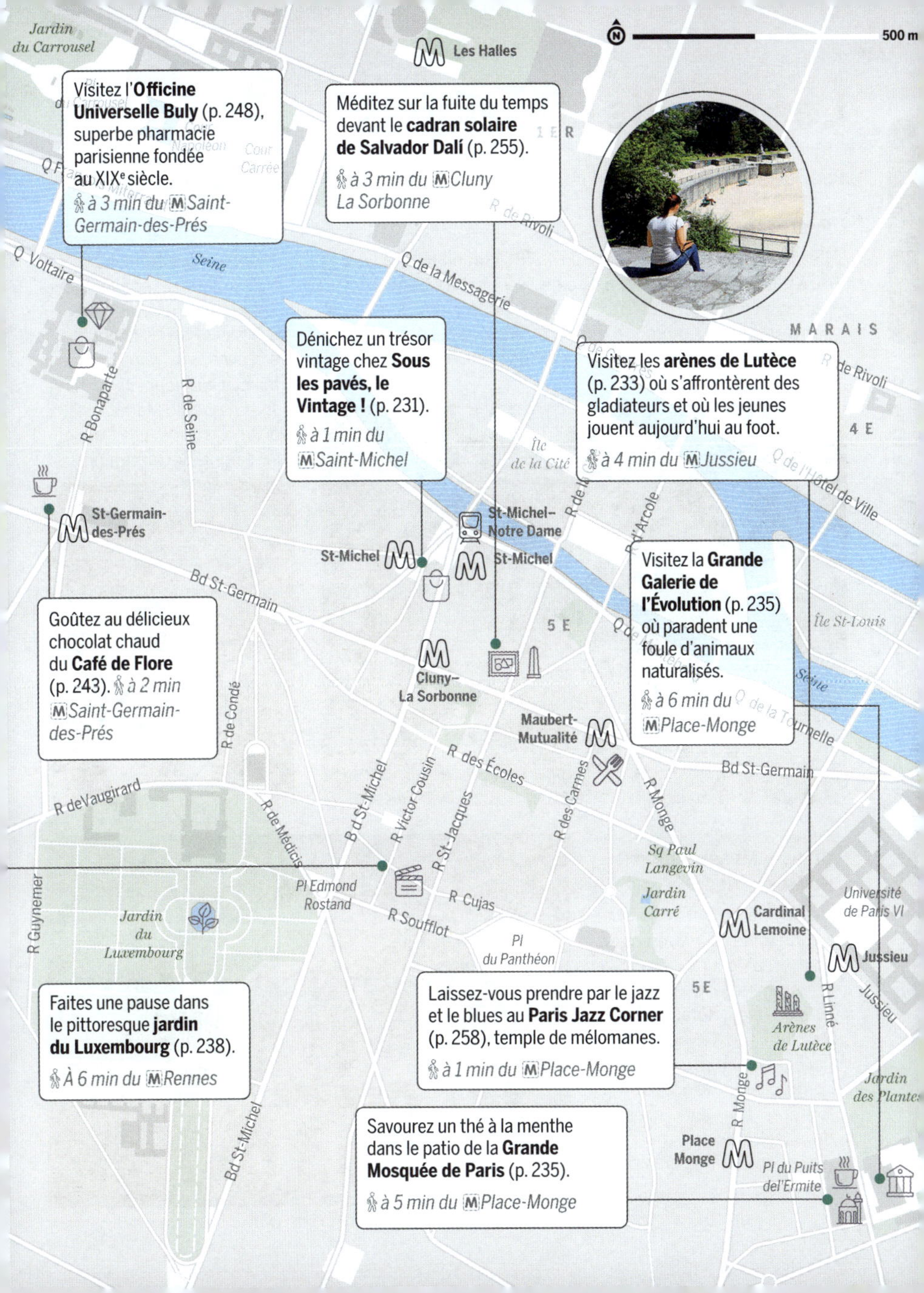

500 m
Jardin du Carrousel
Les Halles
Visitez l'**Officine Universelle Buly** (p. 248), superbe pharmacie parisienne fondée au XIXe siècle.
à 3 min du M Saint-Germain-des-Prés
Méditez sur la fuite du temps devant le **cadran solaire de Salvador Dalí** (p. 255).
à 3 min du M Cluny La Sorbonne
Cour Carrée
1 E R
R de Rivoli
Q Voltaire
Seine
Q de la Messagerie
MARAIS
Dénichez un trésor vintage chez **Sous les pavés, le Vintage !** (p. 231).
à 1 min du M Saint-Michel
Visitez les **arènes de Lutèce** (p. 233) où s'affrontèrent des gladiateurs et où les jeunes jouent aujourd'hui au foot.
à 4 min du M Jussieu
R de Rivoli
4 E
R Bonaparte
R de Seine
Île de la Cité
Q de l'Hôtel de Ville
St-Germain-des-Prés
St-Michel–Notre Dame
St-Michel
St-Michel
R d'Arcole
Visitez la **Grande Galerie de l'Évolution** (p. 235) où paradent une foule d'animaux naturalisés.
à 6 min du M Place-Monge
Bd St-Germain
Goûtez au délicieux chocolat chaud du **Café de Flore** (p. 243). à 2 min M Saint-Germain-des-Prés
5 E
Île St-Louis
Seine
Cluny–La Sorbonne
Maubert-Mutualité
Q de la Tournelle
R de Condé
R des Écoles
Bd St-Germain
R de Vaugirard
R de Médicis
Bd St-Michel
R Victor Cousin
R St-Jacques
R des Carmes
R Monge
Sq Paul Langevin
Jardin Carré
R Guynemer
Pl Edmond Rostand
R Cujas
R Soufflot
Jardin du Luxembourg
Cardinal Lemoine
Université de Paris VI
Pl du Panthéon
Jussieu
Faites une pause dans le pittoresque **jardin du Luxembourg** (p. 238).
À 6 min du M Rennes
Laissez-vous prendre par le jazz et le blues au **Paris Jazz Corner** (p. 258), temple de mélomanes.
à 1 min du M Place-Monge
5 E
Arènes de Lutèce
R Linné
R Jussieu
Jardin des Plantes
Bd St-Michel
R Monge
Savourez un thé à la menthe dans le patio de la **Grande Mosquée de Paris** (p. 235).
à 5 min du M Place-Monge
Place Monge
Pl du Puits de l'Ermite

Les grands classiques

Pour les infos pratiques de chaque site, reportez-vous au carnet d'adresses p. 254.

Panthéon

Ce chef-d'œuvre de Soufflot (1713-1780) fut édifié à la fin du XVIIIe siècle en tant qu'église dédiée à sainte Geneviève, patronne de Paris. En 1791, l'Assemblée constituante le convertit en un sanctuaire dédié aux héros de la nation et fit inscrire sur son fronton "Aux grands hommes la patrie reconnaissante". Voir aussi p. 233.

PETAIR/ADOBESTOCK ©

Musée d'Orsay

Tout l'art des années 1848 à 1914 dans un écrin Belle Époque : l'ancienne gare d'Orsay ! Parmi les chefs-d'œuvre : *L'Angélus* de Millet, *Le Déjeuner sur l'herbe* de Manet ou la très sensuelle *Danse* du sculpteur Carpeaux.

NIKOLPETR/ADOBESTOCK ©

Cluny – Musée national du Moyen Âge

Centré sur l'art et la vie quotidienne du Moyen Âge, ce musée occupe les vestiges de thermes gallo-romains (Ier-IIIe siècle) et l'hôtel des abbés de Cluny (fin XVe siècle). Sa collection compte des joyaux, comme la Dame à la licorne, les têtes de la galerie des rois de la Notre-Dame, une rose d'or et des coffres en ivoire.

CHRISTIAN MUELLER/SHUTTERSTOCK ©

Muséum national d'histoire naturelle

Un musée en trois galeries à l'intérieur du Jardin des Plantes : la magnifique Grande Galerie de l'Évolution, la galerie de Minéralogie et de Géologie, qui réunit une collection comprenant météorites martiennes et cristaux géants, et la galerie de Paléontologie et d'Anatomie comparée.

Jardin du Luxembourg

Allées soignées, parterres de fleurs, manège Napoléon III ou aires de jeux font le bonheur de tous. Les chaises métalliques couleur olive verte sont ici prises d'assaut dès les premiers rayons du soleil (voir aussi p. 238). Des générations de jeunes Parisiens ont pris plaisir à venir jouer dans ce parc familial très prisé.

Jardin des Plantes

Héritier du jardin des plantes médicinales créé en 1635 et dépendant du muséum, ce parc (p. 234) accueille en réalité 11 jardins (jardin alpin, jardin d'hiver, roseraie, potager...) et les Grandes Serres du XVIIe siècle qui ouvrent des horizons sur les zones arides des déserts et les forêts tropicales humides.

41 Le fief des ÉTUDIANTS

LIBRAIRIES | CAFÉS | ATMOSPHÈRE

Cœur du Quartier latin, la prestigieuse Sorbonne, fondée au XIIIe siècle, est entourée de bien d'autres établissements universitaires et scolaires de grand renom. Et si certaines rues du quartier sont envahies de restaurants et de commerces pour touristes, on y déniche aussi des petites merveilles mieux adaptées à la clientèle estudiantine du quartier et à son budget.

CHRISTIAN MUELLER/SHUTTERSTOCK ©

En pratique

S'y rendre
M Saint-Michel ou Cluny-La Sorbonne.

Quand Ce quartier, en permanence animé, est particulièrement fréquenté à l'heure du déjeuner quand les étudiants sortent des cours pour se restaurer.

Notre conseil
Munissez-vous d'un sac réutilisable pour transporter vos livres et autres achats, car les sacs en papier sont souvent payants et se déchirent facilement. De nombreux bouquinistes ne veulent pas qu'on photographie leurs éventaires.

EQROY/SHUTTERSTOCK ©

En haut à gauche Place de la Sorbonne **En bas à gauche** Éventaire de bouquiniste

La Sorbonne La plus ancienne université de France a été reconstruite et agrandie au fil du temps. La place de la Sorbonne en offre un bel aperçu.

Librairies Le quartier latin ne serait pas ce qu'il est sans ses librairies multiples et variées (voir ci-contre). La Librairie Galerie Louis Rozen vend des affiches et des livres anciens.

Bouquinistes Avec leurs boîtes vertes alignées le long des quais, ces vendeurs de livres, estampes, affiches et cartes postales d'occasion sont caractéristiques des "rives de la Seine" classées au patrimoine mondial de l'Unesco.

Bibliothèque Sainte-Geneviève Cette monumentale bibliothèque, à la structure métallique caractéristique du XIXe siècle, est très fréquentée par les étudiants mais elle se visite aussi – il suffit de s'inscrire (voir p. 257).

Seconde main Les étudiants et d'autres habitants de ce quartier branché ont attiré certaines des meilleures boutiques d'occasion de la capitale. Sous les pavés, le Vintage ! (p. 259) propose des vêtements haut de gamme à prix raisonnables. Hippy Market (p. 258) privilégie un style plus bohème et Kiliwatch Collector (p. 258) voisin offre une sélection soignée.

Rue Saint-André-des-Arts Cette très ancienne rue recèle plusieurs bâtiments classés au titre des monuments historiques et des snacks où les étudiants peuvent se restaurer à petits prix. Pour un délicieux repas à moins de 10 €, rien de tel que les falafels végétariens de Maoz (p. 260), ou les wraps libanais de Chez le Libanais (p. 260).

Librairies du Quartier latin

Le commerce des livres dans le Quartier latin remonte aux XVIe et XVIIe siècles, lorsque La Sorbonne était l'une des plus importantes universités d'Europe. Même si leur nombre a chuté de moitié en 25 ans, les librairies sont toujours omniprésentes dans ce secteur : on en compte environ 240, ce qui représente le tiers des librairies parisiennes. De la plus généraliste à la plus spécialisée, de la plus austère à la plus branchée, il y a de tout, mais toutes ont en commun d'être tenues par des passionnés. Quelques incontournables (tous p. 257-258) : Gibert, Compagnie, Un regard moderne, Album ou Shakespeare and Company...

42 Autour de la rue MOUFFETARD

BALADE À PIED | HISTOIRE | ESPACES VERTS

C'est l'un des rares quartiers du centre de Paris où subsistent encore des rues et ruelles médiévales. La meilleure façon de l'explorer consiste donc à flâner dans ses rues souvent tortueuses en s'arrêtant au passage devant les lieux marquants.

JAVARMAN3/GETTY IMAGES ©

En pratique

S'y rendre
Ⓜ Place-Monge.

Quand Idéalement, le dimanche matin : l'animation de la rue Mouffetard bat alors son plein et un petit bal s'improvise sur la place voisine. Un marché alimentaire se tient aussi place Monge le mercredi, le vendredi et le dimanche matin.

Notre conseil Portez des chaussures confortables pour arpenter les rues parfois pentues (le Panthéon se trouve sur la montagne Sainte-Geneviève) et marcher au Jardin des Plantes.

DANNY YE/SHUTTERSTOCK ©

Arènes de Lutèce

Découverts par hasard lors des travaux d'Haussmann, ces vestiges d'arènes remontent au IIe siècle, quand Paris s'appelait Lutèce. Ce sont, avec les **thermes de Cluny**, occupés aujourd'hui par le magnifique musée du Moyen Âge (p. 254), parmi les plus anciens vestiges de la ville gallo-romaine. Cet amphithéâtre doté d'une scène permettait aussi bien les combats de gladiateurs que du théâtre. Aujourd'hui, les étudiants et les habitants du quartier viennent s'y délasser.

KIEV.VICTOR/SHUTTERSTOCK ©

Panthéon

Ce monument néoclassique (p. 254) fut transformé sous la Révolution en temple dédié aux personnages ayant marqué l'histoire nationale. Dans la **crypte** reposent plus de 70 grands hommes et femmes :

Lire et grignoter

À deux pas du Panthéon, le **Tram Café-Librairie** (p. 258) allie café-restaurant chic et librairie. D'un côté une sélection de livres français et de l'autre des boissons, des douceurs et des petits plats maison, dont un délicieux croque-monsieur (avec jambon Prince de Paris et sel truffé).

En haut à gauche Coupole du Panthéon **En bas à gauche** Jardin des Plantes (p. 235) **Ci-dessus** Muséum national d'histoire naturelle (p. 234)

Mirabeau et Marat, Bougainville, Rousseau, Hugo, Zola et Dumas, Pierre et Marie Curie, ainsi que des résistants et des défenseurs de l'idéal républicain. Simone Veil et son époux, en 2018, puis Joséphine Baker en 2021 sont les dernières personnalités à être entrées au Panthéon. L'intérieur est décoré de peintures illustrant l'histoire de France.

Rue Mouffetard

Parmi les plus anciennes rues de Paris, la **rue Mouffetard** – ou "la Mouffe" comme les habitants la surnomment – est une rue pavée animée traversant la **place de la Contrescarpe**, jalonnée de boutiques, de bars bourrés d'étudiants et de restaurants abordables. Sa partie basse regroupe de nombreux commerces de bouche qui installent leurs étals dans la rue.

Jardin des Plantes et Muséum

Plantes, animaux, minéraux, humains... le **Muséum national d'histoire naturelle** regroupe plusieurs sites (voir aussi p. 254).

Le top des pauses café à la Mouffe

Dose (p. 262) Prenez votre dose de caféine dans ce café branché qui torréfie ses propres grains. Vous pouvez y acheter café, plats et pâtisseries à emporter ou vous y attabler pour un brunch. La terrasse est abritée sous un passage couvert avec une vue sur la rue : un endroit idéal pour observer l'ambiance de la Mouffe !

Chinaski (p. 260) Situé dans une rue adjacente, ce café-restaurant, qui porte le nom de l'alter ego de Charles Bukowski, ouvre pour le brunch le dimanche et se transforme en bistrot inspiré le soir. Le patron est un barman réputé, alors ne manquez pas les cocktails !

Page de gauche Terrasse de café
Ci-dessous Le minaret de la Grande Mosquée de Paris

Dans la **Grande Galerie de l'Évolution**, vous découvrirez un défilé d'animaux naturalisés, ainsi que des squelettes et des fossiles. Le bâtiment et l'intérieur rénovés sont époustouflants, et l'aménagement du musée est très bien conçu.

Créé il y a 400 ans en tant que jardin des plantes médicinales royal, le **Jardin des Plantes** est le principal jardin botanique de France. Sur ses 24 ha, il regroupe notamment jardin alpin, jardin botanique, jardin de roses et de roches, parterres fleuris agencés dans une grande perspective à la française… et même un labyrinthe. Les quatre **Grandes Serres** sont chacune dédiée à un écosystème différent. Ne manquez pas la serre des forêts tropicales humides, qui vous entraîne dans la jungle entre lianes, bananiers, fougères et orchidées.

Grande Mosquée de Paris

Construite dans les années 1920, la **Grande Mosquée de Paris** (p. 255) frappe d'emblée le regard par son style hispano-mauresque. Les visiteurs peuvent se promener dans le grand patio aux murs ornés de zelliges, de stucs et de céramiques. Vous pourrez aussi aller au hammam (femmes seulement) et savourer un thé à la menthe accompagné de douceurs dans le salon de thé ou le délicieux petit patio verdoyant. Tenue correcte exigée.

43 Le paradis des CINÉPHILES

CINÉMA | CULTURE | BOHÈME

Le Quartier latin regroupe plus d'une douzaine de cinémas d'art et d'essai sans parler des autres salles. Voir un film d'auteur ou un classique du 7e art dans un cinéma mythique, en prenant avant ou après un verre à une terrasse de café voisine, constitue la quintessence des plaisirs de ce quartier qu'apprécient les étudiants et autres cinéphiles venus souvent de loin pour en profiter !

DESIGNIUM/SHUTTERSTOCK ©

En pratique

S'y rendre M Saint-Michel ou Cluny-La Sorbonne.

Quand Consultez les horaires des films. Certains cinémas du quartier passent un film par semaine, d'autres jusqu'à cinquante. Le soir, venez en avance, certains films affichent complet.

Notre conseil La plupart des cinémas d'art et d'essai passent les films en VO avec, au besoin, des sous-titres en français.

LOIC VENANCE/AFP VIA GETTY IMAGES ©

Le Champo En entrant dans le QG de la Nouvelle Vague française, vous aurez l'impression de marcher sur les traces de François Truffaut ou de Claude Chabrol : un véritable pèlerinage dans le cinéma des cinéastes ! C'est un privilège de pouvoir encore voir des films dans cette salle mythique. Après la séance, prenez un café au Sorbonon, rue des Écoles, et écoutez les étudiants débattre !

Reflet Médicis C'est l'un des rares cinémas de Paris où vous pouvez trouver un bon film à voir avant 14h ! N'oubliez pas de jeter un coup d'œil au vitrail de la salle 3. Et bien sûr, il y a un café appelé le Reflet juste devant, au cas où vous voudriez prendre un verre de vin en gardant un œil sur la file d'attente…

Cinéma du Panthéon Le plus ancien cinéma en activité de Paris invite chaque mois à la surprise lors des soirées **L'Inconnu du Ciné-Club**, quand un invité mystère vous présente un film de son choix. À l'étage, vous trouverez le Café Nouvelle Vague avec sièges en cuir, photos en noir et blanc de stars du cinéma français et objets uniques dénichés aux puces par Catherine Deneuve elle-même. C'est l'endroit idéal pour prendre un thé en feuilletant *Les Cahiers du Cinéma*. À côté, la Librairie du Cinéma du Panthéon propose un formidable choix de livres sur le 7e art et des musiques de film sur son juke-box.

En haut à gauche Cinéma du Panthéon
En bas à gauche Le Champo

Paris et le cinéma

Paris joue un rôle central dans l'histoire du cinéma, puisque c'est ici qu'a eu lieu la première projection publique de film au monde, en 1895. La concentration de cinémas dans le Quartier latin peut être attribuée au fait que ce quartier a su donner leur chance aux cinéastes de la Nouvelle Vague, née à la fin des années 1950. La tradition veut aussi que les étudiants universitaires fréquentent les cinémas entre deux cours. L'esprit de Mai 68 a aussi contribué à faire du cinéma une forme d'art et non un simple divertissement. Paris compte aujourd'hui 88 cinémas, dont un tiers sont encore des cinémas indépendants.

Merci à Manon Kerjean, *fondatrice de Lost in Frenchlation.* *@lostinfrenchlation*

Luxembourg, le bonheur en toute saison !

L'UN DES PARCS LES PLUS HARMONIEUX DE PARIS

Nés par la volonté de Marie de Médicis, alors veuve du roi Henri IV, le palais et le jardin du Luxembourg dépendent depuis 1879 du Sénat qui entretient précieusement son patrimoine – des statues, une fontaine sculptée à l'italienne, un bassins, des vergers, etc.

De gauche à droite Palais du Luxembourg, fontaine Médicis, fontaine de l'Observatoire

© MIRAGAYA/ADOBESTOCK

Parc royal, jeux et sculptures

Le jardin fut créé pour Marie de Médicis, puis ouvert au public en 1778, une tradition maintenue malgré la présence du Sénat dans le palais du Luxembourg qui le jouxte ! Toutes les générations se retrouvent dans ce jardin pour jouer, flirter, prendre un verre, suivre un cours d'apiculture ou simplement bouquiner !

Palais du Luxembourg

Le palais du Luxembourg, édifié dans les années 1620, est le siège du Sénat depuis 1958. Il est parfois ouvert pour des visites guidées. De prestigieuses expositions temporaires ont lieu dans le beau musée du Luxembourg, situé dans une partie annexe du palais mais dont l'entrée se fait sur la rue, et non dans le jardin.

Jardins

Devant le palais s'étendent les parterres à la française et le grand bassin où petits et grands se plaisent à faire voguer des voiliers. En périphérie se nichent les jardins à l'anglaise et le verger, héritier d'une très ancienne collection d'arbres fruitiers. Il comprend plus de 600 variétés de pommiers et de poiriers cultivés comme autrefois (les jardiniers du Sénat dispensent des cours d'horticulture publics et gratuits). Non loin se cache le rucher, et ce depuis le XIXe siècle. Chaque année, la fête du Miel est l'occasion de déguster ce nectar sucré, pendant deux jours vers la fin de septembre, dans le superbe pavillon Davioud.

MAURIZIO DE MATTEI/SHUTTERSTOCK ©

MARCO SARACCO/ADOBESTOCK ©

Sur les terrasses, les arbres en quinconce abritent kiosque à musique (concerts gratuits), buvettes et diverses activités. Dans l'orangerie datant du XIXe siècle, près de 200 palmiers, grenadiers, lauriers-roses et orangers en pot sortent à la belle saison pour laisser place à des expositions.

Pour information, kiosques et cafés sont répartis dans tout le parc. Les pelouses ne sont pas accessibles, à part une petite zone à l'extrémité sud. Prenez une des chaises métalliques vertes disséminées dans le jardin depuis 1923, et installez-vous dans le coin qui vous plaît.

Bassins et sculptures

La fontaine Médicis est un vestige du jardin à l'italienne qu'aimait tant la reine. La grotte (1630), ornée des armes de la France et des Médicis, et encadrée par le Rhône et la Seine, se cachait au bout d'une allée. Au XIXe siècle, à cause des travaux d'Haussmann, la fontaine fut déplacée. On ajouta le bassin devant et le groupe représentant le géant Polyphème surprenant la nymphe qu'il aime, Galathée, dans les bras d'un jeune berger, Acis. Sur la terrasse voisine (est), l'*Acteur grec* (1868) et le *Faune dansant* (1851) rivalisent de légèreté. Plus loin, le jeune *Marchand de masques* (1883) propose les images de neuf hommes célèbres, dont Victor Hugo, Gambetta, Delacroix et Berlioz.

Une vingtaine de statues de femmes illustres, dont Marie de Médicis et sainte Geneviève, soulignent le tracé des terrasses. Côté ouest, *Le Triomphe de Silène* (1897, Dalou), le maître de Bacchus, introduit l'extase de l'ivresse dans ce jardin très policé. Autre œuvre de Dalou, le *Monument à Eugène Delacroix* rend hommage au grand peintre romantique.

Place aux jeux !

Le manège, avec jeu de bagues, construit en 1879 sur les plans de Charles Garnier, a fait rêver le poète Rilke et des générations d'enfants. Le théâtre de marionnettes n'a guère changé depuis 1933. Le terrain de longue paume contribue à la survivance de ce jeu en vogue au XVIIe siècle. Ailleurs, on découvre des balançoires, des poneys, un terrain de pétanque et un autre de boule lyonnaise. Les amateurs de taï chi s'entraînent sous les arbres. Les joueurs d'échecs et de cartes disputent de sérieuses parties sous un auvent près de l'orangerie.

44 SHOPPING Rive gauche

BOUTIQUES | MODE | ÉLÉGANCE

Si le quartier de Saint-Germain-des-Prés était synonyme de vie culturelle et artistique (grandes maisons d'édition, lieu de rendez-vous d'intellectuels, d'écrivains et de musiciens de jazz...) dans les années 1930-1960, il est désormais un haut lieu du shopping et de l'élégance à la parisienne avec ses rues bordées de boutiques indépendantes et d'enseignes internationales.

EQROY/SHUTTERSTOCK ©

En pratique

S'y rendre M Saint-Germain-des-Prés ou Sèvres-Babylone, lignes 10 ou 12.

Quand La période des ventes privées ou des soldes permet de réaliser de bonnes affaires. Le Bon Marché organise notamment une braderie durant les soldes avec des réductions sur des articles de la saison précédente allant jusqu'à 70%

À savoir Durant la haute saison, il faut faire la queue pour entrer dans les magasins les plus populaires. Ne vous laissez pas dissuader, la file avance vite !

ULYSSEPIXEL/GETTY IMAGES ©

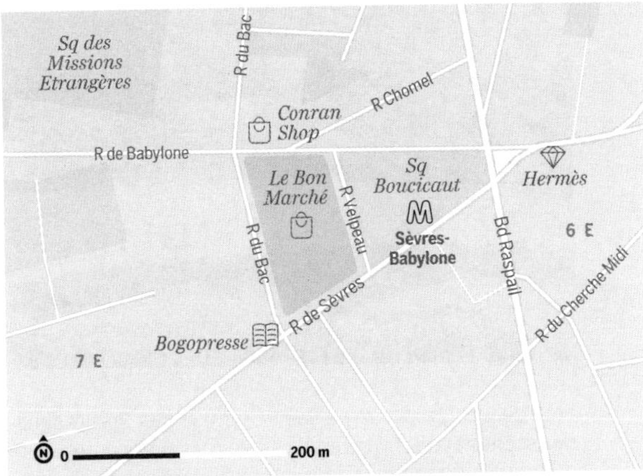

Page de gauche, en haut Magasin Hermès **En bas** Le Bon Marché

La crème de la crème des grands magasins

Conçu par Gustave Eiffel en 1852, Le Bon Marché (p. 258) est un grand magasin qui propose sur plusieurs niveaux vêtements, accessoires et divers articles pour la maison de marques célèbres, superbement agencés. Au dernier étage, faites une pause gourmande ou restaurez-vous au salon de thé Rose Bakery. Goûtez ses fameux gâteaux ou son assortiment de salades et de quiches qui change tous les jours.

À côté, The Conran Shop (p. 259), occupant l'entrepôt historique du Bon Marché, est un magasin de design éclectique qui vend des objets décoratifs, des articles de maison exquis et du mobilier de créateurs.

Situé en face du Bon Marché, Bogopresse est un kiosque spécialisé dans les magazines tendance, difficiles à trouver, que les deux frères qui le tiennent font venir du monde entier. À côté des titres français, vous y trouverez des revues de mode (*Purple* par exemple) et des magazines culinaires, comme *Eaten*.

La maison Astier de Villatte (p. 258) est plus connue pour ses élégantes céramiques blanches inspirées des XVIIIe et XIXe siècles. La marque se présente comme "l'incarnation du goût parisien" et l'espace douillet de la rive gauche en témoigne. Tout est créé à Paris par ses artisans.

Après avoir couru les magasins, vous pourrez encore faire une pause dans l'un des cafés qui ont fait les beaux jours de la rive gauche littéraire.

La boutique phare d'Hermès

Cette superbe boutique rénovée mérite une visite ne serait-ce que pour le lieu. Elle occupe l'ancienne piscine Art déco du Lutetia dont elle a conservé les mosaïques au sol : vous les verrez mieux depuis le dernier étage. Prêtez aussi attention aux détails, car des trésors cachés ont été disséminés avec goût dans le magasin à la décoration moderne, comme des œuvres de la collection privée d'Émile Hermès (président de la société de 1922 à 1951), des tirages de sa collection de photographies, et des objets uniques, notamment un juke-box avec un imprimé emblématique d'Hermès.

Les cafés célèbres

L'IMPORTANCE DES CAFÉS LITTÉRAIRES

Les cafés de Saint-Germain-des-Prés constituent l'un des attraits du quartier. Plongez votre croissant hors de prix dans le chocolat le plus succulent que vous ayez jamais goûté, ou sirotez un verre de vin en grignotant des olives et en observant les passants à la terrasse d'un café et en vous adonnant à une des distractions favorites des Parisiens : observer les passants !

De gauche à droite Café de Flore, Brasserie Lipp, Les Deux Magots

MAZIARZ/SHUTTERSTOCK ©

Pour beaucoup, le nom de Saint-Germain-des-Prés évoque des scènes et des histoires liées à ces cafés : Picasso griffonnant des croquis dans la lumière tamisée du Café de Flore, un tableau saisissant d'Hemingway devant une généreuse portion de salade de pommes de terre et une bière de trop à la Brasserie Lipp, Jean-Paul Sartre et Simone de Beauvoir conversant aux Deux Magots...

Ces trois établissements situés dans la même rue sont auréolés de légendes, qui attirent des visiteurs depuis des décennies. Mais outre l'histoire et la culture parisienne des cafés, d'autres raisons expliquent leur succès actuel.

Ces cafés mythiques incarnent encore ce que Paris fait de mieux, c'est-à-dire marier une certaine nostalgie à l'époque contemporaine, et ils permettent à ceux qui en poussent la porte de côtoyer les mythes. Avec leurs serveurs vêtus de noir et de blanc, virevoltant entre les tables, et leurs souvenirs encore disséminés dans la salle, ils permettent aux visiteurs de remonter le temps. Les touristes y entrent avec en tête les histoires qu'ils ont entendues, et en repartent avec leurs propres souvenirs.

Malgré l'agitation qui y règne, ces grands cafés restent accueillants. Les icônes de la culture qui les fréquentaient y allaient tôt pour travailler, puis déjeunaient et faisaient la fête avec des amis jusqu'au dîner. Elles revenaient souvent après le dîner pour clore la soirée dans la même atmosphère. "Nous étions au Flore chez nous", écrivit Jean-Paul Sartre. Aujourd'hui, les temps ont changé, et s'éterniser toute la journée dans un lieu, si ce dernier n'est pas un espace de coworking, est plutôt mal vu à Paris !

PETR KOVALENKOV/SHUTTERSTOCK ©

PETR KOVALENKOV/SHUTTERSTOCK ©

On pourrait presque dire que, aujourd'hui, les cafés parisiens sont conçus pour être appréciés en solo avec leurs tables serrées permettant de lire ce que l'inconnu assis à droite ou à gauche dévore ! Le plus souvent, vous êtes assis face à la rue et en levant les yeux de votre livre ou de votre téléphone, vous regardez ce qui s'y déroule. Observer les gens à une terrasse est un art que les Parisiens maîtrisent à la perfection.

> [Ces cafés] incarnent encore ce que Paris fait de mieux, c'est-à-dire marier une certaine nostalgie à l'époque contemporaine

De fait, comme dans toutes les capitales, les visiteurs ne se lassent pas d'observer l'animation quotidienne. Paris est un endroit pour voir et être vu et, pour ce faire, rien ne vaut l'un de ces trois cafés. Il y a quelque chose de stimulant à siroter ou à grignoter un en-cas à la terrasse d'un café, après s'être mis sur son trente et un uniquement pour observer les passants et profiter de l'instant. Quand vous êtes prêt à rejoindre le tohu-bohu de la ville, il ne reste qu'à payer et à partir. La tête pleine d'images.

Le Flore et les Deux Magots

Le Café de Flore et les Deux Magots sont presque côte à côte. Ils ne sont séparés que par la boutique Louis Vuitton. Dans le passé, ils étaient rivaux, notamment quand leurs clients célèbres marquaient leur préférence à l'un ou à l'autre. Des documents attestent même qu'ils étaient politisés ! Impossible d'en choisir un ! Il faut esssayer les deux car chacun a son atmosphère, en dépit de leurs cartes très semblables. Si vous vous installez en terrasse, allez voir la salle, et je suggère aussi de pousser l'investigation jusqu'aux toilettes !

Recommandé par Eileen Cho, *écrivain et photographe de Seattle, Parisienne d'adoption. @eileenwcho*

45 LA MAGIE de Saint-Germain

PROMENADE | ARCHITECTURE | HISTOIRE

Cet itinéraire vous mène dans les plus beaux sites du quartier de Saint-Germain-des-Prés. Vous découvrirez des siècles d'histoire, de la place Saint-Sulpice au jardin du Luxembourg, en passant par le théâtre de l'Odéon.

V_E/SHUTTERSTOCK ©

En pratique

S'y rendre M Saint-Sulpice (ligne 4).

Quand Partez de bonne heure pour faire des haltes et visiter les musées.

Notre conseil Emportez un livre pour lire au jardin du Luxembourg. Regardez les joueurs d'échecs sur les tables réservées à cet usage. Prévoyez du temps vous visiter le musée Delacroix près de la rue de Furstemberg et les rues alentour.

Le Bateau ivre

Dans la petite rue Férou, près de l'église Saint-Sulpice, les vers du *Bateau ivre* d'Arthur Rimbaud couvrent un pan de mur, non loin de l'endroit où le poète l'a déclamé pour la première fois.

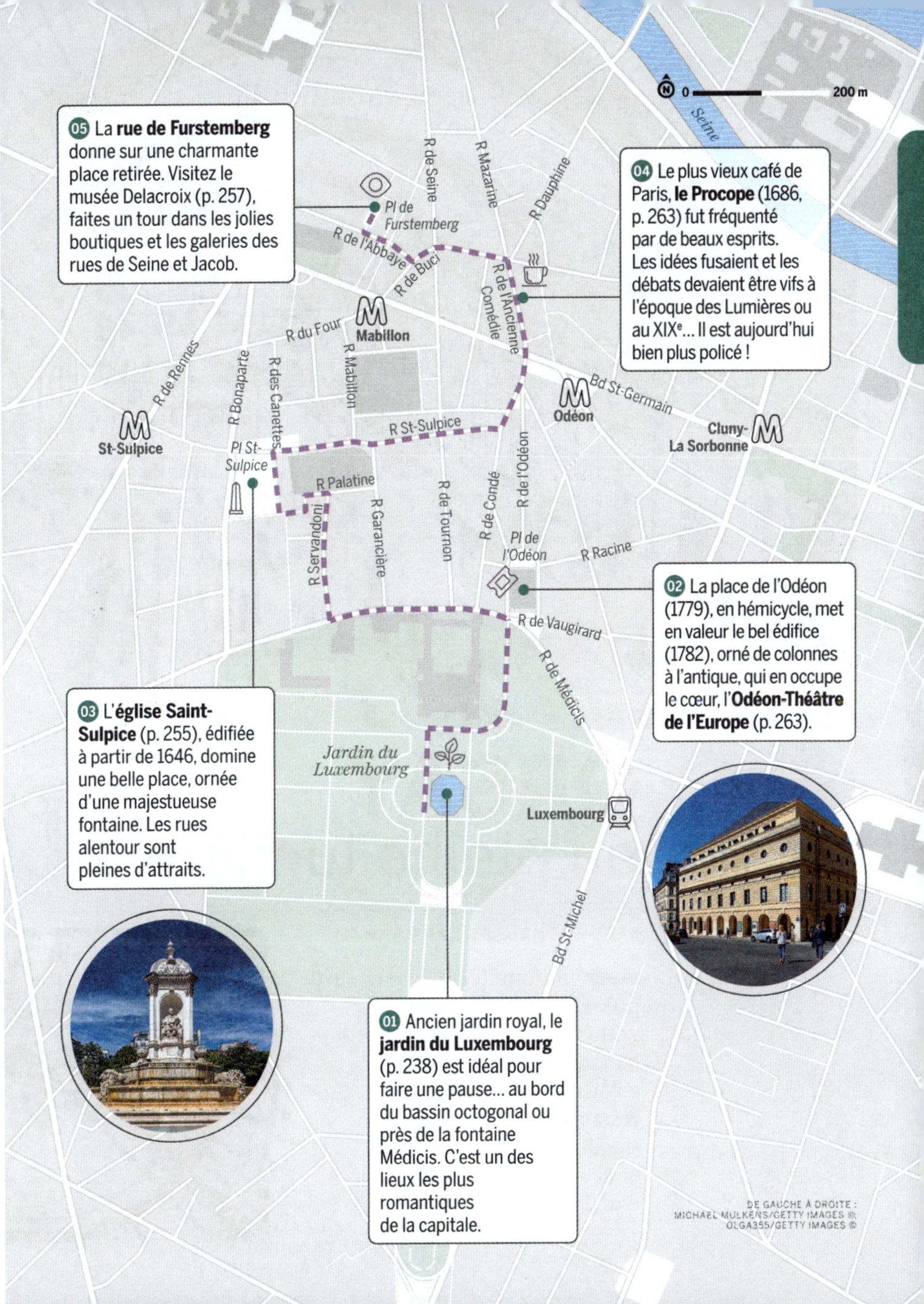

01 Ancien jardin royal, le **jardin du Luxembourg** (p. 238) est idéal pour faire une pause… au bord du bassin octogonal ou près de la fontaine Médicis. C'est un des lieux les plus romantiques de la capitale.

02 La place de l'Odéon (1779), en hémicycle, met en valeur le bel édifice (1782), orné de colonnes à l'antique, qui en occupe le cœur, l'**Odéon-Théâtre de l'Europe** (p. 263).

03 L'**église Saint-Sulpice** (p. 255), édifiée à partir de 1646, domine une belle place, ornée d'une majestueuse fontaine. Les rues alentour sont pleines d'attraits.

04 Le plus vieux café de Paris, **le Procope** (1686, p. 263) fut fréquenté par de beaux esprits. Les idées fusaient et les débats devaient être vifs à l'époque des Lumières ou au XIXᵉ… Il est aujourd'hui bien plus policé !

05 La **rue de Furstemberg** donne sur une charmante place retirée. Visitez le musée Delacroix (p. 257), faites un tour dans les jolies boutiques et les galeries des rues de Seine et Jacob.

46 ORSAY en pleine lumière

ART | PROMENADE | ARTISANAT

Continuité de la promenade précédente, ce parcours s'attache plus particulièrement au musée d'Orsay et à ses environs immédiats – un restaurant historique encore fréquenté par les célébrités et des magasins emblématiques d'un grand savoir-faire.

SALVADOR MANIQUIZ/SHUTTERSTOCK ©

En pratique

S'y rendre
Ⓜ Rue du Bac.

Quand Les files d'attente devant le musée d'Orsay sont moins longues entre novembre et mars. Généralement, l'affluence est plus importante le mardi et le dimanche ; il vaut mieux y aller à l'heure du déjeuner pour éviter la foule.

À savoir Le musée d'Orsay est fermé le lundi et reste ouvert jusqu'à 21h45 le jeudi. Il est recommandé de réserver son billet en ligne mais cela vous coûtera 2 € plus cher.

MARKORD/SHUTTERSTOCK ©

Musée d'Orsay

Le second musée le plus visité de Paris (après le Louvre) occupe une ancienne gare créée pour l'Exposition universelle de 1900, à la splendide architecture (voir p. 250). Renommé pour sa collection de tableaux impressionnistes, il présente aussi sculptures, photographies et art décoratif. Plus petit que le Louvre, il peut se visiter complètement en une seule fois.

MICHAEL WARWICK/SHUTTERSTOCK ©

Un restaurant mondain

Le Voltaire (p. 261) est un restaurant ancien, sur le quai Voltaire. Il occupe en partie l'hôtel particulier où vécut le philosophe. Si beaucoup s'y rendent pour l'histoire du lieu et les vedettes qui le fréquentent, ils finissent par apprécier ses bons plats, et son œuf mayo, toujours à moins d'un euro.

Les Beaux-Arts

Héritière des Académies de peinture et de sculpture fondées par Louis XIV, la prestigieuse **École des Beaux-Arts** (www.beauxartsparis.fr/fr), rue Bonaparte, a formé de fameux artistes, de Renoir à Degas, de Matisse à Brancusi. Les visiteurs ont accès à la cour Bonaparte et aux expositions temporaires.

En haut La grande nef, musée d'Orsay
En bas L'ancienne horloge de la gare
Ci-dessus Le Voltaire

Rue Bonaparte

Dans le VIe, la rue Bonaparte regroupe le plus grand nombre d'édifices historiques. Cette artère résidentielle très recherchée est aussi jalonnée de boutiques anciennes et de galeries d'art. L'**Officine Universelle Buly** (p. 258) est l'une des boutiques à voir absolument dans la rue. Cette marque romantique de cosmétiques fait référence au parfumeur parisien Jean-Vincent Bully, qui ouvrit sa boutique en 1803, et dont Balzac s'inspira pour son personnage de César Birotteau. Les produits de beauté de la marque sont préparés selon les formules d'origine modernisées. Le personnel bien informé saura vous présenter tous les articles. Les peignes de Minebari utilisés par les empereurs du Japon et les crèmes pour les mains sont les produits phares.

De la rue Bonaparte, poussez jusqu'à la **rue de Verneuil**, où vécut Serge Gainsbourg. Vous y verrez sa maison, ornée de tags et de

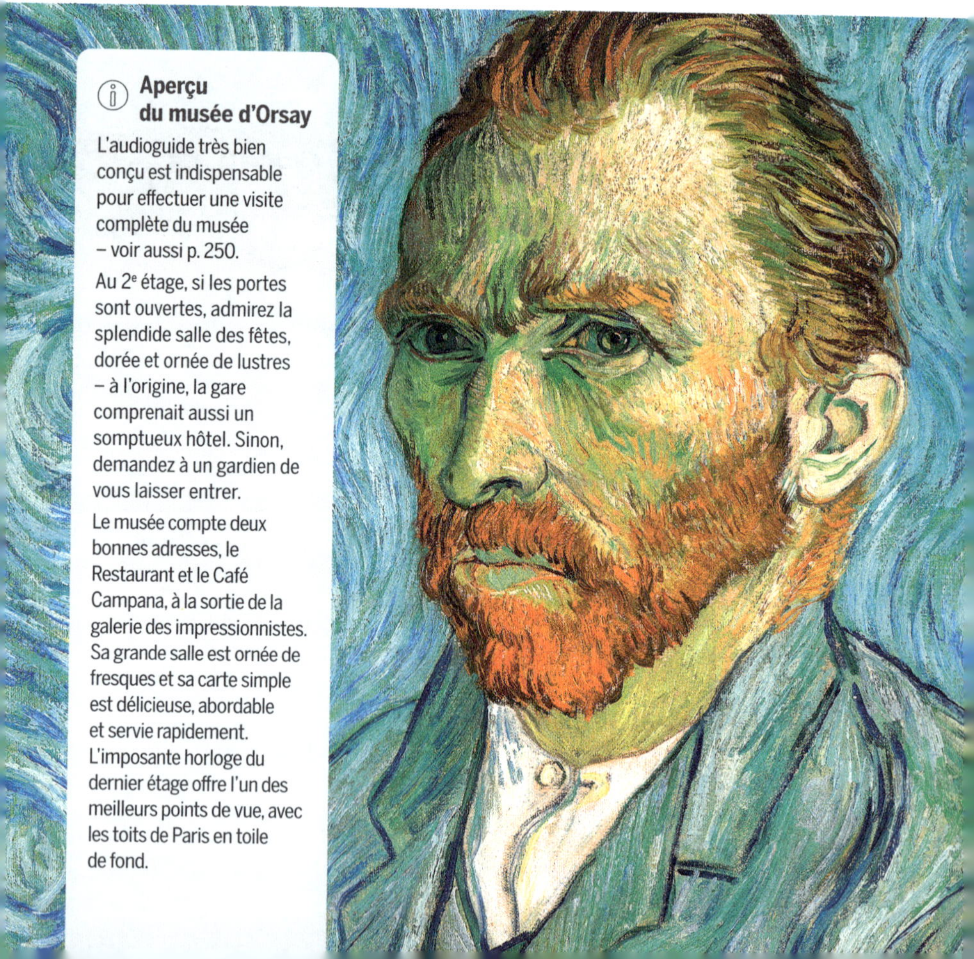

Aperçu du musée d'Orsay

L'audioguide très bien conçu est indispensable pour effectuer une visite complète du musée – voir aussi p. 250.

Au 2e étage, si les portes sont ouvertes, admirez la splendide salle des fêtes, dorée et ornée de lustres – à l'origine, la gare comprenait aussi un somptueux hôtel. Sinon, demandez à un gardien de vous laisser entrer.

Le musée compte deux bonnes adresses, le Restaurant et le Café Campana, à la sortie de la galerie des impressionnistes. Sa grande salle est ornée de fresques et sa carte simple est délicieuse, abordable et servie rapidement. L'imposante horloge du dernier étage offre l'un des meilleurs points de vue, avec les toits de Paris en toile de fond.

Page de gauche *Autoportrait*, Vincent Van Gogh **Ci-dessous** Pistoles de Marie-Antoinette, Debauve et Gallais

peintures murales, et pourrez éventuellement la visiter puisqu'elle a été transformée en musée (www.maisongainsbourg.fr/).

Rue des Saints-Pères

Le fondateur de la boutique de chocolats **Debauve et Gallais** (p. 259) avait à l'origine créé des préparations au chocolat pour masquer le goût des médicament destinés à la reine. Ces médaillons en chocolat, baptisés "Pistoles de Marie-Antoinette" sont toujours en vente dans des boîtes ornées du portrait de la reine. Ce chocolatier fut le fournisseur officiel de Napoléon et de plusieurs rois. En 1823, il inventa une friandise au chocolat plus saine avec du lait d'amandes et de la fleur d'oranger. Aujourd'hui, la boutique indépendante est toujours tenue par ses descendants.

Rue du Bac

Ouvert depuis 1831, **Deyrolle** (p. 258) est un magasin dévolu à la taxidermie et à l'entomologie, qui abrite également un cabinet de curiosités et un musée. Très apprécié notamment par le réalisateur Wes Anderson, ce lieu étonnant est rempli d'animaux naturalisés provenant du monde entier, des grands mammifères aux papillons. Vous y trouverez des livres, de la papeterie, des tenues et des présents sophistiqués. Il est interdit de photographier les lieux.

Orsay, temple de l'art du XIXe

ARCHITECTURE ET IMPRESSIONNISME

Situé dans une ancienne gare ferroviaire associant l'architecture de verre et de fonte des années 1900 aux galeries contemporaines, le musée d'Orsay renferme des chefs-d'œuvre impressionnistes, post-impressionnistes et Art nouveau. La silhouette de ce musée aux dimensions gigantesques frappe autant les esprits que la collection d'art qu'il abrite.

RADOSLAW MACIEJEWSKI/SHUTTERSTOCK ©

De gauche à droite Musée d'Orsay, *Le Déjeuner sur l'herbe*, *L'Archer*

De la gare au musée

Construite par Victor Laloux, inaugurée en 1900 pour l'Exposition universelle mais inadaptée au trafic ferroviaire dès 1939, la gare d'Orsay servit de centre d'accueil des déportés et des prisonniers à la Libération, de décor au film *Le Procès* d'Orson Welles ou de salle des ventes avant d'être menacée de démolition. Pourtant, avec le renouveau d'intérêt pour le XIXe siècle, il fut décidé de la classer au titre des monuments historiques (1978) et d'y implanter un musée dédié aux arts allant de 1848 à 1914, une brève mais féconde période. Le musée fut inauguré en 1986. Sa façade en pierre calcaire, ornée de deux horloges monumentales, est restée inchangée. À l'intérieur, la **haute nef**, également conservée mais mise en valeur par l'architecte Gae Aulenti, marque l'axe du musée. Enfin, ne manquez pas la vue, derrière l'une des deux horloges monumentales du musée, dans le très design Café Campana, au 5e étage.

Tourbillon de chefs-d'œuvre

Parmi les chefs-d'œuvre du musée, il en est d'incontournables. *L'Angélus* de Jean-François Millet, devenu une icône. *Un enterrement à Ornans* et *L'Origine du monde* de Gustave Courbet pour leur réalisme. *Le Déjeuner sur l'herbe* et l'*Olympia* d'Édouard Manet qui annoncent l'impressionnisme. *Les Raboteurs de parquet* de Gustave Caillebotte, œuvre encore réaliste du grand mécène des impressionnistes. La série des *Cathédrales de Rouen* de Claude Monet, le *Bal du Moulin de la Galette* et les *Jeunes Filles au piano* de Pierre-Auguste Renoir, parmi les plus célèbres des œuvres impressionnistes. Le monde de la danse par Edgar Degas et celui des

TAKASHI IMAGES/SHUTTERSTOCK ©

ALEXANDRA LANDE/SHUTTERSTOCK ©

cabarets par Henri de Toulouse-Lautrec. *Les Joueurs de cartes* et les natures mortes de Paul Cézanne. Le portrait de l'artiste et les paysages d'Auvers-sur-Oise peints par Vincent Van Gogh. Et encore Pissarro, Gauguin, Sisley, Bonnard...

Arts décoratifs : l'Art nouveau

Outre des pièces maîtresses des années 1850-1880, dont le mobilier de toilette de la duchesse de Parme, le musée d'Orsay offre un très intéressant panorama de l'Art nouveau. Ce style qui, au tournant du siècle, fleurit dans toute l'Europe, sous des noms et des formes différentes, s'applique à tout l'environnement : de l'architecture à la décoration et aux objets usuels. On peut notamment voir des œuvres des Français Majorelle, Gallé, Daum et Guimard, du Catalan Gaudí, du Belge Horta ou du Britannique Mackintosh.

Sculptures

L'architecture de l'ancienne gare forme un écrin merveilleux pour les sculptures, notamment des œuvres de Degas, Gauguin, Claudel, Dalou, David d'Angers ou Rodin. Très bien mises en valeur, les œuvres invitent à s'attarder sur l'exubérante *Danse* de Carpeaux (provenant de la façade de l'Opéra Garnier), qui fit scandale par sa sensualité. À comparer : l'*Ugolin* de Carpeaux et celui de Rodin. À admirer : la puissance de l'*Heraklès archer* de Bourdelle et, à confronter, les bestiaires de Bugatti, Pompon et Barye.

Arts graphiques

Moins connue mais également très riche, la collection de dessins réserve de merveilleuses surprises tels *Le Nœud noir* de Georges Seurat (crayon sur papier ; vers 1882) et le poignant autoportrait de Paul Gauguin (vers 1902-1903), qu'il réalisa vers la fin de sa vie.

Photographies

Invention majeure du XIXe siècle, la photographie figure en bonne place au musée d'Orsay et fait l'objet d'intéressantes expositions temporaires. La collection couvre la période allant de 1839 (date d'invention de cette technique) à 1918 et compte plus de 45 000 photographies. Parmi les richesses du musée figurent le mime Deburau en Pierrot de Nadar, l'autoportrait de Degas avec les filles du peintre Lerolle ou des vues des rues de Paris au XIXe siècle d'Henri Rivière.

47 Plaisirs GOURMANDS

GASTRONOMIE | ARTISANAT | TERROIR

La quartier, où se trouve Ferrandi, l'une des meilleures écoles de cuisine de France, abrite d'excellents restaurants. Sabrina Goldin, l'un des chefs aux commandes du restaurant Carbon, donne ses adresses préférées où vous pourrez apprécier les produits gourmands et leur histoire.

EQROY/SHUTTERSTOCK ©

En pratique

S'y rendre
M Sèvres-Babylone.

Quand Le quartier est toujours animé. Évitez d'aller chez Poilâne et à La Grande Épicerie avant le déjeuner ou le dîner pour éviter la foule.

À savoir Goûtez les pains spéciaux de Poilâne. Cette boulangerie collabora jadis avec Salvador Dalí pour confectionner un lustre en pain ! Ses sablés Punitions constituent de délicieux présents. La Grande Épicerie offre un service de livraison qui permet d'expédier vos achats à votre adresse parisienne à l'heure indiquée.

EQROY/SHUTTERSTOCK ©

Étoilé au Michelin, le Quinsou (p. 262) conjugue une cuisine raffinée d'inspiration française et une approche écologique privilégiant les produits éthiques. Et tout ce que fait le chef Antonin Bonnet est d'une extrême délicatesse. Le restaurant se trouve en face de l'école Ferrandi dans une petite rue qui a donc son importance pour la gastronomie française.

L'histoire de la boulangerie Poilâne (p. 260), une maison familiale à l'origine, et la simplicité de ses produits font sa spécificité. La qualité est constante et chaque bouchée est un condensé d'histoire.

Entrer à La Grande Épicerie (p. 258) procure le même plaisir que de pousser les portes d'une boutiques de luxe : tout y est original et chic. C'est l'endroit idéal pour trouver des produits alimentaires en vue d'une occasion spéciale ou pour les rapporter chez soi ! Les rayons sont garnis d'articles du monde entier, soigneusement disposés par pays ou région. Les plats préparés des excellents traiteurs à l'arrière du magasin et les pâtisseries près de l'entrée sont une excellente solution pour un repas sur le pouce.

Appétit (p. 258) est une librairie spécialisée dans les livres de cuisine, un paradis pour les épicuriens. Vous dénicherez aussi des articles kitsch appréciés des gourmets !

Page de gauche Miches, Poilâne
En bas La Grande Épicerie

Quinsou : aperçu

Le menu du déjeuner est le plus abordable pour découvrir la magie de Quinsou, à condition de réserver longtemps à l'avance. Le pain est préparé sur place et le chef Antonin Bonnet s'efforce d'utiliser des produits durables. Son menu d'inspiration française met souvent à l'honneur les saveurs coréennes, une sorte de clin d'œil à sa famille. Parlant couramment anglais et français, il vient en personne raconter ses plats. Prêtez attention aux détails du restaurant, notamment à l'argenterie ! En été, les parois vitrées sont ouvertes laissant entrer une brise légère.

Avec nos remerciements à Sabrina Goldin, *restauratrice et consultante en hôtellerie argentine vivant à Paris. @studio.carbon.paris*

Carnet d'adresses

Les grands classiques

Grande Galerie de l'Évolution

Voir p. 229. (01 40 79 54 79 ; www.grandegaleriedelevolution.fr ; tarif plein/réduit 10/7 €, avec la galerie des Enfants 12/9 € ; 10h-18h mer-lun ;)

Jardin des Plantes

Voir p. 229. (01 40 79 56 01 ; www.jardindesplantes.net ; pl. Valhubert et 36 rue Geoffroy-Saint-Hilaire, V[e] ; 8h-19h30 avr-sept, horaires réduits en hiver ; Gare-d'Austerlitz, Censier-Daubenton, Jussieu)

Jardin du Luxembourg

Voir p. 229. (www.senat.fr/visite/jardin, VIe ; horaires variables ; Mabillon, Saint-Sulpice, Rennes, Notre-Dame-des-Champs, RER Luxembourg)

Musée de Cluny – Musée national du Moyen Âge

Le musée compte de nombreux trésors. Ne manquez pas d'admirer *La Dame à la licorne*, une superbe tenture de six tapisseries millefleurs tissées en Flandres vers 1500, qui fascine autant par sa qualité d'exécution que par sa poésie et son mystère : elles représenteraient une allégorie des cinq sens et l'évocation d'un sixième sens énigmatique – peut-être celui du cœur. Voir p. 228. (01 53 73 78 00 ; www.musee-moyenage.fr ; 28 rue du Sommerard, V[e] ; tarif plein/réduit 12/10 €, gratuit pour -18 ans et pour tous 1er dim du mois ; 9h15-18h15 mar-dim ; Cluny-La Sorbonne)

Musée d'Orsay

Voir p. 228. (www.musee-orsay.fr ; 1 rue de la Légion-d'Honneur, VIIe ; tarif plein/reduit/-18 ans 14/11 €/gratuit ; 9h30-18h mar, mer et ven-dim, jusqu'à 21h45 jeu ; Assemblée-Nationale ou RER Musée-d'Orsay)

Muséum national d'histoire naturelle

Le muséum occupe trois galeries à l'intérieur du Jardin des Plantes : la magnifique Grande Galerie de l'Évolution "met en scène" 7 000 spécimens d'animaux dans un spectaculaire hall sous verrière qui date de 1889. Voisine, la galerie de Minéralogie et de Géologie réunit une prestigieuse collection qui compte des météorites martiennes et des cristaux géants. Accumulation de squelettes, d'os, de fœtus et de viscères en bocaux, de fossiles de plus de 250 millions d'années dans une gigantesque bâtisse de brique, de métal et de verre construite pour l'Exposition universelle de 1900 : la galerie de Paléontologie et d'Anatomie comparée captivera même les plus néophytes. Voir aussi p. 229. (www.mnhn.fr ; place Valhubert et 36 rue Geoffroy-Saint-Hilaire, V[e] ; Gare-d'Austerlitz, Censier-Daubenton, Jussieu)

Panthéon

Voir p. 228. (01 44 32 18 00 ; www.paris-pantheon.fr ; pl. du Panthéon, V[e] ; tarif plein/enfant 11,50 €/gratuit, billet combiné avec basilique Saint-Denis 16 € ; 10h-18h30 avr-sept, jusqu'à 18h oct-mars ; Maubert-Mutualité ou RER Luxembourg)

NADIIA_FOTO/SHUTTERSTOCK ©

Fontaine Saint-Michel

À voir aussi dans le quartier

Arènes de Lutèce

Voir p. 233. (49 rue Monge, Ve ; accès libre ; 8h-21h30 mai-août, horaires réduits le reste de l'année ; M Place-Monge)

Cadran solaire de Salvador Dalí

Il y a quelque 120 cadrans solaires disséminés dans Paris qui passent souvent inaperçus. Celui-ci a été créé et offert par l'artiste Salvador Dalí qui a assisté à l'inauguration de l'œuvre, accompagné de son ocelot de compagnie et d'une fanfare. (27-29 rue Saint-Jacques, Ve ; M Cluny-La Sorbonne)

Église Saint-Étienne-du-Mont

Cette église construite entre 1492 et 1655, et coiffée d'un clocher, renferme le seul jubé de Paris encore sur pied (1535), qui sépare le chœur de la nef. Dans le coin sud-est de la nef, une chapelle abrite la tombe de sainte Geneviève, patronne de Paris. (1 pl. Sainte-Geneviève, Ve ; 8h-12h et 14h-19h mar-sam, 9h-12h et 14h30-19h dim ; M Cardinal-Lemoine)

Église Saint-Germain-des-Prés

La plus ancienne église de la capitale, de style roman, fut construite au XIe siècle sur le site d'une abbaye du VIe siècle. Elle était le principal lieu de culte à Paris avant la construction de la cathédrale Notre-Dame. La chapelle Saint-Symphorien (sur la droite quand on entre) faisait partie de l'abbaye d'origine et abriterait la tombe de saint Germain (496-576), premier évêque de Paris. (01 55 42 81 18 ; www.eglise-saintgermaindespres.fr ; 3 pl. Saint-Germain-des-Prés, VIe ; 9h-20h ; M Saint-Germain-des-Prés)

Église Saint-Sulpice

En 1646 commença la construction de cette église à deux clochers, logeant 21 chapelles à l'intérieur. Il fallut six architectes et 150 ans pour l'achever. On la visite surtout pour admirer les fresques peintes par Eugène Delacroix dans la chapelle des Saints-Anges (*Saint Michel terrassant le dragon* et *La Lutte de Jacob avec l'ange*). Le peintre y travailla avec acharnement de 1849 à 1861. Vous pourrez entendre l'orgue monumental de 1781 durant la messe de 10h30 le dimanche ou lors des concerts, certains dimanches après-midi. (01 42 34 59 98 ; www.pss75.fr/saint-sulpice-paris ; pl. Saint-Sulpice, VIe ; entrée libre ; 7h30-19h30 tlj ; M Saint-Sulpice)

MICHAEL THALER/SHUTTERSTOCK ©

Institut de France

Fontaine Saint-Michel

Près du métro Saint-Michel, prenez le temps de regarder cette monumentale fontaine où l'on voit l'archange Saint-Michel terrasser le dragon, symbole du combat entre le Bien et le Mal. Elle fut conçue dans le cadre des travaux d'Haussmann, pour fermer, de façon théâtrale, la perspective depuis le boulevard du Palais.

Grande Mosquée de Paris

Voir p. 235. (01 45 35 78 17 ; www.mosqueedeparis.net ; www.mosqueedeparis.net ; 2 bis pl. du Puits-de-l'Ermite, Ve ; adulte/enfant 3/2 € ; 9h-12h et 14h-19h sam-jeu avr-sept, jusqu'à 18h sam-jeu oct-mars ; M Place-Monge)

Institut de France

Cette institution française protectrice des arts, de la littérature et des sciences est installée dans un somptueux édifice : l'ancien collège des Quatre-Nations (1662-1688), érigé par l'architecte Le Vau sur demande de Mazarin, et qui conjugue brillamment classicisme et baroque. L'Institut de France comprend cinq académies, notamment l'Académie française, chargée de protéger la langue française. (www.institutdefrance.fr ; 12 rue Mazarine, VIe ; Ⓜ Saint-Germain-des-Prés ou Pont-Neuf)

Institut du monde arabe

L'Institut du monde arabe œuvre à la promotion de la culture arabe et au développement des échanges franco-arabes. Il propose un programme culturel dynamique d'expositions temporaires et d'autres événements, des projections de films aux conférences, dans un bâtiment moderne tout de verre et d'aluminium. Ne manquez pas les vues imprenables sur Paris depuis le toit-terrasse. (☎ 01 40 51 38 38 ; www.imarabe.org ; pl. Mohammed-V, V^e ; tarif plein/-26 ans 8 €/gratuit ; ⏱ 10h-18h mar-ven, 19h sam-dim ; Ⓜ Jussieu)

La Sorbonne

Initialement un collège de théologie fondé en 1253 par Robert de Sorbon – qui accueillait 16 étudiants –, la Sorbonne joua un rôle politique non négligeable pendant plusieurs siècles. La chapelle et son dôme, la façade monumentale et la place plantée de tilleuls devant le bâtiment principal trônent au cœur du Quartier latin. Des visites guidées (sur rendez-vous) ont lieu du lundi au vendredi. (www.sorbonne.fr ; 12 rue de la Sorbonne, V^e ; Ⓜ Cluny-La Sorbonne, RER Luxembourg)

Monnaie de Paris

La plus ancienne institution de France est détenue par le gouvernement français. Elle est chargée de frapper la monnaie. L'édifice historique accueille aussi un musée et propose des expositions d'art contemporain. (☎ 01 40 46 56 66 ; www.monnaiedeparis.fr ; 11 quai de Conti, VIe ; tarif plein/réduit 10/8 €, gratuit -26 ans ; ⏱ 11h-18h mar et jeu-dim, 11h-21h mer ; Ⓜ Pont-Neuf ou Odéon)

Arts et sciences

Galerie Kamel Mennour

Propriétaire de galeries renommé, Kamel Mennour possède des établissements à Paris et à Londres. Sa principale galerie occupe un grand hôtel particulier à Saint-Germain-des-Prés. Vous pourrez y voir les œuvres d'artistes qu'il représente. Entrée libre. (☎ 01 56 24 03 63 ; www.kamelmennour.com ; 47 rue Saint-André-des-Arts, VIe ; ⏱ 11h-19h mar-sam ; Ⓜ Saint-Michel)

Musée de la Sculpture en plein air

Sur le quai Saint-Bernard, ce musée à ciel ouvert (aussi appelé jardin Tino-Rossi) égrène une cinquantaine de sculptures contemporaines. C'est un bel endroit au bord de la Seine pour pique-niquer, mais malheureusement pas toujours bien entretenu. Après-midi et soirées danses en fin de semaine. (quai Saint-Bernard, V^e ; entrée libre ; Ⓜ Gare-d'Austerlitz)

Musée du Luxembourg

Le premier musée ouvert au public en France accueille aujourd'hui des expositions très courues tout au long de l'année. Il abrite aussi un salon de thé prisé : Mademoiselle Angelina. (☎ 01 40 13 62 00 ; www.museeduluxembourg.fr ; 19 rue de Vaugirard, VIe ; 13 € ; ⏱ 10h30-19h mar-dim, jusqu'à 22h lun ; Ⓜ Mabillon, Saint-Sulpice, Rennes, Notre-Dame-des-Champs, RER Luxembourg)

STEPHANE DE SAKUTIN/AFP VIA GETTY IMAGES ©

Pièce commémorative, Monnaie de Paris

Musée Marie-Curie

Nous plonger dans l'épopée des Curie et nous en apprendre plus sur leurs découvertes : c'est l'objectif réussi de ce musée. Vous y découvrirez le dernier laboratoire de Marie Curie, reconstitué après sa décontamination, le coffret qui contenait le gramme de radium qui lui a été remis aux États-Unis en 1921 et les trois "fontaines au radium" (émanateurs qui servaient à produire de l'eau radioactive, décontaminés). Visites guidées gratuites. (01 56 24 55 33 ; www.musee.curie.fr ; 1 rue Pierre-et-Marie-Curie, Ve ; entrée libre ; 13h-17h mer-sam, fermé août et vacances de Noël ; M Place-Monge, Cardinal-Lemoine)

Musée national Eugène-Delacroix

Le père du romantisme français a vécu et travaillé dans cet appartement-atelier donnant sur un joli jardin, jusqu'à sa mort en 1863. On y découvre une collection d'huiles, d'aquarelles, de pastels et de dessins, dont *L'Éducation de la Vierge* (1842) et ses peintures ayant pour thème le Maroc. (01 44 41 86 50 ; www.musee-delacroix.fr ; 6 rue de Furstemberg, VIe ; adulte/enfant 7 €, gratuit ; 9h30-17h mer-lun ; M Mabillon)

Librairies du Quartier latin

Album

Une adresse incontournable depuis plus de 20 ans pour ceux qui aiment la BD, les romans graphiques, les comics (notamment en anglais) et les mangas (www.album.fr ; 67 bd Saint-Germain, Ve ; 10h-20h lun-sam, 12h-19h dim ; M Cluny-La Sorbonne)

Bibliothèque Sainte-Geneviève

Voir p. 231. (www.bsg.univ-paris3.fr ; 10 pl. du Panthéon ; visite découverte 10 min gratuite ; mer et sam 16h-17h réservation sur le site, visite patrimoniale mar juil-début sept gratuite)

Carel, un chausseur parisien

Bouquinistes

Voir p. 231. (quai Voltaire, VIIe, jusqu'au quai de la Tournelle, Ve, et pont Marie, IVe, jusqu'au quai du Louvre, Ier ; 11h30-crépuscule)

Compagnie

Version chic et intello, la librairie fondée en 1986 à l'initiative des Éditions de Minuit, face à la Sorbonne, est l'autre fief des étudiants, en particulier pour la littérature et les sciences humaines. (www.librairie-compagnie.fr ; 58 rue des Écoles, Ve ; 10h30-20h15 lun-sam ; M Cluny-La Sorbonne)

Gibert

L'incontournable, ouvert en 1915 sous l'enseigne Gibert Jeune, dont tout étudiant parisien a fréquenté au moins une fois les 6 500 m² répartis sur 6 étages. (www.gibert.com ; 26-34 bd Saint-Michel, VIe ; 10h-20h lun-sam ; M Saint-Michel)

Librairie Galerie Louis Rozen

Voir p. 231. (01 43 43 53 53 ; www.librairiegalerielouisrozen.com ; 8 rue Lacépède, Ve ; 10h-20 lun-sam, 15h-12h dim)

Shakespeare & Company

Située face à Notre-Dame, de l'autre côté de la Seine, cette librairie anglophone ouverte en 1951 devint très vite un point de rencontre entre écrivains, artistes et intellectuels. Nombre d'entre eux ont même dormi parmi les piles de livres. Aujourd'hui, cette librairie-bibliothèque demeure très fréquentée. Café sur place. (01 43 25 40 93 ; www.shakespeareandcompany.com ; 37 rue de la Bûcherie, Ve ; 10h-20h lun-sam, 12h-19h dim, café 10h-19h tlj ; M Saint-Michel)

Tram Café-Librairie

Voir p. 233. (01 71 18 36 64 ; 47 rue de la Montagne-Sainte-Geneviève, Ve ; 9h-19h30 mar-sam ; M Cardinal-Lemoine, Maubert-Mutualité)

Un Regard Moderne

Librairie mythique et formidable caverne d'Ali Baba pour les amateurs de dessin, de graphisme et de littérature underground. (librairieunregardmoderne.com ; 10 rue Gît-le-Cœur, VIe ; 10h-20h lun-sam ; M Saint-Michel)

Shopping

Astier de Villatte

Voir p. 241. (0142034390 ; www.astierdevillatte.com ; 16 rue de Tournon, VIe ; M Odéon)

Carel

Un chausseur classique. (www.carel.fr ; 12 rue du Four, VIe ; M Saint-Germain-des-Prés)

Deyrolle

Voir p. 249. (01 42 22 30 07 ; www.deyrolle.com ; 46 rue du Bac, VIIe ; 10h-13h et 14h-19h lun, 10h-19h mar-sam ; M Rue-du-Bac)

Hermès

Voir p. 241. (0142228083 ; www.hermes.com ; 17 rue de Sèvres, VIe ; M Sèvres-Babylone)

La Grande Épicerie

Voir p. 253. (01 44 39 81 00 ; www.lagrandeepicerie.com ; 38 rue de Sèvres, VIIe ; 8h30-21h lun-sam, 10h-20h dim ; M Sèvres-Babylone)

Hippy Market

Voir p. 231. (www.hippy-market.fr ; 46 rue Saint-André-des-Arts, Ve ; M Saint-Michel)

Kiliwatch Collector

Voir p. 231. (46 rue Saint-André-des-Arts, Ve ; M Saint-Michel)

Le Bon Marché

Voir p. 241. (01 44 39 80 00 ; www.lebonmarche.com ; 24 rue de Sèvres, VIIe ; 10h-20h lun-sam, 11h-19h45 dim ; M Sèvres-Babylone)

Librairie Appétit

Voir p. 253. (www.appetit.paris ; 12 rue Jean-Ferrandi, VIe ; 11h-19h mer-sam ; M Saint-Placide)

Officine Universelle Buly

Voir p. 248. (01 43 29 02 50 ; www.buly1803.com ; 6 rue Bonaparte, VIe ; 10h30-19h30 lun-sam ; M Saint-Germain-des-Prés)

Paris Jazz Corner

Niché dans une jolie rue résidentielle tranquille, ce magasin de disques est un temple pour les amateurs de musique. Vous y trouverez une impressionnante collection de vinyles et de CD de jazz et de blues, neufs ou d'occasion. (01 43 36 78 92 ; www.parisjazzcorner.com ; 5 rue de Navarre, Ve ; 12h-20h mar-sam ; M Place-Monge, Jussieu)

Sous les pavés, le Vintage !

Un concept store qui cultive la nostalgie. Mode et décoration. Voir aussi p. 231. (1 rue Hautefeuille, Ve ; M Odéon)

TK KURIKAWA/SHUTTERSTOCK ©

Le Bon Marché

The Conran Shop

Voir p. 241. (☎0142841001 ; www.conranshop.fr ; 117 rue du Bac, VIIe ; Ⓜ Sèvres-Babylone)

Plaisirs gourmands

Beaupassage €/€€

Du Café de Pierre Hermé façon salon de thé au bar à café tendance Arabica, en passant par la boulangerie de Thierry Marx, vous trouverez de quoi assouvir vos fringales dans cette galerie marchande et espace gastronomique. (53-57 rue de Grenelle, VIIe ; ⏲ passage 7h-23h, horaires variés pour chaque adresse ; Ⓜ Rue-du-Bac)

Debauve et Gallais

Voir p. 249. (☎01 45 48 54 67 ; www.debauve-et-gallais.fr ; 30 rue des Saints-Pères, VIIe ; Ⓜ Saint-Germain-des-Prés)

Fromagerie Barthélémy €

La propriétaire Nicole est fromagère depuis 50 ans et vend d'excellents fromages de saison. Sa superbe boutique et ses étalages méritent une visite. (☎01 42 22 82 24 ; 51 rue de Grenelle, VIIe ; ⏲ 8h30-13h et 16h-19h30 mar-ven, 8h30-13h30 et 15h-19h sam ; Ⓜ Rue-du-Bac)

Fromagerie Laurent Dubois €

Premier fromager à avoir reçu le titre de Meilleur Ouvrier de France, Laurent Dubois propose une formidable sélection de fromages ainsi que de savoureuses créations combinant fromages et autres ingrédients. (☎01 43 54 50 93 ; www.fromageslaurentdubois.fr ; 47 ter bd Saint-Germain, V^e ; ⏲ 8h-19h30 mar-sam, 8h30-13h dim ; Ⓜ Maubert-Mutualité)

Fruttini by Mo €/€€

Ce glacier a pour spécialité les fruits et les légumes givrés. Les produits de saison vont de la petite figue au melon entier. (☎01 43 20

LEAH/ADOBESTOCK ©

Fromagerie

47 31 ; fruttinibymo.fr ; 24 rue Saint-Placide, VIe ; ⏲ 10h30-19h lun-sam, 10h30-13h30 dim ; Ⓜ Saint-Placide, Sèvres-Babylone)

La Maison d'Isabelle €

Premier prix 2018 du croissant au beurre de Paris, cette boulangerie n'utilise que de la farine et du beurre bio. (47 ter bd Saint-Germain, V^e ; ⏲ 6h-10h mar-sam, 6h-18h dim ; Ⓜ Cluny-La Sorbonne)

Le Chocolat Alain Ducasse €

Le quartier compte deux boutiques proposant les chocolats créés par Alain Ducasse. (www.lechocolat-alainducasse.com ; 26 rue Saint-Benoît et 47 rue du Cherche-Midi, VIe)

Mori Yoshida €

Proche des Invalides, la pâtisserie du chef Mori Yoshida prépare des gâteaux français aux accents japonais. Matcha, sésame noir, fleur de cerisier et yuzu sont la norme ici. (☎01 47 34 29 74 ; www.moriyoshida.fr ; 65 av. de Breteuil, VIIe ; ⏲ 10h-19h mer-dim ; Ⓜ Duroc)

Plus 82 Paris €

Ce coffee shop stylé importe ses grains de Jeju-do, en Corée du Sud, et sert des douceurs d'inspiration coréenne, tels le *bingsu* (à base de glace pilée) et les cookies au matcha, préparés par son chef coréen formé en France. (11 bis rue Vauquelin, V^e ; ⏲ 9h-19h lun-sam ; Ⓜ Place-Monge)

Poilâne €

Voir p. 252. (☎01 45 48 42 59 ; www.poilane.fr ; 8 rue du Cherche-Midi, VIe ; ⌚7h-20h30 lun-sam ; Ⓜ Sèvres-Babylone)

Ten Belles €

Cette boulangerie torréfie son propre café et l'adresse Rive gauche offre un petit choix de pains et des boissons concoctées avec les précieux grains. Les cookies seigle-chocolat et les viennoiseries qui changent au fil des saisons sont appréciés. (☎09 83 34 33 65 ; www.tenbelles.com ; 53 rue du Cherche-Midi, VIe ; ⌚8h30-17h30 lun-ven, 9h-17h30 sam-dim ; Ⓜ Saint-Placide)

Sur le pouce

Maison Vérot €

Un savoir-faire charcutier depuis 1930 ! Voir p. 226. (www.maisonverot.fr ; 3 rue Notre-Dame des Champs, VIe ; ⌚9h-20h mar-sam ; Ⓜ Saint-Placide)

Maoz €

Voir p. 231. (www.maozusa.com ; 36 rue Saint-André-des-Arts, V^e ; Ⓜ Saint-Michel ; ⌚11h-23h dim-mer, 11h-2h jeu-sam)

Chez le Libanais €

Voir p. 231. (fr-fr.facebook.com/chezlelibanais/ ; 35 rue Saint-André-des-Arts, V^e ; Ⓜ Saint-Michel ; ⌚11h-23h30)

Repas mémorables

Aux Prés €€

Les établissements du chef Cyril Lignac offrent toujours une excellente cuisine. Aux Prés, vous trouverez ses plats favoris, comme les sushis de saumon croustillant et les *lobster rolls*. (☎01 45 48 29 68 ; www.restaurantauxpres.com ; 27 rue du Dragon, VIe ; plats 25-42 € ; ⌚12h-14h30 et 19h-23h ; Ⓜ Saint-Sulpice)

Café Campana €

Voir p. 248. (café du musée d'Orsay ; plats 14-19 € ; ⌚10h30-17h mar, mer et ven-dim, 10h30-21h jeu)

Chez Nous €

Ce bar à vins accueillant et chic non loin de la Seine est parfait pour déguster du vin et des assiettes de charcuterie. Les serveurs sont sympathiques et n'insistent pas quand il s'agit des vins. (☎01 43 26 42 69 ; www.cheznousparis.com ; 10 rue Dauphine, VIe ; ⌚18h-minuit ; Ⓜ Odéon)

Chinaski

Voir p. 234. (☎01 73 74 74 06 ; www.chinaskiparis.com ; 46 rue Daubenton, V^e ; ⌚19h30-22h30 mer-sam, 12h-15h et 19h30-22h30 dim ; Ⓜ Censier-Daubenton)

Colorova €€

Que ce soit pour le déjeuner, le brunch ou le thé, Colorova près du Bon Marché ne vous décevra pas. Le menu innovant et le goût du chef pour les gâteaux sont le gage d'un repas inoubliable dans un cadre cosy. (☎01 45 44 67 56 ; www.colorova-brunch.com ; 47 rue de l'Abbé-Grégoire, VIe ; menu midi sem 24-29 € ; ⌚9h-18h lun-ven, 10h-17h30 sam-dim ; Ⓜ Saint-Placide)

Dupin €€

Ce restaurant proche du Bon Marché sert des plats abordables et savoureux confectionnés avec les meilleurs produits français. Le soufflé au chocolat est un must. (☎01 42 22 64 56 ; www.restaurantdupin.com ; 11 rue Dupin, VIe ; ⌚12h-15h et 19h-23h mar-sam ; Ⓜ Sèvres-Babylone)

Un *bingsu*, dessert coréen revisité

Han Lim €

Ouvert en 1981 à deux pas du Panthéon, ce restaurant familial est l'un des plus anciens coréens de la capitale encore présent. Sa grande spécialité ? Le poulet sauté coréen à l'ancienne. (☎01 43 54 62 74 ; hanlim.fr ; 6 rue Blainville, Ve ; formule potage et plat 15 €, plat à partir de 12,80 € ; ⏲19h-22h30 mar, 12h-14h30 et 19h-22h30 mer-dim ; Ⓜ Place-Monge, Cardinal-Lemoine)

Kitchen Galerie Bis €€/€€€

Alter ego de Ze Kitchen Galerie, étoilé au Michelin, ce restaurant au cadre artistique contemporain sert une cuisine française créative nuancée d'accents asiatiques (racines, herbes fraîches, bouillons, agrumes...). (☎01 46 33 00 85 ; www.zekitchengalerie.fr/kgb ; 25 rue des Grands-Augustins, VIe ; formule midi/soir 29-36 €/à partir de 59 € ; ⏲12h15-14h et 19h15-22h mar-sam ; Ⓜ Saint-Michel, Odéon)

Kodawari Ramen €

Ce petit restaurant de *ramen* vous transporte par son décor et son ambiance dans une ruelle animée de Tokyo. Les *ramen* sont excellents... et la file d'attente souvent longue ! (☎01 43 29 37 67 ; www.kodawari-ramen.com ; 29 rue Mazarine, VIe ; ramen à partir de 13,50 € ; ⏲11h45-23h ; Ⓜ Odéon)

La Bête Noire €

Petit bistrot de quartier chaleureux et créatif, qui fait café dans la journée et restaurant à l'heure du déjeuner avec un menu qui change tous les jours, en fonction des produits de saison. (☎01 42 01 86 14 ; www.facebook.com/labetenoireparis ; 58 rue Henri-Barbusse, Ve ; plats déj 12-15 €, dîner 25-45 €, brunch 25 € ; ⏲8h30-16h lun, 8h30-17h mar, 8h30-22h mer, 8h30-23h jeu-ven, 9h30-17h30 dim ; 📶 ; RER Port-Royal)

Le Bon Saint Pourçain €€€

Ce petit restaurant français situé dans une ruelle romantique du VIe se distingue par son cadre intimiste. La cuisine est visible, quelle que soit votre place. (☎01 42 01 78 24 ; www.bonsaintpourcain.com ; 10 bis rue Servandoni, VIe ; ⏲12h-14h30 et 19h30-22h15 mar-sam ; Ⓜ Saint-Sulpice)

Soufflé au chocolat

Le Relais de L'Entrecôte €€

Appréciée des Parisiens et des touristes, cette chaîne ne sert qu'un seul plat : steak-frites avec salade aux noix. Vous n'avez qu'à préciser le degré de cuisson. Ce restaurant est le plus ancien. (☎01 45 49 16 00 ; www.relaisentrecote.fr ; 20 rue Saint-Benoît, VIe ; ⏲12h-14h30 et 18h45-23h lun-ven, 12h-15h et 18h45-23h sam-dim ; Ⓜ Saint-Germain-des-Prés)

Le Voltaire €€

Voir p. 247. (☎01 42 61 17 49 ; restaurantlevoltaire.com ; 27 quai Voltaire, VIIe)

Mavrommatis et les Délices d'Aphrodite €€

Un excellent restaurant grec qui possède dans le quartier un restaurant étoilé mais aussi un bistrot décontracté, **les Délices d'Aphrodite** (☎01 43 31 40 39 ; 4 rue Candolle ; ⏲tlj midi et soir ; assiettes 20-22€ ; Ⓜ Censier-Daubenton), ainsi qu'une épicerie-traiteur avec quelques tabourets de bar pour savourer son retsiné-tarama en regardant les passants ou les gens danser sur la place... (☎01 43 31 17 17 ; www.mavrommatis.com ; 42 rue Daubenton, Ve ; menus 5/7 plats 105/145 € ; ⏲mar-sam soir ; Ⓜ Censier-Daubenton)

Quinsou €€

Voir p. 253. (0142226609 ; www.quinsourestaurant.fr ; 33 rue de l'Abbé-Grégoire, VIe ; M Saint-Placide)

Silencio des Prés €€

Silencio (voir aussi p. 111) a ouvert un autre lieu à Saint-Germain-des-Prés. Installé dans le dernier cinéma indépendant, ce nouvel espace a conservé une salle de projection (pas de programmation permanente), un restaurant où officie un chef qui bouscule gentiment la cuisine de brasserie (Guillaume Sanchez) et un bar à cocktails. Plateaux de fruits de mer et crustacés. (01 40 41 20 20 ; www.silenciodespres.com ; 22 rue Guillaume-Apollinaire, VIe ; 19h-2h mar-sam, brunch 39 €, plats 16-49 €, cocktails 15 € ; M Saint-Germain-des-Prés)

Shu €€€

Ce restaurant japonais intimiste est un joyau caché, spécialisé dans les *kushiague* (brochettes de petites bouchées frites). Ses sashimis sont aussi excellents. (01 46 34 25 88 ; restaurant-shu.com ; 8 rue Suger, VIe ; menus 42-52 € ; 18h30-23h mar-sam ; M Saint-Michel, Odéon)

Yen €€

L'un des meilleurs restaurants japonais du VIe arrondissement. Faites maison, les nouilles soba (au sarrasin) sont sa spécialité, mais les sashimis et son bœuf wagyu sont également excellents. (0145441118 ; www.yen-paris.fr ; 22 rue Saint-Benoît ; formule midi entrée-plat 45-49 € ; 12h-14h et 19h30-22h30 lun-sam ; M Saint-Germain-des-Prés)

Cafés et salons de thé

Brasserie Lipp

Voir p. 242. (01 45 48 53 91 ; www.brasserielipp.fr ; 151 bd Saint-Germain, VIe ; plats 22-38 € ; midi et soir tlj ; M Saint-Germain-des-Prés)

Café de Flore

Voir p. 242. (01 45 48 55 26 ; www.cafedeflore.fr ; 172 bd Saint-Germain, VIe ; 7h30-1h30 tlj ; M Saint-Germain-des-Prés)

Café Maa

Le café Maa (terre en finnois), installé en 2022 au sein de l'Institut finlandais, offre un cadre épuré et paisible pour prendre un café, un jus de fruits sauvages ou pour découvrir des spécialités finlandaises (brioches à la cannelle, tartes caréliennes, soupe froide betterave, pomme, etc.). (07 68 44 07 66 ; www.institut-finlandais.fr ; 60 rue des Écoles et 33 rue du Sommerard, Ve ; 11h-18h mar-sam ; M Cluny-La Sorbonne)

Dose

Voir p. 234. (www.dosedealerdecafe.fr ; 73 rue Mouffetard, Ve ; 8h-18h mar-ven, 9h-19h sam-dim ; ; M Place-Monge)

Le Reflet

Face au cinéma le Reflet Médicis (p. 236) et à deux pas de la Sorbonne, un indémodable du genre "café pour étudiants cinéphiles". Murs placardés d'affiches de vieux films, bande-son volontiers seventies. Du 100% convivial et du café, des jus de fruits et des demis à petits prix. Pour les petites faims, vous pouvez compter sur un choix de salades, de tartines et de pâtes (plats 8-12 €). (01 43 29 97 27 ;

Brasserie Lipp

6 rue Champollion, Ve ; 11h-2h lun-sam, 15h-minuit dim ; M Cluny-La Sorbonne)

Le Procope

Voir p. 245. (01 40 46 79 00 ; www.procope.com ; 13 rue de l'Ancienne-Comédie, VIe ; plats 22-37 €, menus 32-39 € ; midi-minuit dim-mer, 12h-1h jeu-sam ; M Odéon)

Les Deux Magots

Voir p. 242. (01 45 48 55 25 ; www.lesdeuxmagots.fr ; 6 pl. Saint-Germain-des-Prés, VIe ; 7h30-1h tlj ; M Saint-Germain-des-Prés)

Salon de thé de la Mosquée

Dégustez un thé à la menthe et grignotez une pâtisserie orientale au son des chants d'oiseaux, sous les arbres qui agrémentent le patio de la Grande Mosquée de Paris – un cadre élégant et serein. (39 rue Geoffroy-Saint-Hilaire, Ve ; midi-minuit ; M Censier-Daubenton)

Sorties, cinémas et spectacles

Caveau de la Huchette

Dans une cave datant du Moyen Âge, ce club de jazz et de swing a accueilli bien des légendes de la musique (Count Basie, Art Blakey...) depuis la fin de la Seconde Guerre mondiale. Le lieu est, certes, touristique, mais l'atmosphère festive y est authentique. Premier set autour de 21h30. (01 43 26 65 05 ; www.caveaudelahuchette.fr ; 5 rue de la Huchette, Ve ; 13-15 € ; 21h-2h dim-jeu, 21h-4h ven-sam ; M Saint-Michel)

IRINA PALEI/SHUTTERSTOCK ©

Entrée du salon de thé de la Grande Mosquée

Cinéma du Panthéon

Voir p. 236. (01 40 46 01 21 ; www.whynotproductions.fr/pantheon ; 13 rue Victor-Cousin, Ve ; RER Luxembourg)

Le Champo

Voir p. 236. (www.cinema-lechampo.com ; 51 rue des Écoles, Ve ; tarif plein/réduit 10/7,50 € ; M Cluny-La Sorbonne)

Reflet Médicis

Voir p. 236. (01 43 54 42 34 ; dulaccinemas.com ; 3 rue Champollion, Ve ; tarif plein/réduit/avant midi 10/7,80/6,80 € ; M Cluny-La Sorbonne)

L'Odéon-Théâtre de l'Europe

Voir p. 245. (réservation 01 44 85 40 40 ; www.theatre-odeon.fr ; 1 pl. de l'Odéon, VIe ; 6-38 € ; billetterie 11h-18h lun-sam, spectacles 20h mar-sam, 15h dim ; M Odéon)

MONTPARNASSE ET LE SUD-EST DE PARIS

ART DE VIVRE | STREET ART | ARCHITECTURE

MONTPARNASSE ET LE SUD-EST DE PARIS
à la carte

INCONTOURNABLES ET TRÉSORS CACHÉS

À Montparnasse, les bars feutrés et les brasseries Art nouveau témoignent encore de l'âge d'or du quartier. Plus loin, les ruelles pavées enfouies sous la végétation composent un Paris quasi provincial. A contrario, les tours de la place d'Italie côtoient le Chinatown parisien et, plus à l'est, les quartiers futuristes allant des Docks à la BnF. Sans prétention mais agréable et dynamique, ce "Nouveau Paris" offre un heureux mélange, alliant quartiers villageois, street art, poumons verts et architecture contemporaine.

Le quartier en bref

Points forts Quartiers pittoresques, architecture avant-gardiste et parcs.

Transport La station Montparnasse-Bienvenüe est un nœud de transport, traversé par les lignes 4, 6, 12 et 13.

Circuler À pied, pour ne rien manquer de l'architecture, du street art et des boutiques ; en métro pour rallier rapidement des coins excentrés.

Notre conseil Prenez le tram T3 pour circuler à la périphérie sud de Paris.

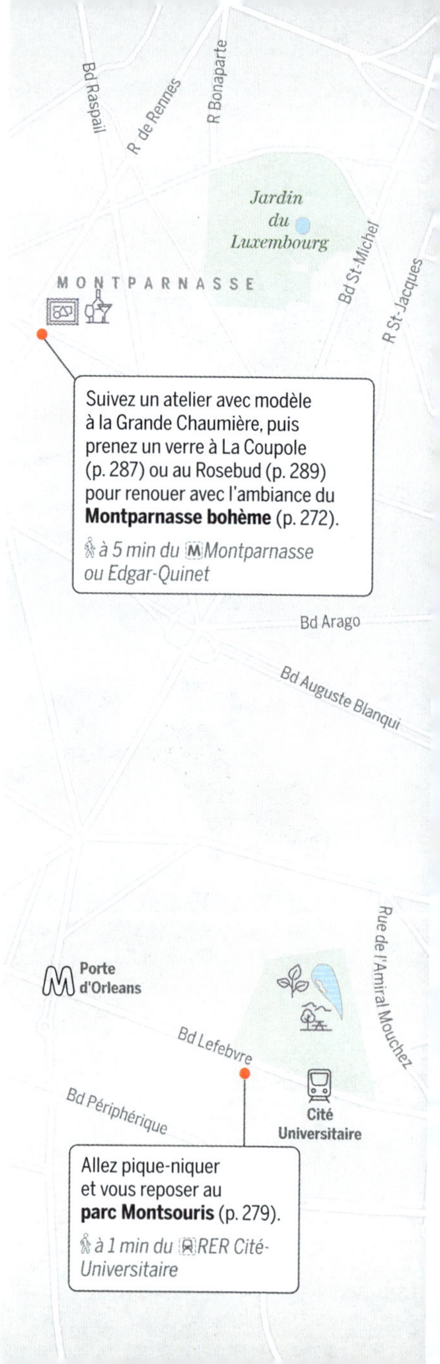

Suivez un atelier avec modèle à la Grande Chaumière, puis prenez un verre à La Coupole (p. 287) ou au Rosebud (p. 289) pour renouer avec l'ambiance du **Montparnasse bohème** (p. 272).

à 5 min du Ⓜ Montparnasse ou Edgar-Quinet

Allez pique-niquer et vous reposer au **parc Montsouris** (p. 279).

à 1 min du RER Cité-Universitaire

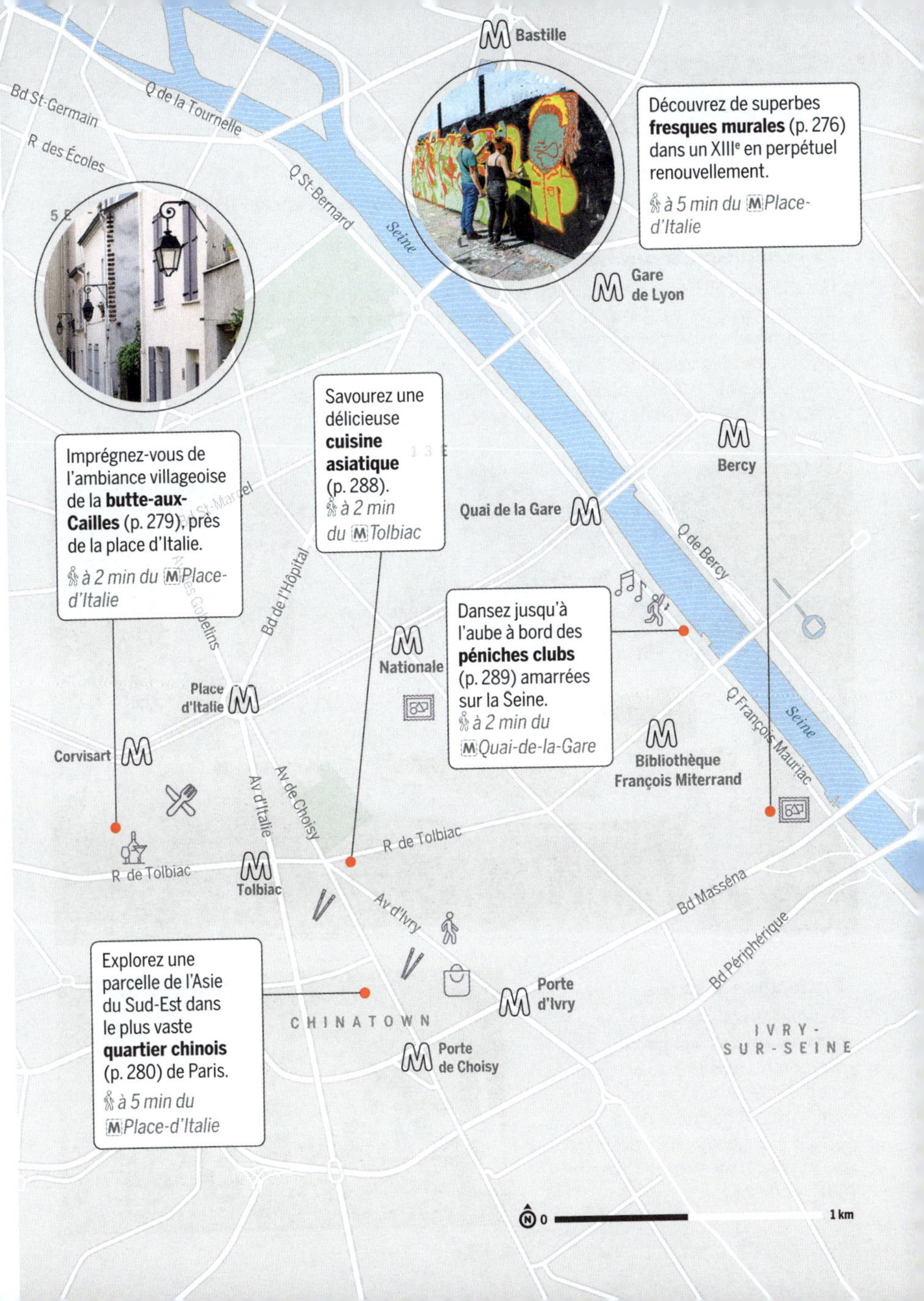
Bastille
Découvrez de superbes **fresques murales** (p. 276) dans un XIIIe en perpétuel renouvellement.
à 5 min du M Place-d'Italie
Bd St-Germain
Q de la Tournelle
R des Écoles
Q St-Bernard
Seine
5E
Gare de Lyon
Savourez une délicieuse **cuisine asiatique** (p. 288).
à 2 min du M Tolbiac
Imprégnez-vous de l'ambiance villageoise de la **butte-aux-Cailles** (p. 279), près de la place d'Italie.
à 2 min du M Place-d'Italie
13E
Bercy
Quai de la Gare
Bd St-Marcel
Q de Bercy
Bd de l'Hôpital
Av des Gobelins
Dansez jusqu'à l'aube à bord des **péniches clubs** (p. 289) amarrées sur la Seine.
à 2 min du M Quai-de-la-Gare
Nationale
Place d'Italie
Corvisart
Q François Mauriac
Seine
Bibliothèque François Miterrand
Av d'Italie
Av de Choisy
R de Tolbiac
R de Tolbiac
Tolbiac
Av d'Ivry
Bd Masséna
Bd Périphérique
Explorez une parcelle de l'Asie du Sud-Est dans le plus vaste **quartier chinois** (p. 280) de Paris.
à 5 min du M Place-d'Italie
CHINATOWN
Porte d'Ivry
Porte de Choisy
IVRY-SUR-SEINE
N 0
1 km

Les grands classiques

Pour les infos pratiques de chaque site, reportez-vous au carnet d'adresses p. 282.

Cinémathèque française

Dans le parc de Bercy, ce temple de la cinéphilie construit par Frank Gehry programme projections, lectures, débats et rétrospectives. Son musée consacré à l'histoire du 7e art renferme des trésors : instruments d'optique, caméras, lanternes magiques, costumes mythiques, affiches, documents de tournage et objets cultes (engrenages des *Temps modernes*, robot de *Metropolis*...). Le lieu rêvé pour voir des chefs-d'œuvre, et en version originale ! Les expositions temporaires consacrées à de grands noms du cinéma sont souvent plébiscitées.

Butte-aux-Cailles

Des ruelles sous la végétation, des cafés et des restaurants bon enfant : la Butte-aux-Cailles est parfaite pour flâner et prendre son temps. À deux pas de la place d'Italie, c'est encore l'un des micro-quartiers parisiens qui a conservé ses airs de village.

Fondation Cartier pour l'art contemporain

Créée en 1984, cette fondation qui accueille toutes les formes d'art contemporain – peinture, vidéo, dessin, photo, sculpture – s'est installée en 1994 dans un élégant bâtiment conçu par Jean Nouvel sur le boulevard Raspail.

PIXATERRA/ADOBESTOCK ©

OLIVEROUGE 3/SHUTTERSTOCK ©

Cimetière du Montparnasse

Ce cimetière ouvert en 1824 est l'un des mieux fréquentés de la capitale : Baudelaire, Beckett, Duras, Maupassant, Beauvoir et Sartre, Gainsbourg y reposent… Les arbres procurent une fraîcheur bienfaisante à ces rendez-vous entre morts et vivants.

Catacombes

“Arrête ! C'est ici l'empire de la mort.” Voilà les mots qui accueillent les visiteurs pénétrant dans ces anciennes carrières transformées en ossuaire en 1786. La balade macabre se prolonge sur 1,5 km, avant de découvrir les crânes et les fémurs de près de six millions de Parisiens impeccablement rangés.

DELPIXEL/SHUTTERSTOCK ©

ANTOINE2K/SHUTTERSTOCK ©

BnF – site François-Mitterrand

Avec ses tours de verre évoquant des livres ouverts, la BnF est implantée depuis 1996 dans ce Quartier latin du Nouveau Paris ! Manifeste architectural, le site conçu par Dominique Perrault joue la carte de la sobriété, avec quelques audaces : un jardin-forêt géré vertueusement ou du métal tissé en décoration intérieure.

48 NOUVEAUX VISAGES du Sud-Est parisien

ARCHITECTURE | MODERNITÉ | PROMENADE

Répartis sur les deux rives de la Seine, les quartiers du sud-est de la capitale représentent un mélange éclectique donnant lieu à des promenades dépaysantes, loin des foules de touristes. S'y promener est aussi l'occasion de découvrir un Paris plus moderne, largement remanié à la fin du siècle dernier.

PARISPHOTO/ADOBESTOCK ©

En pratique

S'y rendre Les stations de métro Gare-de-Lyon (lignes 1 et 14) et Place-d'Italie (5, 6 et 7) sont de bons points de départ et d'arrivée.

Durée Le sud-est de Paris s'étend de la gare de Lyon, XIIe, à la butte-aux-Cailles, XIIIe. Prévoyez une journée pour flâner librement dans le parc et visiter les sites d'intérêt.

Notre conseil Il est plaisant, et facile, de faire des pauses en chemin; Les adresses de cafés et de restaurants sont nombreuses.

E. SCHITTENHELM/SHUTTERSTOCK ©

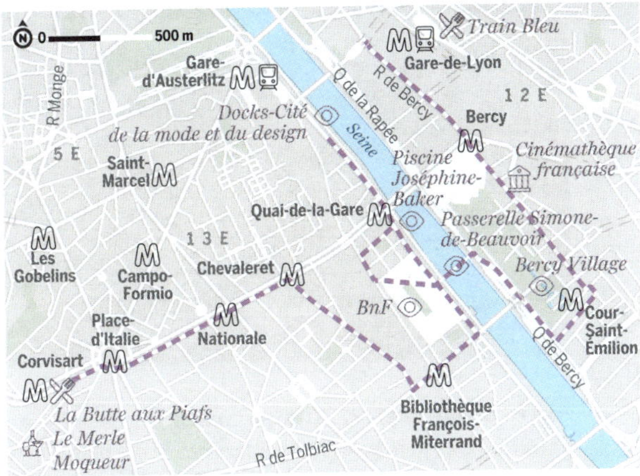

Page de gauche, en haut Piscine Joséphine-Baker **En bas** Les Docks-Cité de la mode et du design

Faites-vous une toile à la **Cinémathèque française** (p. 268) avant de parcourir les jardins de Bercy.

L'intérêt de **Bercy Village** (p. 288), grande allée commerçante, c'est aussi de rappeler l'histoire des **chais**, lorsque le quartier était un vaste marché de vins et de spiritueux.

La **passerelle Simone-de-Beauvoir** (p. 217), pont pour piétons et vélos composé de deux courbes qui se croisent, relie le parc de Bercy au parvis de la BnF.

La **Bibliothèque nationale de France** (p. 269), emblématique de l'architecture minimaliste, renferment près de 15 millions d'ouvrage et d'imprimés ! Mais aussi d'intéressantes expositions et des œuvres d'art contemporain. Visite libre ou organisée possibles !

S'ils abritent l'Institut français de mode, **Les Docks-Cité de la mode et du design** (p. 282), le vaste bâtiment couvert d'une structure vert pomme en bord de Seine, se sont aussi affirmés comme une cité de la fête !

Piquez une tête dans la **piscine Joséphine-Baker** (p. 285), posée sur la Seine.

La terrasse de la **Butte aux Piafs** (p. 286) permet de s'imprégner de l'ambiance conviviale de la butte-aux-Cailles.

Bar de quartier à l'ancienne, le **Merle Moqueur** (p. 289) est très animé et les consommations restent abordables.

Détour par la Manufacture des Gobelins

À 5 minutes à pied de la place d'Italie (à l'opposé de la butte-aux-Cailles), vous pouvez faire un détour par la Manufacture des Gobelins, créée par Colbert et toujours en activité. Dans la galerie, des expositions temporaires se tiennent autour du mobilier national (entrée libre), et vous pourrez éventuellement visiter les ateliers (15,50 € ; réservation conseillée sur www.cultival.fr ou au 0825 05 44 05, 0,15€/min). Vous verrez les artisans exécuter selon les techniques d'origine des tapisseries d'après des œuvres contemporaines.

PETR KOVALENKOV/SHUTTERSTOCK ©

Montparnasse, Années folles

ART ET BRASSERIES AU TEMPS DES MONTPARNOS

Impossible de manquer la tour Montparnasse, qui domine un quartier bruissant de vie. Au niveau du boulevard, au pied de la tour et jusqu'au carrefour Vavin, c'est dans les cafés et les brasseries que frayèrent quelques-uns des artistes les plus marquants du début du XXe siècle.

Après Montmartre, Montparnasse

En 1915, Picasso migre vers Montparnasse qui détrône Montmartre comme centre de la modernité artistique. Le quartier est déjà habité depuis longtemps par des peintres qui ont leurs ateliers du côté de la rue Notre-Dame-des-Champs. Beaucoup de peintres et de sculpteurs qui ont fui les pogroms d'Europe centrale vivent aussi en communauté dans les 140 ateliers de La Ruche (2 passage Dantzig, XVe), créés par le sculpteur Alfred Boucher en 1902, et aujourd'hui encore situés près du parc Georges-Brassens. Il y a là notamment Fernand Léger, Chagall, Soutine, Zadkine, Archipenko et des artistes et écrivains de passage dont Blaise Cendrars, auteur du poème *La Ruche*. Le compositeur Stravinsky et les écrivains Hemingway, Ezra Pound et Cocteau devinrent aussi des fidèles de Montparnasse.

Abstraction et couleurs

Après les heures tragiques de la Première Guerre mondiale, la vie artistique reprend de plus belle. Les nouvelles tendances privilégient l'abstraction et la couleur. Montparnasse est à la fois le grand lieu à la mode et le passage incontournable pour les artistes du monde entier. Ces derniers se partagent souvent les modèles comme Kiki de Montparnasse, qui pose pour Amedeo Modigliani Modigliani, le peintre japonais Foujita, le photographe américain Man Ray (*Le Violon d'Ingres*, 1924). Également danseuse, chanteuse, gérante de cabaret, Kiki sera élue "reine de Montparnasse".

Gauche La Closerie des Lilas.
Droite Bouillon et Dôme

Cafés et brasseries de Vavin

Artistes, écrivains et poètes, noctambules et modèles se croisent dans les cafés et les brasseries du boulevard, près du carrefour Vavin – la plupart de ces lieux existent encore : ils ont conservé leur décor Belle Époque et leur aura du Vieux Montparnasse, Que l'on songe au **Dôme** (p. 287), le plus ancien de ces cafés avec un remarquable cadre Art déco, rendez-vous de personnalités telles que Pablo Picasso, Diego Rivera, Amedeo Modigliani, Max Jacob, après qu'ils eurent déserté le Bateau-Lavoir et la butte Montmartre (voir p. 124), à **la Rotonde** (p. 287), ouverte en 1911, à **la Coupole** (p. 287), dont l'inauguration en 1927 donna lieu à une fête gigantesque, au **Sélect** (p. 287), fondé en 1923 et le premier des grands cafés du quartier à avoir misé sur l'ouverture tardive en soirée ; ou enfin à **la Closerie des Lilas** (p. 287), établissement au passé prestigieux qui accueillit également Picasso, mais aussi Guillaume Apollinaire, Man Ray, Jean-Paul Sartre ou Samuel Beckett (des plaques signalent leurs places attitrées), et où Ernest Hemingway écrivit une bonne partie du *Soleil se lève aussi*, à l'époque où il habitait au coin de la rue.

Artistes, écrivains et poètes, noctambules et modèles se croisent dans les cafés et les brasseries du boulevard, près du carrefour Vavin – la plupart de ces lieux existent encore.

La crise de 1929, puis la Seconde Guerre mondiale feront fuir de nombreux artistes et retomber la fièvre et Paris perdra son aura de capitale des arts… pour un temps !

La Grande-Chaumière : des ateliers ouverts à tous

En souvenir des Années folles, quand le cœur artistique de Paris battait dans le quartier, venez exercer votre coup de crayon sur des modèles vivants dans l'atelier mythique du 14 rue de la Grande-Chaumière (p. 283). Et partez ensuite visiter le musée Bourdelle (p. 283), dans l'atelier du sculpteur, ou l'Institut Giacometti (p. 283).

49 FRISSONNER aux Catacombes

OSSUAIRE | VISITE MACABRE | HISTOIRE

"Arrête ! C'est ici l'empire de la mort." Ces galeries souterraines aux parois couvertes d'ossements forment sans doute le site le plus macabre de Paris. À la sortie, vous serez heureux de retrouver la chaleur du soleil et l'agréable animation du quartier !

En pratique

S'y rendre M Denfert-Rochereau

Information www.catacombes.paris.fr

Tarifs et horaires Tarif plein/réduit 14/12 €, audioguide 5 €, réservation en ligne sans audioguide 24/22 €, 4-17 ans 5 € ; 10h-20h30 mar-dim, dernier accès 19h30.

Notre conseil La température dans les souterrains est constamment de 14°C – couvrez-vous !

Pour vous remettre de vos émotions, allez flâner dans la rue Daguerre (p. 278).

NOLAN SCHWEITZER/SHUTTERSTOCK ©

Page de gauche, en haut
Les Catacombes. **En bas**
L'avertissement donné aux vivants...
Ci-contre Entrée des Catacombes

Un ossuaire du XIXe siècle

En 1765, pour enrayer les épidémies à Paris, un décret ordonna la suppression des cimetières intra-muros et la translation des ossements dans des carrières désaffectées. Une partie de celles du XIVe arrondissement fut ainsi transformée en "ossuaire municipal", appelé Catacombes. Le transfert des ossements du cimetière des Innocents, le plus grand de Paris, demanda à lui seul deux ans. Entre 1786 et 1860, les restes de 6 millions de défunts furent déplacés vers les Catacombes, et des morts y furent directement inhumés durant la Révolution.

Carpe Diem Très vite, les Catacombes suscitèrent la curiosité, mais il fallut attendre 1809 pour que soient organisées des visites régulières. L'initiateur en fut Louis-Étienne Héricart de Thury, inspecteur général des carrières, qui isola l'ossuaire du reste des carrières, agença les ossements en piles régulières, en motifs macabres ou décoratifs, posa des plaques portant des citations sacrées, poétiques, littéraires ou philosophiques invitant à une méditation sur la mort.

Claustrophobes s'abstenir ! On accède aux quelque 2 km de galeries tapissées d'ossements par un pavillon sur la place Denfert-Rochereau. Il faut descendre 131 marches (et en monter 112 à la sortie). Claustrophobes et grands sensibles s'abstenir. Gardez à l'esprit que le lieu n'est pas adapté aux jeunes enfants. L'accès est limité à 200 personnes dans les tunnels et la file d'attente est parfois longue. Les réservations en ligne, plus chères, garantissent un créneau horaire. À la sortie, les sacs sont contrôlés afin de vérifier que les visiteurs n'emportent rien.

Le Café du Rendez-Vous

Pour retrouver la chaleur humaine et le cuir rouge des cafés parisiens après une incursion au royaume des morts, poussez la porte du Café du Rendez-Vous (p. 288). À deux pas des Catacombes, on aime s'installer sur sa grande terrasse ou sur les banquettes en cuir de sa salle à l'atmosphère feutrée. Il est ouvert du petit-déjeuner à tard le soir.

50 Immersion STREET ART

STREET ART | CULTURE | PROMENADE

Paris ne se résume pas à ses monuments emblématiques. Au cours des dernières années, le XIIIe arrondissement est devenu le terrain de jeu des street artistes internationaux, créant un magnifique musée à ciel ouvert. Partout, à l'est de la place d'Italie, les fresques monumentales font partie intégrante du paysage urbain. Graffitis, collages et chefs-d'œuvre ornent de nombreux murs et façades.

ABACA PRESS/ALAMY STOCK PHOTO ©

En pratique

S'y rendre Ⓜ Place-d'Italie, puis à pied sur le bd Vincent-Auriol. Disponible en ligne, un plan des différentes fresques murales permet de localiser les moins connues.

Quand Évitez la foule en vous promenant en semaine, en milieu de matinée ou d'après-midi.

Visites Street Art Paris (06 52 69 92 40 ; www.streetartparis.fr ; circuit 20 € ; sur réservation) programme des circuits dans plusieurs quartiers. Vous pouvez aussi réserver un atelier pour réaliser une fresque (2 heures 30/35 €).

ARUALLAN ©

Page de gauche Peinture de Hush, bd Vincent-Auriol **En bas** *Les Trois Âges la vie* de Borondo, rue du Chevaleret **Ci-contre** La Felicità

Les fresques murales du XIIIe

Une scène de street art géante Plus de 30 peintures murales monumentales égaient les rues et les voies du quartier situé entre l'avenue de France, la rue de Tolbiac et le boulevard Vincent-Auriol, auxquelles s'en ajoutent de nouvelles chaque année. Partir à leur découverte est un bon moyen d'explorer des quartiers moins visités.

Les plus belles fresques Parmi les plus appréciées, citons une fresque colorée du célèbre Inti (13 rue Lahire), *Bach* de Fabio Rieti (57 rue Clisson), l'élaborée *Sun Daze* (167 bd Vincent-Auriol) des talentueux jumeaux How & Nosm, et, sur un édifice voisin, la splendide *Geisha* (169 bd Vincent-Auriol) du Britannique Hush, *Le Chat* de C215 (angle bd Vincent-Auriol et rue Nationale) et *Liberté, égalité, fraternité* (186 rue Nationale) avec une monumentale Marianne de Shepard Fairey (Obey).

Signalons aussi l'impressionnante *Turncoat* (190 rue Nationale) de D*Face et *Rise Above Level* (angle bd Vincent-Auriol et rue Jeanne-d'Arc), une autre peinture murale imposante et saisissante, de Shepard Fairey. Sur le trottoir opposé du boulevard Vincent-Auriol, impossible de rater la formidable *Danseuse* (au n°98 bd Vincent-Auriol), légendée "Et j'ai retenu mon souffle", du duo Faile. Vous trouverez plus d'informations (et une vidéo) sur le site Internet boulevardparis13.com.

Mon palmarès

La plus colorée
La Mona Lisa géante d'Okuda, 13 av. d'Ivry.

Dans un restaurant
La Felicità (p. 286).

La plus significative
La fresque conceptuelle de SPY, 73 rue du Chevaleret : une seule phrase, "*I'm not a real artist*", en lettres phosphorescentes qui se révèlent la nuit.

La plus belle perspective
Les peintures murales entre les stations Place-d'Italie et Quai-de-la-Gare.

La plus secrète Spot 13, des graffitis sous la galerie Le Lavo//matik (p. 283).

La plus émouvante
Les Trois Âges de la vie de Borondo, au 93 rue du Chevaleret.

La plus élégante L'œuvre poétique de Pantonio, avec *Tourbillon de sardines* place de Vénétie.

La rue la plus intéressante
Boulevard Vincent-Auriol.

Kasia Klon, *artiste et guide à Paris.*
@streetart tourparis

51 Villages SECRETS

ART DE VIVRE | FLÂNERIE | HORS DES SENTIERS BATTUS

Qu'il s'agisse de la butte-aux-Cailles, de la Cité florale ou de l'agréable rue Daguerre, vous découvrirez des microquartiers méconnus des visiteurs, mais jalousement gardés par leurs habitants ! Avec leurs maisonnettes et leurs jardins fleuris à l'abri de la circulation et du bruit, ils se distinguent tous par leur atmosphère accueillante, à mille lieues du tohu-bohu parisien.

JEROME LABOUYRIE/SHUTTERSTOCK ©

En pratique

S'y rendre Les métros Place-d'Italie (XIIIe), Denfert-Rochereau et Pernety (XIVe) sont les plus pratiques.

Se déplacer La ligne 6 du métro traversent les trois arrondissements.

Quand Ces quartiers sont très paisibles en semaine.

Lieu secret Explorez une partie (1,3 km) de la Petite Ceinture, l'ancienne ligne de chemin de fer circulaire, qui présente une grande biodiversité avec boisement, prairie et friche.

ANALUCIASILVA/ADOBESTOCK ©

Page de gauche Cité florale
En bas Square des Peupliers

Choisissez votre quartier

Le secret le mieux gardé de Paris À 5 minutes à pied du **parc Montsouris** (p. 284), le microquartier de la Cité florale est un superbe lieu pour une petite promenade bucolique. Construit à la fin des années 1920, il se compose de cinq rues aux noms de fleurs bordées de maisons couvertes de lierre, de vigne vierge et de fleurs.

Vie de village La **butte-aux-Cailles** (p. 268) est un petit quartier près de la place d'Italie dont les rues pavées sont jalonnées de maisons pittoresques, de bons restaurants et de bars prisés par les étudiants et les habitants.

Atmosphère bohème Niché non loin de la gare Montparnasse, le **quartier Pernety** a gardé un caractère intimiste. Avec ses voies piétonnes et de beaux édifices en briques, il tranche sur le style haussmannien qui prédomine dans la capitale.

Esprit de quartier La **rue Daguerre**, dans le XIVe, au sud-ouest du métro Denfert-Rochereau, a toute une histoire – une atmosphère évoquée par la cinéaste Agnès Varda qui habitait là dans ses *Daguerréotypes* (1975). Cette rue en partie piétonne bordée de commerces – fleuristes, fromageries, boulangeries, primeurs, traiteurs et cafés – est particulièrement animée le dimanche matin.

Enclaves de charme

Dans le quartier Pernety (XIVe), la **rue des Thermopyles** rappelle par son ambiance un petit village. Dans le XVe, la **rue Saint-Charles**, entre l'avenue Émile-Zola et le rond-point Saint-Charles, bordée de boulangeries, épiceries, pâtisseries, fromagers et traiteurs, est idéale pour faire ses courses. Enfin dans le XIIIe, la **butte-aux-Cailles** compte de nombreux restaurants de quartier, notamment le Temps des Cerises, ainsi que de belles œuvres de street art de Miss.Tic (connue pour ses œuvres au pochoir dans tout Paris, et décédée en mai 2022). Le **square des Peupliers** est l'une des rares ruelles bordées de pavillons avec jardin privatif à Paris.

Mélanie Després *est historienne et guide à Paris. Facebook : @visitesaufildelart*

52 Cap sur L'ASIE

QUARTIER CHINOIS | BALADES | RESTAURANTS

Le plus grand Chinatown de Paris s'étire entre la place d'Italie et la rue de Tolbiac. Que les tours d'habitations imposantes des années 1960 ne vous dissuadent pas de l'explorer, car il est bien différent des autres. Condensé des pays de l'Asie du Sud-Est et de la Chine, il vous réserve de nombreuses surprises, notamment gastronomiques, festives et artistiques.

LP2 STUDIO/SHUTTERSTOCK ©

En pratique

S'y rendre M Place-d'Italie, ligne 6.

Circuler Empruntez les avenues d'Ivry et de Choisy, la rue Baudricourt et les rues adjacentes.

Quand Le quartier est plus animé le week-end.

Espace vert Le parc de Choisy, un espace vert paisible près de l'avenue de Choisy.

Lieux secrets Au sud de la rue de Tolbiac, le passage Bourgoin et le passage National sont deux charmantes ruelles pavées bordées de petites maisons.

DANIEL THIERRY/GETTY IMAGES ©

Reflets des cultures asiatiques

Art et culture Si vous aimez la culture underground, rendez-vous à la **dalle des Olympiades**, près de la rue de Tolbiac. Cernée de tours, cette grande esplanade en béton dotée de passerelles piétonnes attire les danseurs de K-Pop et les skateurs. Dans la rue Paul-Klee, *La Danse de la fontaine émergente* est une grande **fontaine de verre et d'acier** conçue par le sculpteur franco-chinois Chen Zhen. Achevée en 2008, elle représente un dragon stylisé, émergeant d'un mur pour plonger dans le sol en béton puis réapparaissant à deux endroits. L'eau à forte pression circule à l'intérieur. Le lieu sacré le plus inhabituel de Paris, l'**autel du culte du Bouddha** (37 rue du Disque) est un petit temple bouddhique coloré dissimulé dans le parking souterrain d'une tour.

Gastronomie et shopping Pour dénicher tous les produits alimentaires asiatiques possibles et imaginables, mais aussi des décorations et des articles pour la maison, allez chez **Tang Frères** (48 av. d'Ivry), le plus grand magasin asiatique de Paris (et peut-être d'Europe). Entre les tours des avenues d'Ivry et de Choisy, vous trouverez d'excellents bistrots vietnamiens préparant du *phô* (soupe aux nouilles), des restaurants familiaux servant des raviolis chinois et des soupes épicées, comme des pâtisseries chinoises traditionnelles. Certains, disposant d'une terrasse, sont parfaits pour observer les passants.

Page de gauche Défilé du Nouvel An chinois **En bas** Autel du culte du Bouddha

Le Nouvel An chinois

Fêté fin janvier ou en février, le Nouvel An chinois (aussi appelé Festival du printemps) est le meilleur moment pour visiter le quartier chinois. Avec près de 2 000 participants et plus de 200 000 spectateurs, c'est l'un des événements les plus spectaculaires de la ville. Les festivités durent environ deux semaines, donnant lieu à des défilés colorés avec danses du lion et du dragon. Lanternes rouges, pétards, danses de rubans, joueurs de tambour et de cymbales et acrobates en costumes traditionnels sont partout. La fête débute devant le supermarché Tang Frères sur l'avenue d'Ivry. Pour connaître les dates exactes, consultez le site mairie13.paris.fr.

Carnet d'adresses

Les grands classiques

Bibliothèque nationale de France – Site François-Mitterrand

Le lieu, principal site de la BnF, est à voir pour son architecture et ses expositions temporaires. Pour le visiter, rendez-vous devant l'accueil du hall est. La BnF abrite aussi une quinzaine d'œuvres d'art contemporain. À découvrir en parcourant dans les espaces en libre accès (*Water Lilies* de Roy Lichtenstein, monumental *Toi et moi* de Louise Bourgeois...). Dans le hall ouest, ne manquez pas les deux globes, l'un céleste, l'autre terrestre, conçus par le cosmographe vénitien Coronelli pour Louis XIV. Voir aussi p. 269. (BnF ; ☎01 53 79 59 59 ; www.bnf.fr ; 11 quai François-Mauriac, XIIIe ; expositions temporaires 9-11 €, visites 3 €, durée 1 heure 30 ⏲mar-dim 15h ; ⏲9h-20h mar-sam, 13h-19h dim, fermé 2 sem en sept ; Ⓜ Bibliothèque-François-Mitterrand)

Catacombes

Voir p. 269 et p. 274. (☎01 43 22 47 63 ; www.catacombes.paris.fr ; 1 av. du Colonel-Henri-Rol-Tanguy, XIVe ; adulte/enfant 14 €/gratuit, réservation en ligne avec audioguide 29/5 € ; ⏲10h-20h30 mar-dim, dernier accès 19h30 ; Ⓜ Denfert-Rochereau)

Cimetière du Montparnasse

Inauguré en 1824, le cimetière du Montparnasse, deuxième de Paris en taille après le Père-Lachaise (p. 158), s'étend sur 19 ha. Voir aussi p. 269. (www.paris.fr ; 3 bd Edgar-Quinet et rue Froidevaux, XIVe ; entrée libre ; ⏲8h-17h30 lun-ven, 8h30-17h30 sam, 9h-17h30 dim ; Ⓜ Edgar-Quinet)

Cinémathèque française

Voir p. 268. (☎01 71 19 33 33 ; www.cinematheque.fr ; 51 rue de Bercy, XIIe ; musée tarif plein/réduit/-18 ans 10/7,50/5 €, avec expo 14/11,50/8 €, gratuit 1er dim du mois ; cinéma tarif plein/réduit/-18 ans 7/5,50/4 €, ⏲12h-22h ; cinémathèque ⏲12h-19h lun et mer-ven, 11h-20h sam-dim, 10h-20h vacances scolaires et jours fériés ; Ⓜ Bercy)

Fondation Cartier pour l'art contemporain

Incontournable pour les expositions mais aussi pour le jardin, créé par l'artiste Lothar Baumgarten, et qui se veut le spectacle d'une nature à la fois organisée et sauvage. Voir aussi p. 269. (☎01 42 18 56 50 ; fondation.cartier.com ; 261 bd Raspail, XIVe ; adulte/enfant 10,50/7 € ; ⏲11h-20h mer-dim, jusqu'à 22h mar ; Ⓜ Raspail)

Les Docks – Cité de la mode et du design

Créé par les architectes Jakob + MacFarlane, ce géant de béton armé souligné d'une audacieuse chenille de verre et de métal vert pomme, est aisément repérable sur les bords de Seine, côté rive gauche. Voir aussi p. 271. (www.citemodedesign.fr ; 34 quai d'Austerlitz, XIIIe ; ⏲10h-minuit ; Ⓜ Gare-d'Austerlitz ou Quai-de-la-Gare)

Arts et galeries

Galerie Itinerrance

Témoignant du renouveau créatif du XIIIe, cette galerie est spécialisée dans les graffitis

Place Denfert-Rochereau

et le street art. Elle peut conseiller des visites guidées sur ce thème dans le quartier. Dans le sud de l'arrondissement. (01 44 06 45 39 ; www.itinerrance.fr ; 24 bis bd du Général-Jean-Simon, XIIIe ; 12h-19h mar-sam ; M Bibliothèque-François-Mitterrand) GRATUIT

Institut Giacometti

En décembre 1926, Alberto Giacometti installe son rudimentaire atelier rue Hippolyte-Maindron. Ce refuge et lieu de travail tant photographié est, depuis 2018, reconstitué à quelques rues de là, dans l'hôtel particulier Art déco que la Fondation Giacometti a choisi comme écrin. Cette dernière y dévoile sa riche collection d'œuvres du sculpteur et peintre au gré d'expositions (3 ou 4 par an). Un parcours intimiste, labyrinthique, sublimé par la beauté de la maison et éclairé par les explications des médiateurs. Achat des billets en ligne obligatoire. (www.fondation-giacometti.fr ; 5 rue Victor-Schœlcher, XIVe ; tarif plein/réduit 8,50/3 €, gratuit -18 ans ; 10h-18h mar-dim ; M Raspail)

La Fab

La créatrice de mode Agnès b. est aussi collectionneuse d'art. Elle a ouvert cette galerie en 2020, dans un nouveau bâtiment spectaculaire près de la Bibliothèque nationale de France, et y présente sa collection d'art contemporain lors d'expositions thématiques. (01 87 44 35 73 ; la-fab.com ; pl. Jean-Michel-Basquiat, XIIIe ; tarif plein/réduit 7/4 € ; 11h-19h mar-sam, 14h-19h dim ; M Bibliothèque-François-Mitterrand, Chevaleret)

La Grande-Chaumière

Voir p. 273. (www.academiegrandechaumiere.com ; 14 rue de la Grande-Chaumière ; tarif plein/étudiant 20/15 € ; lun-sam, sans réservation)

Le Lavo//matik

Voir p. 277. (lelavomatik.com ; 20 bd du Général-d'Armée-Jean-Simon ; h12h-16h mar, mer-ven 12h-19h ; M Bibliothèque-François-Mitterrand)

Les Frigos

D'anciens entrepôts frigorifiques près du pont de Tolbiac ont été reconvertis en ateliers d'artistes. Avec leurs airs de squat, les imposants "Frigos" ont de quoi intimider les visiteurs, qui n'osent pas toujours franchir leurs grilles. Dommage ! Si les ateliers se visitent seulement lors des journées portes ouvertes du printemps, certains lieux sont accessibles au public toute l'année. Et notamment la cantine de la galerie L'Aiguillage (p. 286), idéale pour prendre le pouls des lieux et jeter un coup d'œil à leurs couloirs couverts de grafs. (www.les-frigos.fr ; 19 rue des Frigos, XIIIe ; M Bibliothèque-François-Mitterrand)

Musée Bourdelle

Le travail du sculpteur Antoine Bourdelle (1861-1929) est loin d'être inconnu. Pensez par exemple au fameux *Héraklès archer* (1909-1924), son œuvre principale, qui a un temps orné les cahiers d'écoliers. Le musée renferme nombre de sculptures (bas-reliefs du théâtre des Champs-Élysées 1910-1913, plâtre du monument au général Alvear 1913-1923), peintures, dessins et photographies de cet artiste du début du XXe siècle, qui eut pour élèves Alberto Giacometti et Henri Matisse. (www.bourdelle.paris.fr ; 18 rue Antoine-Bourdelle, XVe ; collection permanente en entrée libre, expositions temporaires 8/6 € ; 10h-18h mar-dim ; M Montparnasse-Bienvenüe, Falguière)

Patrimoine et curiosités

Manufacture des Gobelins

Voir p. 271. (01 44 08 53 49 ; www.mobiliernational.culture.gouv.fr ; 42 av. des Gobelins, XIIIe ; M Gobelins)

Musée de la Libération de Paris – musée du Général-Leclerc – musée Jean-Moulin

Inauguré le 25 août 2019 – pour le 75e anniversaire de la libération de la ville –, ce musée d'histoire, auparavant installé dans le XVe, est aménagé dans les pavillons Ledoux, édifiés en 1787 en face des Catacombes. Il se situe à proximité de l'abri de défense passive qui a hébergé le PC du colonel Rol-Tanguy à la Libération. Le parcours d'exposition évoque à travers une nouvelle scénographie la Résistance et son chef de file Jean Moulin (1899-1943), ainsi que la libération de Paris en août 1944. (☎01 40 64 39 44 ; www.museeliberation-leclerc-moulin.paris.fr ; 4 av. du Colonel-Henri-Rol-Tanguy, XIVe ; ⏲10h-18h mar-dim ; Ⓜ Denfert-Rochereau) GRATUIT

Place Denfert-Rochereau

Percée en 1784 dans le mur des Fermiers généraux (deux pavillons d'octroi de Claude-Nicolas Ledoux sont encore visibles), l'ancienne place d'Enfer a pris le nom du défenseur de Belfort contre les Allemands en 1871, le colonel Denfert-Rochereau. Au centre de l'un des plus importants carrefours de Paris trône la réplique, en réduction, du lion de Bartholdi qui commémore, à Belfort, la résistance de la ville. La place accueille désormais le musée de la Libération de Paris (p. 283) dans l'un de ses deux pavillons Ledoux. (Ⓜ Denfert-Rochereau)

Station F

Plus de 3 000 entrepreneurs résidents se creusent les méninges en quête de nouvelles idées dans le plus grand campus de start-up du monde, Station F. Les **visites guidées** (45 min ; réservez bien à l'avance) emmènent les visiteurs à travers le gigantesque hangar d'acier, de verre et de ciment – un dépôt ferroviaire construit en 1927-1929 pour abriter les nouveaux trains desservant la gare d'Austerlitz. Dans la Chill Zone, l'immense restaurant **la Felicità** (p. 286) possède cinq cuisines différentes, une vaste terrasse, un bar et deux voitures ferroviaires aménagées en salles à manger. (stationf.co ; 5 parvis Alan-Turing, XIIIe ; entrée libre ; ⏲visite 12h lun, mer et ven ; Ⓜ Chevaleret, Bibliothèque-François-Mitterrand)

Tour Montparnasse

Il faudra patienter quelques années, au moins jusqu'aux Jeux olympiques de 2024, pour bénéficier à nouveau du panorama qu'offre la tour Montparnasse du haut de ses 210 m. Le gratte-ciel d'acier et de verre fumé est engagé dans un chantier de rénovation de grande ampleur. Le projet, porté par un trio d'agences françaises, vise à réinventer une tour plus verte, plus lumineuse, et plus ouverte aux Parisiens. (www.tourmontparnasse56.com ; rue de l'Arrivée, XVe ; Ⓜ Montparnasse-Bienvenüe)

Espaces verts

Parc Montsouris

Aménagé autour d'un lac, ce vaste parc dans le XIVe arrondissement abrite marronniers, ifs, cèdres, hêtres pleureurs et platanes. Son nom vient de "moque souris", car les lieux étaient autrefois infestés de rongeurs. Aujourd'hui, c'est un coin agréable pour pique-niquer, avec quelques aires de jeux, dont un circuit où les enfants peuvent faire rouler leurs petites voitures.

Le parc se trouve en face de la **Cité internationale universitaire** (www.ciup.fr), construite dans les années 1920, où l'on peut se promener librement. Certains bâtiments ont été conçus par des architectes de renom, notamment Le Corbusier (Maison du Brésil et Fondation suisse). Des **visites guidées** (☎01

Parc Montsouris

76 21 26 96 ; www.ciup.fr/l-oblique/visites-guidees ; tarif plein/réduit 12/5-6 €, gratuit -15 ans ; 14h30 dim) sont organisées le dimanche à 14h30 ; réservez au moins 72 heures à l'avance et consultez le site pour connaître le thème de la visite. (accès au parc par bd Jourdan et av. Reille, XIVe ; 7h-21h30 mai-août, horaires réduits le reste de l'année ; RER Cité-Universitaire)

Parc Georges-Brassens

Ce parc du XVe comprend un bassin central entouré de pelouses et des jardins de roses, de plantes médicinales et aromatiques. Une vigne s'étend sur la colline. (accès au parc place Jacques-Marette, rue des Morillons, rue Brancion, XVe ; 8h-21h30 mai-août, horaires réduits le reste de l'année ; M Convention)

Piquer une tête

Piscine de la butte-aux-Cailles

Construit en 1924, ce petit bijou Art déco, classé au titre des monuments historiques, est alimenté par les eaux chaudes du puits artésien voisin et compte une somptueuse piscine voûtée intérieure, ainsi que, depuis 2017, le seul bassin nordique de Paris. En plein hiver, les Parisiens viennent faire des longueurs (25 m) à l'air libre dans ses cinq couloirs, dont l'eau est particulièrement chaude (27°C). Horaires disponibles en ligne. (01 45 89 6005 ; mairie13.paris.fr ; 5 pl. Paul-Verlaine, XIIIe ; tarif plein/réduit 3,50/2 € ; horaires variables selon saison, fermé lun ; M Corvisart)

Piscine Joséphine-Baker

Flottant sur la Seine près de la Bibliothèque nationale de France, cette incroyable piscine "flottante" est dotée d'un bassin de 25 m sur 10 m (4 couloirs) et d'une vaste terrasse, tous les deux très prisés, surtout quand le toit est relevé en été. Pataugeoire pour les enfants. En juillet-août, ainsi que le week-end de fin mai à septembre, l'entrée est valable pour 2 heures seulement. Le port du bonnet de bain est obligatoire. (01 56 61 96 50 ; www.piscine-baker.

JULIEN JEAN ZAYATZ/SHUTTERSTOCK ©

Station F

fr ; quai François-Mauriac, XIIIe ; tarif plein/réduit à partir de 4/2,20 € ; 7h-9h et 10h-23h lun-ven, 9h-20h sam-dim juin-sept, horaires réduits le reste de l'année ; M Quai-de-la-Gare)

Intéressants néobistrots

Marso & Co €€

Le menu est élaboré par Tomy Gousset, l'un des meilleurs chefs de Paris : il est donc impossible de se tromper dans ce bistrot moderne. Les plats évoluent au gré des saisons, avec des entrées comme les beignets de chou-fleur au cumin ou le chorizo flambé au cognac. Les plats de pâtes et de viande sont tout aussi réjouissants, et la poire pochée au gingembre et au chocolat marquera les esprits. (01 45 87 37 00 ; www.tomygousset.com ; 16 rue Vulpian, XIIIe ; menu déj 20 €, menu 38 €, plats 20-29 € ; 12h-14h et 19h15-21h45 lun-ven ; M Glacière)

L'Assiette €€

Régulièrement distingué comme l'un des meilleurs (et des plus authentiques) bistrots parisiens, l'Assiette est le laboratoire culinaire du chef David Rathgeber, fier représentant du terroir auvergnat. Il mise sur des recettes traditionnelles ancestrales comme le cassoulet maison et la joue de bœuf braisée. Superbe cadre également, avec des tableaux, du marbre, des miroirs, du bois et des plafonds époustouflants. Réservation indispensable. (01 43 22 64 86 ; www.restaurant-lassiette.paris ; 181 rue du Château, XIVe ; menu déj 23 €, plats 25-32 € ; 12h-14h et 19h30-22h30 mer-ven, 12h30-14h30 et 19h0-22h30 sam-dim ; M Pernety ou Gaîté)

Simone Le Resto €€

Quelques tables sur le trottoir signalent ce néobistrot au nord de la place d'Italie. Inventifs et appétissants, les plats sont élaborés avec des produits de grande qualité dans la cuisine ouverte. (01 43 37 82 70 ; www.simoneparis.com ; 33 bd Arago, XIIIe ; menu déj 22-28 €, plat dîner 25-30€ ; 12h-14h et 19h-22h mar-ven, 19h-22h sam ; M Glacière)

Le Severo €€

Les steaks accompagnés de frites sensationnelles ainsi que le boudin noir et les pieds de porc sont les spécialités de ce néobistrot haut de gamme situé près de Montparnasse. (01 45 40 40 91 ; www.lesevero.fr ; 8 rue des Plantes, XIVe ; plats 18-40 € ; 12h-14h et 19h30-22h lun-ven ; M Gaîté, Mouton-Duvernet)

Le Beurre Noisette €€

Au cœur du XVe, ce bistrot doté d'une salle conviviale aux tons bois sert des plats de tradition revisités, inspirés des produits du marché. (01 48 56 82 49 ; www.restaurantbeurrenoisette.com ; 68 rue Vasco-de-Gama, XVe ; menu déj/dîner 28-36/43-60 € ; 12h-14h et 19h-22h mar-ven, 19h-22h sam ; M Porte-de-Versailles, Lourmel)

Petites tables

Crêperie de Josselin €

Montparnasse fut le quartier des Bretons de Paris, quand ils migrèrent au XIXe siècle ! Il en reste plusieurs crêperies. Avec son mobilier en bois sombre, ses assiettes peintes et ses rideaux de dentelle, le cadre vous conduit tout droit vers la forêt de Brocéliande. La crêperie doit son nom à un bourg du Morbihan, dominé par un château du XIVe siècle. Les gens du quartier se retrouvent autour de la cuisine ouverte pour attendre une table. Mention spéciale à la galette au roquefort et aux noix. (01 43 20 93 50 ; 67 rue du Montparnasse, XIVe ; crêpes 5-12 € ; 11h-23h mar-dim ; M Edgar-Quinet)

La Butte aux Piafs €€

Voir p. 271. (09 83 51 07 50 ; www.labutteauxpiafs-paris.fr ; 31 bd Auguste-Blanqui, XIIIe ; plats 15-19 € ; 12h-14h30 et 19h-22h30 lun-ven, 19h-22h30 sam ; M Place-d'Italie)

La Cantine de l'Aiguillage €

La cantine des Frigos (p. 283). On y sert au déjeuner en semaine une cuisine du marché au milieu des tableaux. Mieux vaut réserver. Belle terrasse aux beaux jours. (01 45 84 52 46 ; www.les-frigos.fr/la-cantine-de-laiguillage/; 19 rue des Frigos, XIIIe, entrée B, rez-de-chaussée ; 12h30-15h lun-ven ; M Bibliothèque-François-Mitterrand)

La Felicità €

Prêt à en prendre plein les mirettes... et les babines ? Sise au sein de la Station F, énorme incubateur de start-up ouvert en 2017, cette éléphantesque "halle à manger" d'un millier de couverts est divisée en une dizaine d'espaces, aux différents décors et ambiances. Sur 4 500 m², sous de gros ballons colorés suspendus à 13 m de hauteur,

JULIEN/SHUTTERSTOCK ©

Inspiration italienne à La Felicità

ça donne : une trattoria, un stand à risottos, une cafétéria, une boulangerie, un bar à bières, un autre à cocktails, une pizzeria bio en terrasse, un pop-up à burgers, un espace à grillades… La clé du succès ? D'excellents produits venus d'Italie et une cuisine élégante, servie dans de la belle vaisselle, avec un rapport qualité/prix réjouissant. Aux manettes, le groupe Big Mamma, qui n'en finit plus de régaler la capitale avec ses adresses italiennes pour lesquelles les Parisiens se résignent à faire des heures de queue ! (www.lafelicita.fr ; 5 parvis Alan-Turing, XIIIe ; ⌚lun-mar 12h15-14h30, mer-jeu 12h15-14h30 et 18h-minuit, ven 12h15-14h30 et 18h-1h, sam 12h-1h, dim 12h-23h ; Ⓜ Chevaleret)

Le Temps des Cerises — €

Voir p. 271. (☎01 45 89 69 48 ; www.letempsdescerisescoop.com ; 18-20 rue de la Butte-aux-Cailles, XIIIe ; menus 3 plats 17,50/28 € midi/soir ; ⌚midi et soir lun-sam, midi dim ; Ⓜ Place-d'Italie)

Brasseries légendaires

La Closerie des Lilas — €€

Ouverte en 1847, la Closerie a compté Hemingway, Picasso et Samuel Beckett parmi ses clients. Elle se compose d'une jolie brasserie avec terrasse et d'un restaurant élégant. Voir aussi p. 272. (☎01 40 51 34 50 ; www.closeriedeslilas.fr ; 171 bd du Montparnasse, VIe ; plats restaurant 28-55 €, brasserie 19-27 € ; menu déj à partir de 52 € ; ⌚restaurant 12h-14h30 et 19h-23h30, brasserie 12h-0h30, piano-bar 11h-1h30 ; Ⓜ Vavin, RER Port-Royal)

La Coupole — €€

Voir p. 272. (☎01 43 20 14 20 ; www.lacoupole-paris.com ; 102 bd du Montparnasse, XIVe ; menu déj 20-30 €, plats 21-46 € ; ⌚8h-23h lun, 8h-minuit mar-ven, 8h30-minuit sam, 8h30-23h dim ; wifi ; Ⓜ Vavin)

La Rotonde — €€

Depuis 1911, l'élégante Rotonde se distingue des autres brasseries historiques de

KAVALENKAVA/SHUTTERSTOCK ©

La Rotonde

Montparnasse par la qualité de ses plats, notamment de ses viandes fournies par l'excellent boucher parisien Hugo Desnoyer, et de ses magnifiques plateaux de fruits de mer. Voir aussi p. 272. (☎01 43 26 48 26 ; larotonde-montparnasse.fr ; 105 bd du Montparnasse, VIe ; plats 24-54 €, plateau de fruits de mer 38-138 €, menus 48 € ; ⌚6h-2h, cuisine 12h-15h et 19h-23h ; Ⓜ Vavin)

Le Dôme — €€€

Avec son cadre Art déco des années 1930, des tables aux nappes blanches et des serveurs à nœud papillon, le Dôme est l'une des adresses les plus chics de Montparnasse, réputée pour ses plateaux de fruits de mer. Voir aussi p. 272. (☎01 43 35 25 81 ; www.restaurant-ledome.com ; 108 bd du Montparnasse, XIVe ; plats 30-60 €, plateau de fruits de mer 40-165 €, menu 39-45 € ; ⌚12h-15h et 19h-23h ; Ⓜ Vavin)

Le Sélect — €€

Voir p. 272. (www.leselectmontparnasse.fr ; 99 bd du Montparnasse, VIe ; ⌚7h-2h dim-jeu, 7h-3h ven-sam ; wifi ; Ⓜ Vavin)

Train Bleu — €€

C'est en 1900, à l'occasion de l'Exposition universelle, que le "buffet" de la gare de Lyon est construit ; la direction de la Compagnie des chemins de fer souhaite alors une étape gourmande dans un décor élégant – dorures et miroirs, murs peints et boiseries, lustres et banquettes en cuir recréent un décor très Belle Époque. Le restaurant prend le nom de Train Bleu en 1963, en hommage au train qui reliait Paris à la Côte d'Azur. La beauté de leur décor fait que certaines salles sont classées au titre des monuments historiques. (01 43 43 09 06 ; www.le-train-bleu.com ; 1er ét., gare de Lyon, 26 pl. Louis-Armand, XIIe ; menus 2/3/6 plats 49/65/110 €, plats 35-46 € ; restaurant 11h30-14h45 et 19h-22h45, bar 7h30-22h ; ; M Gare-de-Lyon)

Délices asiatiques

Cam Ly – Bo Bun 2 Go €

À mi-chemin de la place d'Italie et de la Bibliothèque nationale de France, ce petit restaurant soigné sert l'une des meilleures cuisines vietnamiennes du XIIIe. (09 83 29 39 98 ; bobun2go.fr ; 83 rue du Château-des-Rentiers, XIIIe ; M Olympiades)

Pho Bành Cúon 14 €

Ce petit restaurant animé (aussi appelé Pho 14) situé en plein cœur du quartier chinois est très apprécié des habitants du quartier pour ses *phô* extra-frais et bon marché. (01 45 83 61 15 ; pho14paris.fr ; 129 av. de Choisy, XIIIe ; phô 9-10,90 € ; 9h-23h ; M Olympiades)

Thieng Heng €

Ce restaurant de plats à emporter du quartier chinois prépare d'énormes *banh mi* (sandwichs vietnamiens) qui ont beaucoup de succès. (01 45 82 92 95 ; 50 av. d'Ivry, XIIIe ; à partir de 2,50 € ; 8h30-19h ; M Porte-d'Ivry)

Cocktails, bières et musique

Bercy Village

Au XIXe siècle, Bercy est le plus grand marché de vins et spiritueux du monde. Situé hors les murs de Paris, le lieu est exonéré d'octroi. Acheminés par la Seine, les fûts sont déchargés là et le vin mis en bouteilles. Les chais, restaurés, ont été transformés en un centre commercial à l'allure de village, avec boutiques, restaurants et multiplexe. Léger côté Disneyland, mais pas désagréable aux beaux jours. (www.bercyvillage.com ; cour Saint-Émilion, XIIe ; magasins et cinéma 10h-20h, restaurants et bars 11h-2h ; M Cour-Saint-Émilion)

Café du Rendez-Vous

Voir p. 275. (01 43 21 34 05 ; www.cafedurendezvous.com ; 2 av. du Général-Leclerc, XIVe ; tlj 7h-2h ; M Denfert-Rochereau)

Cafés et clubs, Les Docks

Aux beaux jours, le gigantesque *rooftop* des Docks (p. 282) se partage entre les terrasses du **Café Oz** (entrée gratuite sem, 15 € avec une conso ven-sam à partir de 20h) et celles du **Débonair** (tarifs ven-sam 5 € à partir de 20h, 10 € à partir de 22h, jeu 5 € à partir de 20h, gratuits lun-mer). Il y a aussi au rez-de-chaussée les DJ du **Wanderlust** (www.wanderlustparis.com ; entrée 10-15 € et gratuit avant 21h ou 22h ; clubbing tlj sauf lun), en intérieur mais surtout, aux beaux jours, sur la terrasse XXL ponctuée de **food trucks** (dès 17h mar-jeu et 16h sam-dim). Sous le Wanderlust, des soirées clubbing ont aussi lieu le week-end dans son annexe aux allures 100% berlinoises, **les Nuits Fauves**. Le quai est aussi occupé par le bar-club électro, doté d'une terrasse, **Garage** (entrée souvent gratuite ou 5 € ; mar-dim, souvent dès 19h, fermé l'hiver).

Café Tournesol

Cette grande terrasse aux néons colorés donnant sur l'impasse de la Gaîté invite à

PETR KOVALENKOV/SHUTTERSTOCK ©

Le boulevard du Montparnasse et la fameuse Coupole

prolonger l'heure de l'apéro ! Mais il serait dommage de ne pas entrer pour voir la déco moderne et soignée du bar… et de ses toilettes ! (☎01 43 27 65 72 ; 9 rue de la Gaîté, XIVe ; ⏲tlj 8h-2h ; Ⓜ Edgar-Quinet ou Gaîté)

Poinçon

Bar branché et bistrot chic baignant dans une atmosphère chaleureuse, Poinçon occupe une gare ferroviaire de la Petite Ceinture bâtie en 1867 et joliment restaurée. (☎01 56 08 16 69 ; www.poinconparis.com ; 124 av. du Général-Leclerc, XIVe ; ⏲12h-minuit mer-jeu, 12h-1h ven-sam, 11h30-16h dim ; Ⓜ Porte-d'Orléans)

Félicie

Ce café sans prétention du XIVe possède une grande terrasse, un personnel jovial et une ambiance décontractée qui en font un lieu très parisien agréable à tout moment de la journée. (☎01 45 41 05 75 ; www.felicie.info ; 174 av. du Maine, XIVe ; ⏲7h-2h ; Ⓜ Mouton-Duvernet)

La Folie en tête

On passe commande au bar (ti punch, la spécialité de la maison, caïpirinha aux fruits frais, bière), on se fraie un chemin pour gagner une hypothétique table, on bavarde avec ses voisins, on reprend un verre accompagné d'une terrine… Et la soirée passe ainsi. Un bar vivant qui brasse toutes les générations du quartier. (☎01 45 80 65 99 ; lafolieentete.wix.com/lesite ; 33 rue de la Butte-aux-Cailles, XIIIe ; ⏲17h-2h lun-sam ; Ⓜ Corvisart)

Le Merle Moqueur

Ce petit bar est presque toujours plein à craquer d'étudiants et de fêtards qui s'attardent pour le plaisir de partager de bons moments sous la toile "érotique" du film *Le Père Noël est une ordure* et de danser sur des tubes des années 1980 et 1990. Sans avoir peur de la note. Vaste choix de rhums arrangés. Diffusion fréquente de sport. Voir aussi p. 271. (11 rue de la Butte-aux-Cailles, XIIIe ; ⏲17h-2h ; Ⓜ Corvisart)

Le Rosebud

Un vénérable bar à cocktails près de la place Edgard-Quinet. Toute une atmosphère. C'est vrai, le maître de *L'Être et le Néant* venait ici, mais on n'entre pas pour autant dans un bar muséifié. Le Rosebud poursuit sa route jazzy sans nostalgie. Les habitués s'y pressent dans une douce pénombre (vin 7 €, cocktails 14 €). Les serveurs sont aux petits soins. (☎01 43 35 38 54 ; 11 bis rue Delambre, XIVe ; ⏲tlj 19h-2h, fermé août ; Ⓜ Vavin ou Edgar-Quinet)

Péniches des quais de la BnF

Les soirs d'été, les quais au pied de la BnF (p. 282) combleront vos petites faims, soifs de concert et envies de prendre un verre en amoureux ou entre potes avec vue sur la Seine. Vous trouverez votre bonheur dans l'une des péniches ou terrasses en enfilade. Les historiques sont le **Batofar** (www.lebateauphare.co ; 11 quai François Mauriac, XIIIe ; Ⓜ Quai-de-la-Gare, Bibliothèque-François-Mitterrand), célèbre pour ses afterworks et ses soirées clubbing, et la jolie jonque à trois mâts de la **Dame de Canton** (damedecanton.com), dont les concerts éclectiques (8-12 €) se prolongent, le week-end, par des soirées DJ (5-10 €). Amarrée ici plus tardivement, la barge du **Petit Bain** (petitbain.org ; 7 port de la Gare, XIIIe ; Ⓜ Quai-de-la-Gare, Bibliothèque-François-Mitterrand), qui programme concerts, clubbing, festivals, petite restauration, boums pour enfants, etc., a le vent en poupe. Le bateau violet **El Alamein** (www.bateauelalamein.com ; en face du 11 quai François-Mauriac, XIIIe) dispose d'une terrasse côté Seine idéale pour écouter des concerts au milieu des fleurs. (Ⓜ Bibliothèque-François-Mitterrand)

EXCURSIONS
AUTOUR
DE PARIS
ART ET ARCHITECTURE | PARC DE LOISIRS | FORÊT

EXCURSIONS AUTOUR DE PARIS
à la carte

INCONTOURNABLES ET TRÉSORS CACHÉS

Des années ne suffiront pas à vous lasser de Paris, ni à en épuiser toutes les merveilles. Malgré tout, d'autres belles découvertes, qu'elles soient culturelles, festives, amusantes ou stimulantes, vous attendent à quelques kilomètres seulement de la capitale.

En pratique

Idéal pour Châteaux, art et architecture, parc d'attractions, pause nature.

S'y rendre Tous les sites sont accessibles en métro, en RER ou en train Transilien depuis Paris.

À savoir Les châteaux et les parcs sont souvent fermés le lundi.

La fête comme au temps de Marie-Antoinette, le temps d'un bal costumé à **Versailles** (p. 300).

40 min pour rejoindre Versailles-Château-Rive-Gauche en RER C

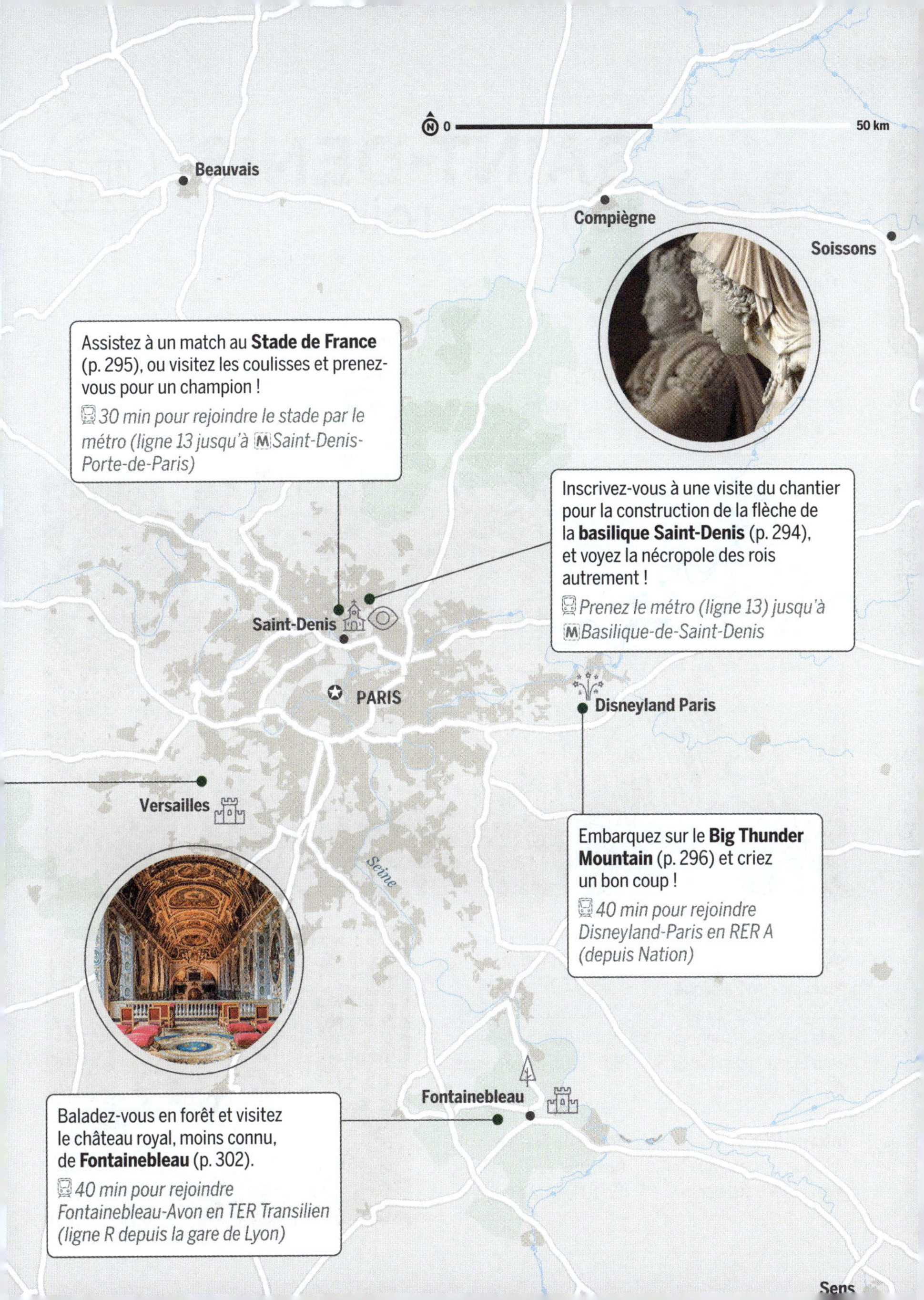

Assistez à un match au **Stade de France** (p. 295), ou visitez les coulisses et prenez-vous pour un champion !

30 min pour rejoindre le stade par le métro (ligne 13 jusqu'à M Saint-Denis-Porte-de-Paris)

Inscrivez-vous à une visite du chantier pour la construction de la flèche de la **basilique Saint-Denis** (p. 294), et voyez la nécropole des rois autrement !

Prenez le métro (ligne 13) jusqu'à M Basilique-de-Saint-Denis

Embarquez sur le **Big Thunder Mountain** (p. 296) et criez un bon coup !

40 min pour rejoindre Disneyland-Paris en RER A (depuis Nation)

Baladez-vous en forêt et visitez le château royal, moins connu, de **Fontainebleau** (p. 302).

40 min pour rejoindre Fontainebleau-Avon en TER Transilien (ligne R depuis la gare de Lyon)

53 SAINT-DENIS, terre de rois

HISTOIRE I ART ET ARCHITECTURE I FOOT

Premier chef-d'œuvre de l'art gothique conçu au début du XIIe siècle, la basilique Saint-Denis impose sa splendeur à 9 km au nord de Paris. Nécropole des rois de France, elle abrite plus de 70 gisants et tombeaux. Une fois à Saint-Denis, profitez-en pour aller voir le Stade de France, prouesse architecturale et lieu de nombreux exploits sportifs. Histoire de passer des Capétiens aux rois du ballon rond !

ATLANTIS/ADOBESTOCK ©

En pratique

S'y rendre Pour la basilique : Ⓜ Basilique-de-Saint-Denis ; 1 rue de la Légion-d'Honneur ; pour le stade de France : Ⓜ Saint-Denis-Porte-de-Paris.

Information saint-denis-basilique.fr / www.stadefrance.com

Tarifs Nécropole : tarif plein/réduit 9,50/7,50 €, gratuit -18 ans, audioguide 3 € ; 10h-18h15 lun-sam, 12h-18h15 dim avr-sept, 10h-17h15 lun-sam, 12h-17h15 dim oct-mars. **Stade de France (visite)** : adulte/enfant 15/10 €, gratuit -5 ans.

PHOTOGOLFER/ADOBESTOCK ©

YURI TURKOV/SHUTTERSTOCK

42 rois et 32 reines

Si la nécropole abrita jusqu'à 42 rois, 32 reines, 73 princes et princesses, et 10 grands du royaume, elle compte surtout aujourd'hui des tombeaux vides – nulle trace des dépouilles des souverains : en 1793, ils furent exhumés de leurs tombeaux, et jetés dans deux fosses communes. C'est donc plutôt à une visite artistique que vous êtes convié : restaurée par Napoléon Ier et consacrée à nouveau, la basilique possède d'exceptionnelles sculptures funéraires du XIIe au XVIIe. Des Mérovingiens avec Dagobert, en passant par les Carolingiens tels que Pépin le Bref, jusqu'aux Bourbons, avec les priants de Louis XVI et Marie-Antoinette, la nécropole royale de Saint-Denis fut le témoin privilégié de l'histoire de France. Les tombeaux les plus anciens ? Les gisants de Childebert et Frédégonde (VIe siècle) sculptés les yeux ouverts, vers 1150. Les plus spectaculaires ? Les mausolées de Louis XII ou de François Ier représentant le couple royal sous forme de cadavres, puis en prière après la résurrection !

Enfin, la basilique achève enfin sa construction, puisque les travaux pour finaliser la tour nord et sa flèche ont commencé – et ce chantier ouvert au public se visite (voir ci-contre).

Stade de France

Inauguré en 1998 (une année faste !), ce stade de 80 000 places assises couvertes accueille les plus grands événements sportifs et les spectacles musicaux d'envergure. Les amoureux du ballon rond peuvent le visiter tous les jours (hors veilles et jours d'événements sportifs ou de spectacles).

Page de gauche, en haut Vitraux de la basilique **Page de gauche, en bas** Gisants de la nécropole des rois **Ci-contre** Stade de France

Suivez le guide

Des visites commentées de la basilique sont organisées tous les jours (voir le site Internet : saint-denis-basilique.fr). Plus original encore : le chantier de construction de la flèche est ouvert au public et propose des visites pédagogiques et des ateliers – information sur le site www.suivezlafleche.com.

Le Stade de France se visite également, et vous promet même le grand frisson si vous pouvez fouler la pelouse ! Il faut réserver (☎0825 05 44 05).

Festival pour mélomanes

Des concerts de musique classique sont donnés en la basilique Saint-Denis à l'occasion du prestigieux festival organisé chaque année habituellement en juin (festival-saint-denis.com).

54 Magie de l'enfance et SENSATIONS FORTES

DISNEYLAND I ATTRACTIONS I SPECTACLES

Le premier parc Disney européen, à 32 km à l'est de Paris, a soufflé ses trente bougies en 2022 ! Disneyland Paris comprend désormais le traditionnel parc à thème, avec plus de 80 attractions, les Walt Disney Studios axés sur le cinéma, et le Disney Village, avec hôtels, restaurants et boutiques. L'assurance d'une journée enchanteresse (et dépensière !) si vous avez gardé une âme d'enfant !

FERREIRO/SHUTTERSTOCK ©

En pratique

S'y rendre Du centre de Paris, comptez 40 min de trajet en RER A (aller simple 8,40 €) jusqu'à Marne-la-Vallée-Chessy.

Information 08 25 30 05 00 ; www.disneylandparis.com

Tarif Billet liberté 1 jour 1 parc 105 €, gratuit -3 ans.

À savoir Achetez vos billets en ligne afin d'éviter l'attente à la billetterie. Une fois sur place, organisez votre visite en anticipant les files d'attente aux attractions. Vous pouvez aussi bénéficier d'un accès plus rapide en achetant un pass Disney Premier Access.

C SCOTT/SHUTTERSTOCK ©

RIFQA.J/SHUTTERSTOCK

Page de gauche, en haut Disneyland Paris **Page de gauche, en bas** Char de parade **Ci-contre** Château de la Belle au bois dormant

Disneyland

Disneyland se compose de cinq "pays" à thème : **Main Street USA**, dans un style années 1900 ; **Frontierland**, où se trouve le fameux manège Big Thunder Mountain ; **Adventureland**, qui évoque des contrées exotiques avec des attractions comme Pirates des Caraïbes et Indiana Jones ; **Fantasyland**, dominé par le château de la Belle au Bois dormant ; et **Discoveryland**, à la pointe de la technologie, avec des files d'attente interminables pour des manèges comme Star Wars Hyperspace Mountain et Buzz Lightyear Laser Blast, les deux manèges à sensations fortes plébiscités ! Un minimum d'organisation et de choix des attractions vous permettra de profiter au mieux de votre journée – à moins d'opter pour un plus long séjour !

Walt Disney Studios

Les décors et les studios d'animation offrent une véritable immersion dans l'univers de la production des films et dessins animés. Au programme : visites des coulisses, personnages plus grands que nature et attractions étourdissantes comme la Tour de la Terreur de la Twilight Zone. Le gigantesque manège Ratatouille est inspiré du film de 2007 et cette expérience multisensorielle vous fera notamment découvrir les toits de Paris selon la perspective d'un rongeur... Et dès l'été 2022, de nouvelles attractions Marvel Avengers attendent les supers héros !

Une petite pause ?

Les deux parcs sont pourvus de restaurants thématiques proposant différents types de cuisines pour divers budgets. Vous pouvez réserver en ligne un repas avec Mickey et d'autres personnages Disney jusqu'à deux mois à l'avance.

55 Une journée à VERSAILLES

CHÂTEAU I ART ET ARCHITECTURE I PARC

Le château de Versailles mérite bien plusieurs visites ! Outre le palais du Roi-Soleil, les jardins et le parc, le Grand et le Petit Trianon, avec le domaine de Marie-Antoinette, invitent à une longue promenade. Certes, il y a les fêtes baroques (p. 300) mais les spectacles des Grandes Eaux et des Grandes Eaux nocturnes sur fond de musique classique devraient aussi vous retenir !

V_E/SHUTTERSTOCK ©

En pratique

S'y rendre RER Versailles-Château-Rive-Gauche, ou train au départ de Montparnasse (Versailles-Chantiers) ou de Saint-Lazare (Versailles-Rive-Droite)

Information 01 30 83 78 00 ; www.chateauversailles.fr

Quand 9h-18h30 mar-dim avr-oct, 9h-17h30 mar-dim nov-mars ; les Grandes Eaux ont lieu d'avril à octobre.

Tarifs Pass accès complet avec/sans Grandes Eaux et Jardins musicaux 20/27 €, château 18 €, domaine de Trianon 12 €, gratuit -18 ans sauf événements.

DREAMANSIONS/SHUTTERSTOCK ©

LORENA HUERTA/SHUTTERSTOCK ©

Page de gauche, en haut Château de Versailles **Page de gauche, en bas** Petite fontaine de nuit **Ci-contre** Kiosque, Petit Trianon

Château

Louis XIV fit "envelopper", sur trois côtés, le petit château construit par Louis XIII pour la chasse de majestueux bâtiments, plus dignes d'accueillir le siège du pouvoir et de refléter son image de Roi-Soleil. Les sites les plus grandioses, la galerie des Glaces et les Grands Appartements, se trouvent côté jardin.

Jardins et parc

Louis XIV fit dessiner par Le Nôtre des jardins qui revêtaient autant d'importance à ses yeux que le château. Admirez depuis la terrasse la perspective sur l'Allée royale et le Grand Canal. Dirigez-vous à gauche vers la balustrade qui surplombe le parterre de l'Orangerie, puis, à droite, vers le bassin de Neptune. Explorez ensuite les allées latérales à la découverte des nombreux bassins et statues. S'ils sont ouverts, flânez dans les bosquets enclos, empreints de fantaisie, et magiques lors des jeux d'eau ! Dans le parc (accès gratuit), vous pourrez faire du vélo ou de la barque sur le Grand Canal.

Grand et Petit Trianon

Construit en 1687 par Hardouin-Mansart dans le style italien, le Grand Trianon est un bijou de raffinement ouvert sur des jardins à la française. Son architecture intérieure n'a guère changé depuis Louis XIV, mais son mobilier date surtout de Napoléon Ier. Construit par Gabriel, vers 1760, le Petit Trianon reflète le goût pour l'antique. L'intérieur du château, le jardin à l'anglaise et le Hameau rappellent plus volontiers l'attrait de Marie-Antoinette pour la vie rustique.

Bon plan

Pour éviter l'affluence, visitez le château dès son ouverture. À défaut, commencez par les jardins et le parc, puis rejoignez les Trianon dès midi, et visitez l'intérieur du château après 15h, au retour de la promenade.

56 Place aux fêtes GALANTES

VIE DE CHÂTEAU I FÊTE I DANSE

Parcourir les salons et la galerie des Glaces du château de Versailles, imaginer les bals organisés là jadis, à l'époque du Roi-Soleil ou de Marie-Antoinette… Le rêve devient réalité une fois par an, lors d'un événement unique : les Fêtes Galantes.

TAKASHI IMAGES/SHUTTERSTOCK ©

En pratique

S'y rendre RER C, station Versailles-Château–Rive-Gauche, environ 40 min, puis 10 min à pied.

Quand Un lundi une fois par an, fin mai-début juin, de 19h à minuit.

Budget Plusieurs catégories de billets, entre 155 et 530 €. En comparaison, les Grandes Eaux musicales (p. 298), sont plus abordables.

À savoir Costume d'époque de qualité exigé. Le dernier RER partant avant minuit, il faudra, le cas échéant, louer une voiture ou passer la nuit à Versailles pour profiter du bal jusqu'au bout.

LUDOVIC MARIN/AFP VIA GETTY IMAGES ©

LUDOVIC MARIN/AFP VIA GETTY IMAGES ©WW

Page de gauche, en haut Galerie des Glaces, château de Versailles
Page de gauche, en bas et ci-contre Convives – Fêtes Galantes

Le château de Versailles, l'un des monuments les plus visités de France, accueille près de 10 millions de visiteurs chaque année. Il est donc souvent bondé et peu propice à la contemplation. Pour découvrir Versailles autrement et vivre un moment magique dont peu de personnes font l'expérience, parez-vous de vos plus beaux atours et inscrivez-vous à l'une de ces fêtes pour *happy few*.

Les **Fêtes Galantes** se tiennent depuis 2015 au château, à la fin du printemps. Ce bal costumé se déroule autour d'un thème, "Marie-Antoinette et la mode", par exemple. Une soirée immersive où tous, des convives au personnel, sont habillés à la façon du XVIIIe siècle.

Les participants, venus du monde entier, sont autorisés pour l'occasion à visiter certaines pièces du château habituellement fermées au public, tels les appartements privés de Madame du Barry et de Madame de Pompadour. La soirée comprend ensemble de musique baroque, jeux et festivités d'époque, représentations et leçons de danse, pour parfaire vos mouvements de menuet. Après un buffet de délicats hors-d'œuvre et douceurs, les convives font leur entrée dans la **galerie des Glaces** pour le grand bal baroque.

La soirée s'achève sur un feu d'artifice des plus spectaculaires, que l'on admire depuis les hautes fenêtres de la salle de bal.

Fête baroque : secret d'initiée

J'ai plusieurs fois participé à cet événement exceptionnel... Cela vaut la peine d'investir dans un costume fidèle aux habits de l'époque, soit en location, soit auprès d'une costumière professionnelle. Prévoyez d'arriver en début d'après-midi pour profiter des parcs et des jardins de Versailles, mais aussi vous y faire photographier. Dans l'idéal, passez la nuit non loin du château. Il est préférable de vous y prendre très en avance pour les billets, qui se vendent comme des petits pains.

Olympe de Bagatelle, *spécialiste de la mode du XVIIe siècle, réalise des costumes et des perruques d'époque. @decorum_et_bagatelle*

57 Culture et nature à FONTAINEBLEAU

NATURE I PALAIS I HISTOIRE

Il y a toujours du monde au château de Versailles. Mais une autre demeure royale presque aussi majestueuse vous attend à une heure de Paris. Le château de Fontainebleau est non seulement moins fréquenté mais il repose aussi dans un écrin forestier invitant à la promenade. Prenez le train et partez pour une belle échappée entre histoire et nature.

MISTERVLAD/SHUTTERSTOCK ©

En pratique

S'y rendre La ligne R du Transilien direction Montargis ou Montereau, au départ de la gare de Lyon jusqu'à Fontainebleau-Avon (40 min), puis bus n°1 direction Les Lilas, arrêt "château" (10 min). Le forfait Navigo 1 Jour zones 1 à 5, avec métro, bus et train illimité, est la meilleure option (17,80 €).

Information www.chateaudefontainebleau.fr

Tarifs Tarif plein/réduit 13/11 €, visioguide 4 €.

Quand Le château est ouvert tous les jours sauf le mardi.

V_E/SHUTTERSTOCK ©

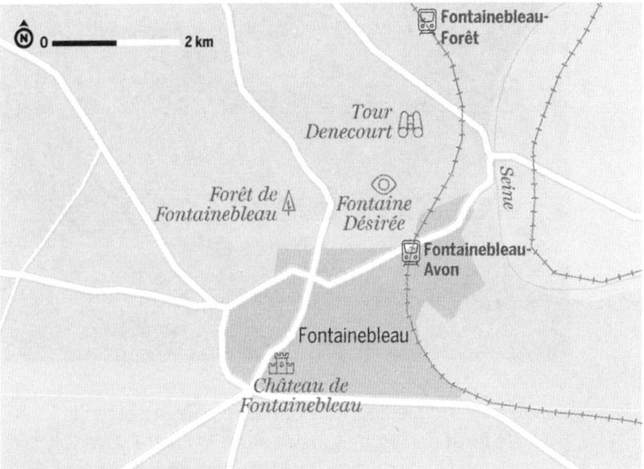

Page de gauche, en haut Château de Fontainebleau **En bas** Salon Louis XIII, château de Fontainebleau

Faste royal et trésors artistiques

Le splendide **château de Fontainebleau**, édifié à partir du XIIe siècle, occupe une place de choix dans l'histoire. Ce fut l'une des demeures des rois de France, appréciée tout particulièrement par François Ier qui en fit le berceau de la diffusion de la Renaissance en France : il rasa le château féodal pour ériger une demeure plus élégante où s'appliquaient les nouveaux canons esthétiques. La naissance de l'école dite de Fontainebleau influença durablement la peinture et les arts décoratifs dans le royaume. Grand chasseur, le souverain appréciait sans doute aussi la présence de la forêt toute proche.

Les souverains suivants ont tour à tour aménagé, agrandi et embelli Fontainebleau. Napoléon Ier lui redonna une place de choix après les destructions de la Révolution et en fit remeubler une partie des appartements (le château renferme d'ailleurs un musée Napoléon Ier).

Aujourd'hui, ce château de plus de 1 500 pièces affiche un intéressant mariage de styles architecturaux, où prédominent pourtant la Renaissance et le classicisme. Ne manquez pas la galerie François Ier, la salle de bal et les chambres de la duchesse d'Étampes pour leur faste Renaissance, la chapelle de la Trinité au riche décor baroque, les appartements royaux, plus classiques, et ceux de Napoléon Ier de style Empire.

Jardins du château

Le vaste parc et les jardins du château de Fontainebleau, dont l'accès est gratuit, méritent aussi une visite. S'étendant sur 120 ha, l'ensemble comprend notamment un grand canal, un jardin à la française, conçu par André Le Nôtre (à qui l'on doit également les jardins de Versailles), et un jardin à l'anglaise, au style moins formel, créé en 1812. Le site se parcourt à pied ou à bord d'un petit train avec audioguide, ou même en calèche. On peut louer une barque pour faire un tour sur le grand étang aux carpes.

RAZVAN/GETTY IMAGES ©

Forêt de Fontainebleau

BERCEAU DU TOURISME VERT

La vaste forêt domaniale de Fontainebleau qui s'étend sur 20 000 hectares est constituée de chênes, de pins et de hêtres, de gorges rocheuses et d'étonnantes formations géologiques. Destination prisée des Parisiens en quête d'air pur, elle a aussi une riche histoire.

Jusqu'au XVIIe siècle, cette étendue boisée portait le nom de forêt de Bière – qui vient de "*bruyère*". Elle fut, dès le Xe siècle, terre de chasse de rois de France, et son château n'était à l'origine qu'un manoir de chasse utilisé durant l'automne. Plus tard, les ressources naturelles de la forêt furent exploitées pour l'industrie – le grès servit à paver les rues de Paris, le sable fut utilisé par les verreries et les faïenceries, le bois de chêne fut transformé en tonneaux pour le vin.

En 1839, Claude-François Denecourt, soldat à la retraite, se lança dans la rédaction de guides décrivant balades et découvertes sur l'ancien domaine royal. En 1842, il y dessina les premiers sentiers de promenades balisés au monde, faisant de la randonnée une activité de loisir. Le maillage d'une centaine de kilomètres qu'il a créé, les sentiers bleus, existe toujours aujourd'hui, sous le nom de sentiers Denecourt-Colinet, signalés par des traits bleus sur les arbres et les rochers. Outre les sentiers, ce passionné construisit des monuments, des marches, des fontaines, une petite grotte et, perchée sur la colline, une tour d'observation en pierre (elle porte aujourd'hui son nom), qui fut inaugurée par Napoléon III en 1853.

En 1861, dix ans avant la création du premier parc national aux États-Unis, le Yellowstone, une partie de la forêt de Fontainebleau devint la première réserve naturelle officielle au monde.

À pied, à vélo, à cheval et à mains nues

La forêt de Fontainebleau jouit de 400 km de sentiers de marche et de randonnée bien balisés, du plus facile au plus exigeant. En sortant de la gare de Fontainebleau-Avon,

De gauche à droite Forêt de Fontainebleau ; cavalière ; musée des Peintres de Barbizon

vous pouvez tourner à gauche et fouler le sol de la forêt en moins de 5 minutes. Depuis la lisière, vous pouvez suivre le sentier Denecourt-Colinet n°2 jusqu'à la tour Denecourt pour admirer la vue alentour. Ce parcours de difficulté modérée et d'une heure environ passe près de plusieurs fontaines du XIXe siècle, dont la fontaine Désirée – sa table et ses bancs en pierre sont parfaits pour une pause pique-nique. Comme aucun plan n'est vendu sur place ni à la gare, il vaut mieux télécharger les itinéraires avant de partir.

> Claude-François Denecourt dessina les premiers sentiers de promenades balisés au monde, faisant de la randonnée une activité de loisir.

La forêt est également un lieu très apprécié pour l'escalade de blocs. Au XIXe siècle déjà, les alpinistes visant l'ascension des sommets de l'Himalaya venaient s'y entraîner. Aujourd'hui, plusieurs parcours de blocs sont proposés à divers endroits de la forêt, tels les **Trois Pignons** et les **Gorges d'Apremont**. On peut aussi y faire des balades à cheval et à VTT sur des sentiers dédiés. Plusieurs centres équestres sont installés près de la forêt et proposent des sorties avec ou sans accompagnant. À Avon et à Fontainebleau, vous trouverez également plusieurs agences proposant la location de vélo, et des sorties guidées en forêt.

Les moins sportifs peuvent louer une calèche au départ du château de Fontainebleau, pour une balade de deux heures en forêt. Moins communes, des promenades sont organisées à dos d'âne ou en traîneau à chiens ; la neige étant rare à Fontainebleau, les attelages tirent un kart.

Muse des artistes

Au XIXe siècle, un groupe de peintres, en tête duquel Corot, Millet et Rousseau, s'installèrent dans le village de **Barbizon**, à la lisière de forêt, dont les paysages changeants offraient une source inépuisable d'inspiration. L'école de Barbizon ouvrit la voie au style impressionniste ; Monet, Sisley et Renoir vinrent à leur tour en forêt de Fontainebleau pour y peindre en plein air.

Informations pratiques

Page de droite Avenue des Champs-Élysées

ARRIVER À PARIS

Paris compte quatre grandes gares (Nord, Est, Lyon et Montparnasse), ouvertes sur le cœur de la capitale. Les deux aéroports principaux sont en revanche en grande banlieue, l'un au nord (Roissy), l'autre au sud (Orly) de Paris, et accessibles en transports en commun (RER ou bus) ou en taxi.

VENIR EN TRAIN

La **gare du Nord** accueille les trains (TER, TGV, Thalys) depuis/vers le nord de la France, ceux reliant la Belgique, ainsi que les Eurostar qui desservent Lille, Calais et Londres. La **gare de l'Est** dessert tout l'est du pays, la **gare de Lyon**, le sud-est mais aussi la Suisse et l'Italie, et enfin la **gare Montparnasse**, tout l'Ouest et le Sud-Ouest. Des gares secondaires (**Saint-Lazare**, **Austerlitz**, **Bercy**) accueille certaines destinations régionales ; des trains Intercités et des trains de nuit en font parfois leur point d'arrivée (vérifiez-le au moment de votre réservation). Toutes ces gares situées en plein centre de Paris sont très bien desservies par le réseau RATP. Des stations de taxis sont à leurs portes.

Renseignements et réservation :
SNCF (www.sncf-connect.com)
Thalys (www.thalys.com). De Paris-Gare-du-Nord à Bruxelles-Midi notamment.
IZY (www.izy.com). Le "thalys" low cost qui permet d'aller de Bruxelles à Paris à moindres coûts (2 heures 30).
TGV Lyria (www.tgvlyria.com). Depuis/vers Paris-Gare-de-Lyon, Genève, Lausanne, Zurich et Bâle (3-4 heures).

VENIR EN AVION

Aéroport Charles-de-Gaulle (CDG)
Premier de France en terme d'échanges, cet aéroport, situé à Roissy, à 23 km au nord-est du centre de Paris, accueille des vols internationaux. Le site cdgfacile.com donne des renseignements pratiques sur les transports depuis/vers l'aéroport CDG.

Aéroport d'Orly (ORY) Deuxième aéroport de la capitale, Orly est à 19 km au sud de Paris. Il compte désormais un terminal unique (Orly 1-2-3-4), divisé en 4 zones de départs et d'arrivées – les deux premières accueillant exclusivement des vols intérieurs et ceux depuis/vers l'Espace Schengen.

PLUS D'INFOS

Les sites parisaeroport.fr, www.sncf-connect.com ou www.garesetconnexions.sncf permettent d'en savoir plus sur les services et les transports depuis les gares et les aéroports.

DEEP PIXEL/GETTY IMAGES ©

REJOINDRE LE CENTRE DE PARIS

Si vous arrivez en train, vous serez immédiatement au centre de Paris, les gares étant directement ouvertes sur la ville (pour circuler voir page suivante). Il n'en va pas de même pour les aéroports, excentrés mais desservis par de nombreux moyens de transports.

Depuis/vers Orly

Le site Orly facile (www.orly-aeroport.fr/quel-transport-orlyaeroport) donne des renseignements sur les transports (bus, taxi, train, tram, voiture) depuis/vers l'aéroport. Comptez de 20 à 40 min pour relier Orly et le centre de Paris. Orlybus a pour terminus la place Denfert-Rochereau (9,50 €, toutes les 15 à 20 min, 6h-0h30)

Depuis/vers Roissy

Par le RER**,** suivez la ligne B direction Paris, avec arrêt à Gare-du-Nord, Châtelet-Les Halles et Saint-Michel-Notre-Dame, 12,50 €, 1 heure, toutes les 15 min. Depuis le terminal 1, prenez la navette CDGVAL gratuite jusqu'à la gare RER du terminal 3.

Le Roissybus a pour terminus Paris-Opéra, 13,70 €, 1 heure à 1 heure 30, toutes les 15 à 30 min, de 5h15 à 0h30. Achat des tickets aux bornes, auprès du chauffeur ou en gare d'aéroport. Enfin, le bus de nuit Noctilien N140 et N143 rejoint les gares du Nord et de l'Est (8 €, 1 heure à 1 heure 30, toutes les 30 min à 1 heure, 0h30-17h30).

BUDGET

taxi
35-60€
20 min – 1 heure 20

RER
12,50 €
1 heure

bus
13,70 €
1 heure à 1 heure 30

Bus

En journée, le trajet en bus depuis Roissy est moins cher mais plus lent avec la ligne 350 terminus Porte-de-la-Chapelle (6 €, 1 heure 10) et la ligne 351 (6 €, 1 heure 20).

VTC

Le trajet en VTC Uber coûte autour de 49 €, un prix qui peut grimper aux heures de pointe. Consultez le point de rendez-vous sur votre application.

Taxi

Comptez 40 minutes à 1 heure 20 pour rejoindre le centre de Paris, selon le trafic, depuis Roissy. Prenez un taxi officiel en faisant la queue dédiée à chaque terminal. La course est au prix fixe de 53 € pour la rive droite et de 58 € pour la rive gauche. Un supplément de 15% est appliqué de 19h à 7h et le dimanche. Cartes bancaires acceptées.

Depuis Orly, prévoyez 37/32 € pour rallier la rive droite/gauche, avec un supplément de 15 % de 19h à 7h et le dimanche.

FORMALITÉS ET VISAS

Les ressortissants de Belgique et de Suisse, et des autres pays de l'espace Schengen, n'ont pas besoin de visa pour venir en France. Ils doivent cependant présenter une carte d'identité ou un passeport. Les ressortissants canadiens, et de plusieurs autres pays, sont exemptés de visa si leur séjour ne dépasse pas 90 jours. Nous vous conseillons de scanner ou de photocopier tous vos documents importants et de conserver ces copies à part des originaux, une précaution utile en cas de perte ou de vol.

CONSEILS POUR CIRCULER

Avec ses belles avenues, ses rues pavées et ses bords de Seine inscrits au patrimoine mondial de l'Unesco, Paris est une invitation à la découvrir à pied. Malgré tout, les pistes cyclables sont de plus en plus développées, et le réseau de transports en commun offre un très bon maillage de la capitale et de ses environs.

TAXI ET VTC

Hélez un taxi dans la rue ou faites appel à une compagnie fiable comme les **Taxis G7** (g7.fr). La prise en charge est de 2,60 € (4 € pour une réservation immédiate, 7 € pour une réservation différée). Montant minimum de la course : 7,30 €. Le tarif varie de 1,09 à 1,61 €/km. **Uber** (uber.com/fr/cities/paris) et d'autres services de VTC constituent une offre complémentaire.

VÉLO

La capitale compte plus de 20 000 **Vélib'** (velib-metropole.fr), classiques (verts) ou électriques (bleus) disponibles dans les 1 400 stations de la ville. Prenez votre abonnement en ligne (cartes bancaires européennes uniquement) ou sur place. Trajet simple, pass 24 heures et pass 3 jours à partir de 3 €. Tarification à la demi-heure (1 €).

M

1,90 € pour un trajet en bus ou métro

GRATUIT

Enfants - 10 ans/- 4 ans demi-tarif/gratuit

Forfait journée RATP à partir de 7,50 €

SORTEZ CASQUÉ !

Si vous circulez à vélo ou à trottinette, n'oubliez pas de porter un casque. Et gardez en tête que le code de la route prévaut à tout instant.

RATP

La RATP (Régie autonome des transports parisiens) gère le réseau des transports parisiens : métro, RER et bus (RATP ; ratp.fr).

BUS

Le trajet sur une ou deux zones coûte un ticket de métro. La nuit, les lignes Noctilien prennent le relais.

BATEAU

Pratique et très plaisant pour admirer la ville depuis la Seine, le Batobus (batobus.com ; forfait 24 heures 19 €) propose des circuits avec montée et descente libres aux neuf arrêts situés le long du fleuve.

TROTTINETTE

Il est possible de louer une trottinette électrique via une application (Dott, ridedott.com/fr, ou Lime, www.li.me/fr-fr/locations/paris). Comptez 1 € pour la déverrouiller, puis un forfait journée, de 3,99 à 12,99 €.

MÉTRO ET RER : À SAVOIR

Le Métro et le RER forment deux réseaux distincts mais connectés. Le métro parisien compte 14 lignes numérotées (le Grand Paris Express en fera monter ce chiffre à 18) et le RER en compte cinq principales, la A, la B et la C étant les plus courantes pour quadriller la capitale et sa proche banlieue.

Horaires de service Les premiers départs sont généralement à 5h30, les derniers à 0h35 et 1h15 (2h15 le vendredi et le samedi).

Plans et itinéraires Sur le site ratp.fr et l'application Bonjour RATP.

Zones Le réseau Paris et banlieue comporte cinq zones concentriques autour de la capitale. Pour un trajet du centre de Paris au château de Fontainebleau (p. 302), il vous faudra par exemple un ticket journée couvrant les cinq zones (17,80 €).

Titres de transport La RATP retire progressivement ses titres de transport papier de la vente. Le pass sans contact Navigo Easy (2 €, valable 10 ans) permet aux voyageurs occasionnels de prépayer leurs trajets (ticket t+ à 1,90 €, carnet de 10 14,90 €) en alimentant leur carte. Le pass Navigo Easy fonctionne dans le métro, le RER (selon les zones concernées), le bus, le tramway et le funiculaire de Montmartre. Le Roissybus (12 €) et l'Orlybus (8,50 €) peuvent être chargés sur le pass (à tarif moins cher que l'achat direct). Achetez et rechargez votre pass Navigo sur automate ou au guichet dans les stations, auprès des partenaires RATP (bureaux de tabac, par exemple) et dans les gares d'aéroport à Roissy.

Forfait jour Le pass journée illimité peut être chargé sur votre carte Navigo Easy. Comptez 7,50 € pour deux zones et 17,80 € pour cinq zones.

VIGNETTE CRIT'AIR

Depuis janvier 2017, ce "certificat qualité de l'air" à coller sur le véhicule est obligatoire pour entrer et circuler dans la capitale en voiture, de 8h à 20h en semaine. Plus d'informations sur le site www.certificat-air.gouv.fr.

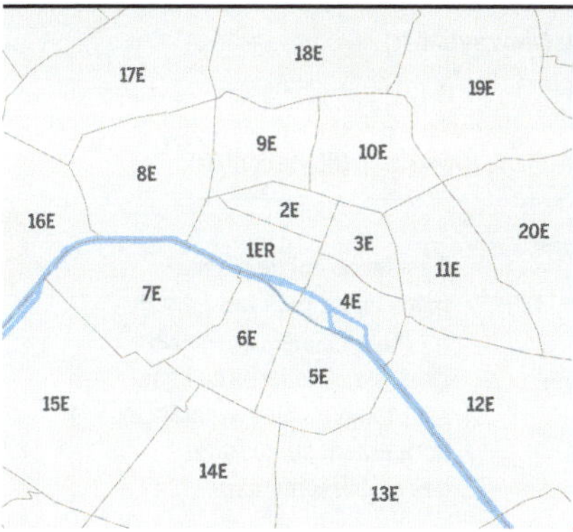

ARRONDISSEMENTS

Ils sont au nombre de 20, à l'intérieur du périphérique et numérotés dans le sens des aiguilles d'une montre.

Ci-dessus RER A, Charles-de-Gaulle-Étoile

KIEV.VICTOR/SHUTTERSTOCK ©

HÉBERGEMENTS TYPIQUES ET INSOLITES

L'offre d'hébergement est pléthorique. Les économies réalisées en trouvant un hébergement en proche banlieue sont rattrapées par le coût et le temps de transport pour rejoindre le cœur de ville. Installez-vous plutôt dans l'un des arrondissements parisiens pour ne rien manquer des plaisirs de la capitale.

BUDGET

Lit en dortoir (auberge de jeunesse)
à partir de 25 €

boutique-hôtel moyenne gamme
à partir de 145 €

location d'un studio
à partir de 125 €

AUBERGES DE JEUNESSE

Paris dispose d'auberges de jeunesse nouvelle génération et tout confort, à l'image de St Christopher's Inns (hostels.fr), près du bassin de La Villette, du Generator (generator-hostel.iledefrance-hotel.com/fr/) ou des Piaules (www.thepeoplehostel.com).

CHAMBRES D'HÔTES

Rien de mieux pour une immersion 100% parisienne. Liste actualisée disponible à l'office du tourisme. Sites utiles :

Chambres d'hôtes Paris (www.chambreshotes.fr)

Abritel (www.abritel.fr)

BBParis(www.2binparis.com)

APPARTEMENTS

Louer un appartement est pratique pour ceux qui voyagent en famille, surtout avec des petits. C'est aussi une façon de se loger à moindres frais, car on économise sur le budget restaurants.

Airbnb (www.airbnb.fr)

Loc'Appart (locappart.com/location-appartement/france/paris)

Paris Attitude (www.parisattitude.com/fr)

HÔTELS

Les chambres peuvent parfois paraître petites et certains établissements à bas prix ne disposent ni d'ascenseur ni de climatisation. Les hôtels un peu plus haut de gamme comportent souvent un restaurant et un bar (le petit-déjeuner n'est pas toujours inclus).

RÉSERVATION

Les hébergements sont pris d'assaut à Paris, notamment durant la saison haute, d'avril à octobre, les jours fériés et pendant les vacances scolaires.

Il est impératif de réserver votre séjour pour ces périodes (et toute l'année, de manière générale). Les tarifs en ligne sont toujours plus avantageux, notamment sur les sites des établissements.

TAXE DE SÉJOUR

Une taxe de séjour, comprise entre 1 et 5 € par personne et par nuit, s'applique. Elle est ajoutée à la facture.

OÙ SÉJOURNER SI VOUS AIMEZ...

Monuments, musées et avenues élégantes Tour Eiffel, Trocadéro et Invalides (p. 30) Quartiers résidentiels bourgeois, peu animés le soir, proches de la Dame de fer et des grands musées.

→ Sites emblématiques et shopping Champs-Élysées, parc Monceau et Concorde (p. 56) Hôtels de luxe, boutiques de renom, tables gastronomiques, vie nocturne glamour.

Joyaux artistiques et plaisirs épicuriens Louvre, Halles et Opéra (p. 78) Hypercentre parisien, permet de rayonner en transports dans toute la capitale. Grands musées, shopping mode et gourmet. Hébergement de gamme moyenne à haute.

↓Vues dégagées, vie bohème et quartiers multiculturels Montmartre et Pigalle (p. 112) Rues en pente, ambiance de village, quartiers cosmopolites. Hébergements à prix attractifs avec souvent vue sur les toits de Paris.

Boutiques branchées, soirées animées et vie de quartier De Ménilmontant à la Villette (p. 146) et Le Marais et Bastille (p. 172) Rues chargées d'histoire et squares secrets, d'excellents musées. Quartiers vivants et animés. Petites boutiques, restaurants, bars, salles de spectacles

et lieux où sortir le soir. L'offre des hébergements est aussi très variée.

Cœur de ville et chefs-d'œuvre architecturaux Île de la Cité et île Saint-Louis (p. 204) L'île de la Cité est dominée par Notre-Dame ; le nombre des hébergements est limité sur la très chic et paisible île Saint-Louis.

Clubs de jazz, vie littéraire, shopping chic et tables distinguées Quartier latin et Saint-Germain-des-Prés (p. 224) Quartier étudiant dynamique avec de quoi se régaler, boire un verre et faire la fête. Mais aussi quartier chic, près du jardin du Luxembourg. Côté hébergements, il y en a pour tous les goûts, du plus accessible au (très) haut de gamme.

Street art, espaces verts et quartier chinois Montparnasse et le sud-est de Paris (p. 263) Paris-villages ou quartiers ultracontemporains qui montrent le Paris de demain, beaucoup de végétation, de nombreux lieux pour sortir près de la Seine. Certaines zones sont moins bien desservies. Hébergements à bons prix.

Page de gauche Hôtel parisien **Ci-contre** Sacré-Cœur (p. 117)
Ci-dessus Galeries Lafayette Haussmann (p. 107)

SÉCURITÉ

Paris est une ville relativement sûre – les rues y sont bien éclairées et les agressions soudaines y sont rares. Méfiez-vous des escroqueries et des vols à la tire, faites preuve de prudence aux distributeurs automatiques de billets et prenez garde aux mouvements de foule lors des grandes manifestations et des fêtes.

VOL À LA TIRE Ne laissez pas vos affaires ni vos poches sans surveillance. Ne gardez pas trop d'espèces sur vous et surveillez votre portefeuille. N'accrochez pas sur une chaise en terrasse la veste ou le sac dans lequel il se trouve. Ne laissez pas votre téléphone sur la table sans surveillance.

ESCROQUERIES Alerte aux fausses pétitions, aux personnes cherchant une bague soi-disant perdue par terre, qui font tomber ou renversent quelque chose, ou vous nouent un bracelet "de l'amitié" au poignet : il s'agit de moyens de détourner votre attention, notamment dans les zones très touristiques, comme le Sacré-Cœur, le boulevard Haussmann et la tour Eiffel.

SÉCURITÉ DANS LE MÉTRO Surveillez vos poches et sacs dans le métro et les stations. Tard le soir, évitez de préférence les stations Châtelet-Les Halles, Château-Rouge, Gare-du-Nord, Strasbourg-Saint-Denis, Réaumur-Sébastopol, Stalingrad, Montparnasse-Bienvenüe, Marx-Dormoy, Marcadet-Poissonniers et Porte-de-la-Chapelle.

Covid-19
Pour connaître les mesures sanitaires en vigueur, consultez le site gouvernement.fr/corona virus-covid-19.

Urgences médicales Rendez-vous aux urgences des hôpitaux de l'APHP (aphp.fr/urgences) ou composez le 15 pour joindre le SAMU.

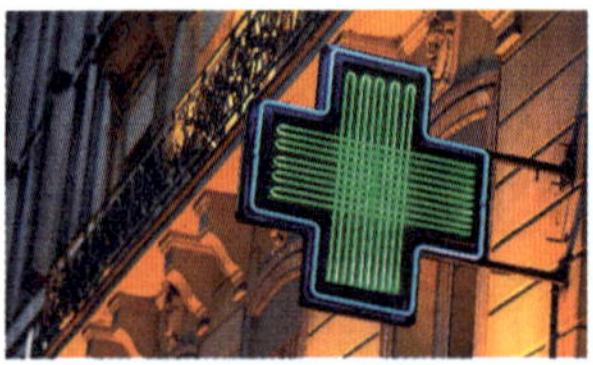

Manifestations Faites preuve de vigilance si certaines parties des cortèges vous semblent turbulentes. Tenez-vous à l'écart des éventuels mouvements de casseurs.

CONSEILS RAPIDES POUR MAÎTRISER SON BUDGET

CARTES BANCAIRES
Les cartes Visa et MasterCard sont acceptées dans la plupart des hôtels, commerces et restaurants ; la carte American Express est moins utilisée...

DAB
Les distributeurs automatiques de billets sont omniprésents.

BUDGET...

Hôtel de catégorie standard **double 120-250 €**

musée **entrée gratuite ou jusqu'à 15 €**

menu brasserie entrée-plat ou plat-dessert **à partir de 17 €**

ESPÈCES
Évitez d'en porter trop sur vous et de payer avec des billets au-delà de 50 €, rarement acceptés par les commerçants.

CHANGE
Consultez les taux de change actualisés en ligne, sur xe.com par exemple. À Paris, les bureaux de change sont généralement plus rapides et ouverts plus tôt/tard que les banques, avec des taux également plus avantageux.

COMMENT DÉPENSER MOINS

Spectacles Les billets pour les spectacles du jour sont souvent vendus à moitié prix aux Kiosques Théâtre (www.kiosqueculture.com) à Madeleine, Montparnasse et Ternes.

Musées L'entrée aux musées nationaux de Paris est gratuite le premier dimanche du mois et les expositions permanentes des musées municipaux sont en accès libre.

Location d'appartement Les locations de courte durée (p. 312) reviennent parfois bien moins cher que l'hôtel.

POURBOIRES

Taxi Arrondissez à l'euro supérieur.

Restaurants et **Bar/café** Pourboire à votre discrétion selon la qualité du service.

Hôtel Prévoyez 1 à 2 € par valise pour les bagagistes.

DÉTAXE

Les résidents hors UE âgés de 16 ans ou plus séjournant en France pour moins de six mois peuvent généralement demander un remboursement de la TVA pour les achats d'un montant supérieur à 100 €, sous une durée maximum de trois jours après le premier achat, chez un commerçant proposant un service de détaxe (présentation du passeport obligatoire) et qui doit vous délivrer un reçu avec code-barres, à scanner le jour de votre départ. Consultez l'adresse https://www.economie.gouv.fr/particuliers/touristes-detaxe-achat.

DES VOYAGES AUX EFFETS POSITIFS

Expériences écoresponsables, à impact positif et qui font du bien

PRIVILÉGIEZ LES LIEUX ÉCORESPONSABLES

De la ferme à l'assiette
Savourez les assiettes du Perchoir (leperchoir.fr/en/location/le-perchoir-porte-de-versailles), porte de Versailles, une vaste ferme baptisée Nature Urbaine (14 000 m^2) où l'on célèbre la biodiversité.

Explorez les voies navigables de la capitale en louant un bateau électrique (sans permis) auprès de Marin d'Eau Douce (p. 219).

Suivez un atelier d'upcycling à La REcyclerie (larecyclerie.com), installée dans une gare désaffectée de la Petite Ceinture (p. 135 et p. 145). Le café-restaurant sert des produits issus de la ferme aménagée sur les anciennes voies.

Admirez Paris depuis les airs, à 150 m au-dessus du sol dans le Ballon de Paris (ballondeparis.com), gonflé à l'hélium. Fixé au sol dans le parc André-Citroën (p. 45), ce ballon sert à contrôler la qualité de l'air urbain.

Ci-dessus Festival We Love Green
Page de droite Vélos Vélib

CONTRIBUER

Prenez part à un festival zéro déchet, qui carbure à l'énergie verte : **We Love Green** (welovegreen.fr), festival de musique indé, électro et hip-hop, avec un laboratoire à idées et une sensibilisation autour de l'écologie, mais aussi un marché des producteurs.

Participez à des ateliers, des événements et activités à l'occasion de l'initiative **Paris Good Fashion** (parisgoodfashion.fr), autour des bonnes pratiques en matière d'approvisionnement, de traçabilité, d'écoresponsabilité dans les processus de production et d'économie circulaire, en droite ligne avec l'ambition de faire de Paris la capitale de la mode durable d'ici à 2024.

Profitez de bons plans et régalez-vous d'invendus auprès de commerces de bouche avec l'appli **Too Good to Go** (toogoodtogo.fr), réduisant au passage le gâchis alimentaire.

SOUTENIR L'ACTIVITÉ LOCALE

Faites le choix de produits frais dans des marchés bio (p. 15).

Achetez des vêtements écoresponsables chez Sézane (sezane.com), une marque qui reverse une partie substantielle de son chiffre d'affaires à son association en faveur de l'égalité des chances, Demain.

Laissez-vous séduire par du fait main, avec les créations 100% françaises présentées chez Empreintes (empreintes-paris.com ; p. 199).

ALLER PLUS LOIN

À pied ou à trottinette électrique, visitez le nord-est parisien en compagnie de Ça Se Visite (ca-se-visite.fr).

Comprendre le Paris cosmopolite, c'est aussi l'objectif d'Explore Paris (exploreparis.com/fr/), avec ses circuits dans le Belleville chinois ou le Paris indien.

Faites les vous-même ! Pour allier la découverte d'un quartier populaire avec le plaisir de suivre un atelier pâtisserie autour du macaron, l'un des emblèmes de la capitale, supervisé par un personnage haut en couleurs (plus d'infos sur papybio.fr).

ALLÉGEZ VOTRE EMPREINTE CARBONE

Circulez à vélo grâce aux Vélib' parisiens, classiques ou électriques. Nombreuses stations dans la ville pour rouler propre.

Fendez l'air à scooter, avec Cityscoot (cityscoot.eu ; 0,28 € la minute) et ses scooters électriques (50 cm3), à louer depuis l'application.

Prenez un taxi volant, alias le SeaBubbles (seabubbles.fr), un bateau monté sur foils et qui fonctionne à base d'hydrogène

VOYAGE ET CHANGEMENT CLIMATIQUE

Il est impossible d'ignorer l'impact de nos voyages sur la planète et l'importance d'agir quand c'est possible. Lonely Planet incite tous les voyageurs à réduire leur empreinte carbone. Il existe des "compteurs de carbone" en ligne pour estimer la quantité de CO_2 émise, comme celui de resurgence.org/resources/carbon-calculator.html. De nombreux sites de compagnies aériennes et de réservation offrent aux voyageurs la possibilité de compenser le niveau des gaz à effet de serre dont ils sont responsables en contribuant à des initiatives en faveur du climat dans le monde. Lonely Planet compense les émissions de son personnel, en reconnaissant que ce n'est pas une solution, mais un pis-aller.

RESSOURCES

paris.fr/pages/les-marches-parisiens-2428

velib-metropole.fr

www.parisinfo.com/visiter-a-paris/tourisme-durable-a-paris/hebergements-eco-responsables

littleafrica.fr

BOÎTE À OUTILS

VOYAGE ACCESSIBLE

Paris n'est pas souvent adaptée aux déplacements des personnes à mobilité réduite, mais les choses évoluent peu à peu.

En fauteuil roulant ? Préférez le bus au métro (peu accessible). Les taxis G7 (g7.fr) disposent de véhicules adaptés.

L'**initiative Tourisme & Handicap** identifie les sites culturels, hôtels et restaurants adaptés aux besoins des visiteurs avec des troubles physiques, cognitifs, visuels ou auditifs. Repérez le label affiché à l'entrée.

Grâce à son service ACCEO, l'**office du tourisme** est aux côtés des personnes sourdes ou malentendantes, accompagnées par un interprète en LSF via une webcam. Plus d'infos sur le site parisinfo.com/accessibilite.

Téléchargez le guide Paris accessible (www.parisinfo.com/visiter-a-paris/visiter-paris-avec-un-handicap/guide-paris-accessible).

Accessible en ligne, **FACIL'iti** (facil-iti.com) facilite la navigation sur le site parisinfo.com selon les besoins moteurs, sensoriels et/ou cognitifs des utilisateurs.

Piochez dans la base de données jaccede.com ou dans l'application du même nom, qui recense les sites et lieux accessibles.

BON À SAVOIR

Paris n'est pas toujours très bien équipée pour les visiteurs handicapés.

Sur les escalators et les trottoirs, tenez votre droite, sauf si vous souhaitez dépasser.

Les Parisiens parlent plutôt à voix basse dans les transports – adaptez-vous au volume sonore ambiant.

Il est mal vu d'utiliser les toilettes d'un établissement où l'on n'a pas consommé. Profitez des toilettes avant de quitter un musée ou un monument.

INFORMATION TOURISTIQUE

Le bureau principal de l'**office du tourisme et des Congrès de Paris** (www.parisinfo.com ; 29 rue de Rivoli, IVe ; 9h-19h mai-oct, 10h-19h nov-avr ; ; M Hôtel-de-Ville) est à 500 m environ du musée du Louvre. Un autre **point d'information** (18 rue de Dunkerque, Xe ; 9h-17h) se trouve à la gare du Nord, près des voies 7-9 (arrivées internationales). Vente de billets pour divers sites et musées, visites guidées et cartes Navigo pour les déplacements sur le réseau RATP.

TÉLÉPHONE

Les numéros parisiens commencent par 01. Pour appeler l'étranger depuis la France, composez le code d'accès international 00, puis l'indicatif du pays (32 pour la Belgique, 41 pour la Suisse et 1 pour le Canada) et le numéro de votre correspondant.

CIGARETTE

Il est interdit de fumer dans les lieux publics. Repérez les terrasses extérieures et les zones dédiées aux fumeurs.

EN FAMILLE

L'**office du tourisme** (parisinfo.com) propose une liste de musées et d'activités pour les enfants.

Réduction ou gratuité pour les -18 ans dans les musées et les monuments.

On peut louer **poussette, siège auto** et autre équipement auprès d'agences comme Kidelio (kidelio.com).

Le site **Paris Mômes** (parismomes.fr) présente la culture parisienne côté kids (jusqu'à 12 ans).

Certains hôtels fournissent un service de **baby-sitting**.

HEURES D'OUVERTURE

Bars et cafés sont en général ouverts de 7h à 2h, les musées de 10h à 18h (fermés lundi ou mardi), les restaurants de 12h à 14h et de 19h30 à 22h30 et les magasins de 10h à 19h du lundi au samedi. Les petits commerces peuvent fermer dans l'heure de midi et le lundi.

WI-FI

Les cafés et bars sont nombreux à proposer du Wi-Fi gratuit à leurs clients. Les parcs, bibliothèques et bâtiments municipaux en sont également équipés. Repérez les panneaux violets indiquant les zones Wi-Fi et connectez-vous au réseau PARIS_WI-FI_. Localisation des bornes sur paris.fr/wifi.

SAMANTHAINALAOHLSEN/SHUTTERSTOCK ©

VOYAGEURS LGBTIQ+

Le Marais est au cœur des nuits LGBTIQ+ parisiennes, notamment autour de la rue Sainte-Croix-de-la-Bretonnerie, de la rue des Archives et de la rue Vieille-du-Temple. Quelques bars et clubs très appréciés à Châtelet également.

Gay Pride L'événement se tient vers la fin du mois de juin, avec la marche des Fiertés comme temps fort.

Des visites guidées sont organisées par les Gay Locals (thegaylocals.com), dont le site web recense également les lieux de sortie.

Le centre LGBT Paris-Île-de-France (centrelgbtparis.org) est une mine d'informations.

Index

Symboles

D

E

000 Cartes

Q

R

S

000 Cartes

T

U

V

W

À PROPOS DE CET OUVRAGE

Cette 1re édition du guide Les meilleures expériences à Paris est une traduction-adaptation de la 1re édition de *Experience Paris* de Lonely Planet.

Traduction Thérèse de Cherisez, Cécile Giroldi, Sophie Lecoq

Direction éditoriale Didier Férat

Responsable éditorial Dominique Bovet

Responsable prépresse Jean-Noël Doan

Coordination éditoriale Bénédicte Houdré

Maquette Christian Deloye

Cartographie AFDEC (Florence Bonijol, Bertrand de Brun, Martine Marmouget, Catherine Zacharopoulou) pour l'adaptation des cartes en français

Couverture Laure Wilmot et Laurent Briard

Fabrication Emmanuelle Laine

Merci à Claire Gourié pour son précieux travail sur le texte et à Marjorie Bensaada pour sa relecture attentive et avertie. Un grand et chaleureux merci à Coralie Pannetier et à Justine Munsch pour leur travail précis et diligent de recherche iconographique et cartographique. Comme toujours, merci à Dominique Spaety pour son soutien et à toute l'équipe de Lonely Planet à Paris. Enfin, merci à Luan Angel et Nigel Longuet à Londres, et à Jean-Pierre Masclef à Melbourne.

FABIENNE FONG YAN

Franco-chinoise, Fabienne a grandi à La Réunion. Après avoir voyagé entre l'Europe et l'Asie pendant 15 ans, elle est aujourd'hui auteure, éditrice de podcasts et spécialisée en contenus digitaux. Elle aime la cuisine asiatique, la nature et les histoires mystérieuses.

@a.fab.journey

Ce que je préfère, c'est partir à la découverte des cours autour de Bastille : artisanat, bonne chère et histoire, voilà ce qu'il me faut pour vivre Paris comme je l'aime !

CATHERINE LE NEVEZ

Auteure pour Lonely Planet depuis presque 20 ans, Catherine a réalisé son premier road-trip européen à l'âge de 4 ans. Elle a visité plus de 60 pays tout en poursuivant ses études en arts créatifs, écriture et édition.

lonelyplanet.com/authors/catherine-le-nevez

Ce que je préfère, c'est arpenter les marchés, à l'image de celui de la place d'Aligre, à la fois puces, halles et marché de plein air très animé.

JACQUELINE NGO MPII

Née au Cameroun, Jacqueline a grandi en France. Elle est la fondatrice et directrice de Little Africa, une agence culturelle et multimédia, centre de ressources pour les créatifs et les entrepreneurs issus de la diaspora africaine voulant se faire connaître à l'international. Elle est également l'auteur du *City Guide Afrique à Paris*, le premier du genre consacré à la culture afro-parisienne.

@yaquimpii @yaquelinah

Ce que je préfère, c'est aller prendre le thé à l'Institut des cultures d'islam, à La Goutte d'Or.

DANETTE ST. ONGE

Danette St. Onge est une auteure indépendante en gastronomie et voyage. Californienne d'origine, elle est aujourd'hui parisienne et londonienne d'adoption, après avoir vécu en Italie et en Thaïlande.

@globalgastronomiste

Ce que je préfère, c'est aller visiter l'atelier de la peintre Suzanne Valadon au musée de Montmartre, puis de m'installer sur une terrasse ombragée, au calme, pour boire un thé.

Nos auteurs

JEAN-BERNARD CARILLET

Jean-Bernard, journaliste, photographe et réalisateur indépendant, vit à Paris. Il a étudié au cœur du Ve et du XVIe et vécu dans les XIIIe et XIVe arrondissements de la capitale, qu'il sillonne à vélo depuis plus de 20 ans.

@jb.carillet_photography

Ce que je préfère, c'est explorer les villages secrets de Paris, notamment la Butte-aux-Cailles, dans le XIIIe, pour son atmosphère paisible.

EILEEN CHO

Eileen W. Cho est une auteure et photographe américano-coréenne, originaire de Seattle et vivant à Paris.

@eileenwcho @yo_cho

Ce que je préfère, c'est arpenter la rive gauche de Paris, surtout le Quartier Latin et Saint-Germain-des-Prés.

Les Meilleures Expériences à Paris
1re édition
Traduit et adapté de l'ouvrage *Experience Paris, 1st edition, January 2022*

92 avenue de France - 75013 Paris

Dépôt légal Septembre 2022
ISBN 978-2-81619-590-3

Imprimé par ESTIMPRIM, Autechaux, France

En Voyage Éditions | un département édi8